Contents of Early Childhood Care & Education
2003
DOBUNSHOIN

Printed in Japan

保育・教育ネオシリーズ 4

保育内容総論

第四版

【監修】
岸井勇雄
無藤 隆
湯川秀樹
【編者】
塩 美佐枝

同文書院

執筆者紹介 *authors*

【編者】

塩　美佐枝（しお・みさえ）
聖徳大学特任教授

【著者】 ＊執筆順

児嶋雅典（こじま・まさのり）／ 第1章
松山東雲女子大学特任教授

師岡　章（もろおか・あきら）／ 第2章
白梅学園大学教授

二見素雅子（ふたみ・すがこ）／ 第3章
元大阪キリスト教短期大学教授

岡田耕一（おかだ・こういち）／ 第4章
聖徳大学短期大学部教授

阿部真美子（あべ・まみこ）／ 第5章
聖徳大学大学院教授

湯川秀樹（ゆかわ・ひでき）／ 第6章
文部科学省初等中等教育局 視学官
（併）幼児教育課 教科調査官

守隨　香（しゅずい・かおり）／ 第7章
共立女子大学教授

入江礼子（いりえ・れいこ）／ 第8章
共立女子大学教授

松田好子（まつだ・よしこ）／ 第9章
大阪芸術大学短期大学部通信教育部保育学科特任講師
石川県立保育専門学園非常勤講師，金沢星稜大学非常勤講師

鈴木照美（すずき・てるみ）／ 第10章
愛知教育大学非常勤講師

日浦直美（ひうら・なおみ）／ 第11章
関西学院大学教授

林　友子（はやし・ともこ）／ 第11章
帝京科学大学教授

髙梨珪子（たかなし・けいこ）／ 第12章
高崎健康福祉大学 教職支援センター長

はじめに

Introduction

　グローバル化に象徴されるように，現在の社会は従来の枠のなかでの安定にとどまることが許されず，市場原理にさらされる自由競争の時代を迎えている。このことは基本的には必要なことではあるが，厳しい現実を伴う。優勝劣敗という弱者に冷たい社会。短期的な結果や数字にあらわれる成果の偏重。基礎的な理念よりも人目を引くパフォーマンスの重視など──。

　これらは人間形成としての教育，とくに乳幼児を対象とする保育にとって，決して望ましい環境ではない。教育者・保育者は，すべての価値の根源である1人ひとりの人生を見通し，その時期にふさわしい援助をあたえる見識と実行力をもたなければならない。

　こうした観点から，本シリーズは，幼稚園教諭ならびに保育所保育士（一括して保育者と呼ぶことにする）の養成機関で学生の教育にあたっている第一線の研究者が，研究の成果と教育の経験にもとづいて書き下ろしたもので，養成校のテキストや資格試験の参考書として配慮したものである。

　各章の著者はそれぞれ研究と教育の自由を活用し，個性豊かに叙述したので，その記述に多少の軽重や重複が見られるかもしれない。無理な統一を敢えて避けたのは，テキストを絶対のものとは考えないからである。教科書を教えるのではなく，教科書で教える──といわれるように，あくまでもテキストは参考書である。担当教員は自ら大切と思う点を詳細に重点的に講義し，それだけでは偏る恐れがあるので，他のところもよく読んでおくようにと指示することができる。学生諸君も，読んでわからないところを教員に質問するなど，幅広く活用していただきたい。

　「幼稚園教育要領」と「保育所保育指針」は，近年いちじるしい深まりを見せている保育学および周辺諸科学とともに多くの実践の成果を結集したものである。その趣旨が十分に理解されてよりよい現実をもたらすにはさらに少なからぬ努力と時間を要すると思われるが，本シリーズが，この重大な時期を迎えているわが国の保育・幼児教育の世界と保育者養成のために，ささやかな貢献ができれば，これに過ぎる喜びはない。

初版 監修者・編著者代表　　岸井勇雄

無藤　隆

柴崎正行

改訂にあたって

　乳幼児期は人格形成の基礎となり，生涯にわたる学びの基礎づくりとして重要な時期である。その時期をどのように過ごすかは，1人ひとりの子どもたちに大きな影響を及ぼすことになる。

　国際化，少子高齢化，情報化がすすむ中で，新しい時代の教育について検討され，教育基本法，学校教育法の改正が行われ，2008（平成20）年3月28日に「幼稚園教育要領」が改訂され，告示された。ほぼ10年ぶりの改訂である。

　今回の改善は，21世紀を生きる子どもたちの教育の充実をはかるために，子どもたちの変化や社会の変化に対応し，発達や学びの連続性を考慮した教育のあり方，幼稚園での生活と家庭などでの生活の連続性を踏まえた教育のあり方，子育て支援や教育課程に係る教育時間の終了後等に行う教育活動の内容や意義の明確化などを基本方針として行われた。

　一方，「保育所保育指針」も，児童福祉施設最低基準の規定に基づき，社会の変化，子どもたちの変化，保育所への期待や実際の状況などを踏まえて検討され，保育所の機能の質や向上を目指して改善され，「幼稚園教育要領」と同日に告示された。

　本書は，幼児期の教育，保育の実施について，保育内容を中心に構成し，基礎的理解から具体的な指導までが学べるよう，理論と実践を融合させて論を展開している。

　さらに，今回のさまざまな改正を踏まえ，今後の教育，保育のあり方について検討し，各章の内容についての改訂を行った。

　本書の執筆には，乳幼児期の保育研究の第一線の専門家があたっており，養成校の学生のテキストとして活用することを意識し，優れた保育者を養成することを願って作成したものである。また，現職の保育者が今回の改正を具体化するために，改めて保育を見直す手掛かりとして，本書を活用していただけるよう，配慮している。

　真に子どもたちのための保育が行われるために，本書を幅広く活用していただきたい。

2009年3月

編者　塩　美佐枝

第四版改訂にあたって

　今，日本社会は，急激な人口減少，少子高齢化の進行，労働力の不足などの社会問題が深刻化しています。このような現状を踏まえて，経済発展と社会的課題の解決を両立する人間中心の社会を目指して，内閣府は，日本の近未来の姿として「Society 5.0」社会の構築を提唱しました。それは，今までにない価値を生み出し，さまざまな課題や困難を克服して希望のもてる社会，世代を超えて互いに尊重しあえる社会，一人ひとりが快適で活躍できる社会，それらを目指して社会の変革を進めようとするものです。

　このような社会を構築するために，知識の獲得にとどまらず，自ら課題を発見し，解決する力や創意，工夫して新たな価値を生み出すことができる人材の育成が求められています。

　この変革の流れの中で，幼児を取り巻く環境も急激に変化し，幼児期の生活に影響をおよぼしています。夜型の生活リズム，室内中心の生活，体験の不足，長時間の集団生活，育児不安の増大，虐待の増加などが懸念されています。人格形成の基礎となる幼児期の教育はどうあるべきか，どのような生活が未来を創る子どもたちに必要かについて，さまざまな視点から検討されてきました。

　本改訂は，今回の「幼稚園教育要領」，「保育所保育指針」，「幼保連携型認定こども園教育・保育要領」の改訂をふまえて，執筆者に検討を加えていただきました。学生が，主体的に，アクティブに学習を深める手がかりとして，本書を活用していただきたいと思います。

　本書が，幼児教育・保育の充実に貢献し，保育者養成に役立つことができれば幸いです。

2019 年 3 月

編者　塩　美佐枝

Contents

目次

はじめに　i

改訂にあたって　ii

第四版改訂にあたって　iii

第1章　保育内容の考え方　1
1. 新「幼稚園教育要領」と保育内容　1
2. 保育内容とは　2
3. 保育内容の考え方　13
4. 望ましい育ちと保育内容　17
5. 小学校の教科と保育内容　26

第2章　保育内容の変遷　31
1. 社会の変化と保育内容との関連　31
2. 幼稚園における変遷　42
3. 保育所における変遷　46
4. 認定こども園における変遷　48
5. 学校教育としての幼稚園教育　51

第3章　「幼稚園教育要領」にみる保育内容　55
1. 教育内容の基本　55
2. 5領域の内容　64
3. 子どもや社会の変化に対応する保育内容　72

第4章　「保育所保育指針」にみる保育内容　81
1. 「保育所保育指針」の改定—新しい保育の始まり　81
2. 保育指針とはなにか　81
3. 保育所の目的と役割　82
4. 保育所保育の目標　83
5. 保育所における保育内容の構成　86
6. 乳幼児保育に関わるねらい及び内容　90

第5章 「幼保連携型認定こども園教育・保育要領」にみる保育内容　97

1. 認定こども園の増加　97
2. 新たな幼保連携型認定こども園の誕生　97
3. 「幼保連携型認定こども園教育・保育要領」の策定，告示　98
4. 「教育・保育要領」における教育および保育の基本と目標　99
5. 「幼保連携型認定こども園教育・保育要領」の改訂　102

第6章 環境を通して行う教育・保育　107

1. 環境を通して行う教育・保育の意義　107
2. 保育内容としての遊び　115
3. 主体的な活動と環境の構成　118

第7章 保育内容と計画　127

1. 子どもが自ら選んだ遊びとしての保育内容　127
2. 子どもの主体性と保育の計画　132
3. 一人ひとりにとっての園生活の意味　135

第8章 幼稚園における教育課程と指導計画　139

1. 幼稚園と教育課程　139
2. 教育課程の役割　140
3. 教育課程の具体的な編成手順について　142
4. 教育課程編成上の基本的事項と留意事項　144
5. 小学校との接続　145
6. 教育課程と指導計画　147
7. 指導計画を作成するために　148
8. 指導計画作成上の留意事項について　150
9. 幼児理解に基づいた評価の実施　154

第9章 保育所における保育の全体的な計画と指導計画　165

1. 保育の計画　165
2. 教育と養護の視点から　171
3. 乳児の保育　179

4. 長時間保育　188
　　5. 評価と改善　194

第10章　認定こども園における全体的な計画と指導計画　197
　　1. 認定こども園の概要　197
　　2. 認定こども園における全体的な計画　199
　　3. 認定こども園における指導計画　210

第11章　一人ひとりの幼児にとっての保育　221
　　1. 保育者の役割　221
　　2. 保育のしくみと幼児理解　224
　　3. 具体的な援助　227
　　4. カウンセリング・マインドと保育　229
　　5. 特別な配慮を必要とする幼児への指導　232
　　6. チーム保育の考え方　234

第12章　教育課程外の教育活動　237
　　1. 「教育課程に係る教育時間の終了後等に行う教育活動」の必要性　237
　　2. 子どもの生活の連続性と教育活動の内容　240
　　3. 教育活動の計画とふさわしい指導のあり方　242
　　4. 家庭・地域との連携　248
　　5. 子育ての支援　250
　　6. 全体的な計画の必要性　250

索引　252

第1章 保育内容の考え方

〈学習のポイント〉　① 保育内容を考えるときの基本は，子どもを中心に置くことであることを理解しよう。
② 子どもにとってより望ましい保育内容とはなにか，具体的に理解しよう。
③ 保育内容を構成するさまざまなファクターについて理解を深めよう。
④ 保育と教育の違いと共通性，それぞれの目標について理解しよう。

1. 新「幼稚園教育要領」と保育内容

　2018（平成30）年，3つの法令（「幼稚園教育要領」〔以下「教育要領」と記す〕，「保育所保育指針」〔以下「保育指針」と記す〕，「幼保連携型認定こども園教育・保育要領」〔以下「教育・保育要領」と記す〕）が同時に，しかも共通性をもって改訂・改定・施行された。加えて小学校や中学校の学習指導要領も同時に関連性をもたせた形で改訂された。幼稚園，保育所，幼保連携型認定こども園は，今回の改訂・改定により同時に幼児教育施設として法的に位置づけられ，小学校教育との接続が明確にされた。また，乳児からの発達の連続性と教育としての共通性とが意識されてもいる。これは日本の教育の将来を見すえた大きな改革ともいえる。就学前教育と小学校教育との接続を考えた基盤整備でもある。

　その背景としては，社会のグローバル化，地球環境の変化，AIのような技術の進歩など，現代社会は急速な変化がある。そうした社会の中で生活し，活躍が期待される子どもたちにはどのような教育が必要なのかを視野に入れた改革なのである。

　保育内容の考え方に関してはそれ以前のものと基本的には変わらない。これまでの保育内容の考え方の延長線上にある。改訂・改定された内容は，社会の変化に対応させたことである。保育内容の領域に関しては，5領域はそのままであり，その内容は幼小接続を考えて，幼児期終了時までに育ってほしい具体的な姿として10項目が記された。その10項目は，「幼児期の終わりまでに育ってほしい姿」としてまとめられている。その内容は以前から述べられてきたものであるが，あらためて小学校以降の教育との円滑な接続を意識した形で明記された点に特徴がある。接続といっても，小学校教育の前倒しの発想ではない。このことに関しては「幼児期の特性を踏まえ」として，いわゆる早期教育をいさめる記述があり，従来通りの子ども観と保育観が維持されている。たとえば教育要領では，小学校教育との接続に当たっての留意事項として「幼稚園教育が，小学校以降の生活や

学習の基盤の育成につながることに配慮し，幼児期にふさわしい生活を通して，創造的な思考や主体的な生活態度などの基礎を培うようにするものとする」と記されていることからも分かる。

保育指針に関しては，従来の保育所に加え，認定こども園が開始され，小規模保育が展開されていることを考え，0〜2歳児の配慮事項などの記述が大幅に増えている。これはむしろ当然のことである。

今回の改訂・改定の新たな視点としては，家庭との連携における日々の記録の大切さである。家庭との連携に関しては，具体的にドキュメンテーション，ポートフォリオなどの可視的な方法を挙げて，子どもの育ちを家庭に伝える工夫を求めている。子育てに不安を感じている家庭にとっては重要なことである。保育者にとってもそれぞれの子どもの発達を家庭に伝えるためには有用な方法である。その他の新しい視点としては，保育の安全，そして保育の質の確保に向けて現場保育者の研修の課題が記されている。

2. 保育内容とは

幼稚園や保育所，認定こども園における保育の目的は，それぞれの法令において規定されている。具体的にはそれぞれの規定を参考にしてもらいたい。一般的には子どもがいまをよく生き，健全な発達が遂げられるよう保護し，援助することであろう。

保育内容は，その保育の目的を実現するために園生活の中に用意された子どもたちの経験や活動の全体である。具体的には土，砂，水などの自然物。植物や虫，小動物などの生き物。積み木，ブロック，人形，うた，絵本などのおもちゃ，滑り台，ブランコ，ジャングルジムなどの固定遊具。そして運動会や誕生会，園外保育などの行事。こうした内容が計画的に配列された園生活の中で，子どもたちはさまざまな経験や活動と出会うのである。これらのものは同時に保育者が望ましいと考えて与えているものでもある。こうした具体的な経験や活動を通して子どもに身につけてほしいねらいが心情，意欲，態度であり，それを達成するための内容が領域ごとに示されている。

保育内容に関して大切なことは，きれいに歌える，上手につくれる，順番を守って遊べるといったそとから見て確かめられるようなことだけではない。つまり，技術的なことやおとなの模倣を強いることではなく，子どもたち自身が自発的になにかに取り組んだり熱中するような心情，意欲，態度といった心のありようである。結果そのものよりも内面の気持ちを重視しているのである。

1章　保育内容の考え方

　その共通する基本的な方法としては，以下の3つが挙げられる。それは「環境を通した教育」「乳児期からの発達と学びの連続性」「小学校教育との接続のあり方」である。以下，順に述べることにする。

1 環境を通して行う教育

（1）子ども集団という環境

　保育の環境を考えるとき，子ども集団の意味は大変重要になる。幼稚園や保育所，認定こども園では，それぞれ保育の目的に多少の違いはあるものの，子どもが集団で生活している。同じくらいの年齢の子ども集団がつくられていて，そこでおとなとの関係では得られない経験をする。それは互いに簡単にはなかなか譲らない関係の経験である。おとなにとっては世話のやけることであるが，子どもにとっては仲間を知り自分の力で人間関係を築く経験である。集団の中で過ごす上ではさまざまな関係が生じる。年少のときは年長がしていることに憧れたり，助けられたり，邪魔にされたりもする。年中では，自分たちより年上も年下もいるなかで貴重な人間関係を経験する。年長になると大きくなった誇りと同時に，責任ある立場を経験する。これはきょうだい関係の疑似経験でもあり，社会性の育ちには欠かせない。

　子ども集団ができると，次に子どもたち同士が出会い，いっしょに遊ぶ機会をつくることが大切になる。最初は保育者が間に入るが，友だちと遊びたくなるような工夫が必要になる。たとえば，大型積み木や2人乗りの三輪車などである。一人では運んだり積んだりすることは難しいが，数人いると分担して遊びたくなる。2人乗りの遊具があると，一人ではつまらなくなり，自然に誰かを乗せたくなる。こうして遊具を介して，子どもたちは他児との出会いを広げていく。それだけトラブルも多くなるが，それを子どもたちが乗り越えていくところに保育の意味がある。

（2）観察模倣学習

　どの年齢の教育においても環境は重要であるに違いない。なかでも乳幼児期の保育や教育には環境が重視される。それはなぜであろうか。大きくは2つの理由が考えられる。まずは，1つ目の理由であるが，人間の子どもはまわりの人を見てまねする（観察模倣学習）ことによって生活するために必要な能力を身につける。歩いている人を見ると歩こうとする。箸を用いて食べている人を見ると同じように使おうとする。うたを聞くとその音を出そうとする。保護者や保育者は乳幼児のモデルでもある。

　もう1つの理由は，乳幼児は言葉を十分には身につけていないからである。したがって小学校の教育のように教師が言葉で主導的に教授することは難しい。言

3

葉で間接的な内容を伝えようとしても，それを理解するだけの言葉の意味を獲得していない。幼児期は，全体に向けた言葉にはあまり関心を示さない。子ども個人に向けた言葉でなければ自分のことだと感じにくいのである。また，しばらくの間座って人の話を聞くことも難しい。さらに，周囲のことに興味が向き一つのことに長く集中することも難しい。つまり，椅子に座って長い間保育者の話を聞くことは苦痛に感じるのである。したがって，言葉を中心とした説明方法はほとんど使えないことになる。では，どのようにして乳幼児がこれから先，生きていくために必要な知識や技能を身につけられようにするのか。

　幼い子どもが対象だとしても将来の社会を担う有能な人材を育てることには変わりない。学校の授業のような方法でなくても，子どもが自分から能動的に環境にはたらきかける方法はないものか。そうして考え出されたのが遊びを中心にした生活である。子どもが興味をもって遊びたくなるような環境にするのである。好きな遊びを選んで十分に遊んでもらおうというのである。それが「環境を通して行う教育」の考え方である。

（3）具体的な環境づくり

　固定遊具，遊具，うた，絵本，手遊び，ままごと，人形，紙飛行機，泥や砂，色水遊び，鬼遊び，劇，お店屋さんごっこ，植物，動物，時間，空間，行事などの環境や保育内容を通して子どもの興味にはたらきかけるようにする。これらのものにはそれぞれ保育的な意味が込められている。それらに関わることを通して経験してほしいこと，気づいてほしいこと，工夫したり，考えてほしいことが意図されている。保育の環境には保育者の意図が込められているのである。

　保護者や保育者，友だちなどの人も大切な環境になる。なかでも保育者のものの考え方や姿勢は非常に重要になる。考え方によって子どもへの関わり方や環境のつくり方が違ってくるからである。人としての環境であれば，話しかける，笑う，くすぐる，歌う，手遊びをする，絵本を読む，散歩に連れていくなどがある。これらは子どもとのコミュニケーションでもある。また，子どもが感じていることに言葉を添えることも重要になる。保育や子どもの発達の見方，それに伴う環境の整え方を決めるのは保育者の理解の深さと広さであろう。

　上で挙げた物理的な環境は，どれも子どもたちの興味をひき，それを使って遊びたくなるような工夫である。たとえば，固定遊具はなんのために置いているのか。滑り台やブランコ，ジャングルジムはなにが楽しいのか。2人乗りの三輪車や，トレーラーがつけられる三輪車を子どもたちはどのように使うのか。ままごとや人形遊びにはどのような楽しさがあるのか。保育室にじゅうたんをしいたり，コーナーに畳が置かれているのにはどのような意図があるのか。それぞれの子どもの靴箱や椅子，タオルかけ，ロッカーに名前とシールの両方がつけられている理由

はなんであるのか。色水遊びや紙飛行機は子どもに人気であるが，それはなぜなのか。動物を飼育したり，植物を栽培する意図はなんであるのか。さまざまな野菜を栽培したり，身近なペット動物（ウサギ，小鳥，こい，金魚，カエル，カタツムリ）はどのような基準で選ぶのか。これらの問いに答えるのは意外に難しい。保育は子どもに直接に教えることは少ない。子ども自身に気づいたり考えたりしてほしいので，積極的に教えたりはしないのが通常である。それだけに保育者はさまざまな子どもへの思いを伝えるために環境をコントロールする。環境はもの言わぬ保育者の意図でもあるのだ。したがって，これら一つひとつの環境にどのような意図を込めるのか考えなければならないことになる。

（4）子どもを見守る

　育ち盛りの子どもたちには，身体を十分に動かす安全な環境が必要になる。保育の基本的な考え方は楽しく遊んだ結果としての育ち。「子どもの育ちは，楽しく遊んだ結果としてのおまけ」のようなものである。おもしろくて何度も追いかけっこをする。楽しいからおとなとキャッチボールをする。そうしているうちに，結果として走ったり，急停止したり，思った方向に投球をコントロールできるようになる。

　子どもが遊ぶのは，それがいま必要だからであり，身体の発達が要求しているからだともいえる。ガラガラで遊ぶのは，耳で音を感知し，目でその音源を探し，そして手を伸ばして確認するためであろう。細かなものを2本の指でつかもうとするのは，指先が使えるようになったからであろう。ソファの上から飛び下りるのは，膝の使い方を身につけ始めたからである。トランポリンを喜ぶのは身体のバランスを保つおもしろさを知ったからであろう。平均台のような狭い所を歩こうとするのは，手などを用いてバランスをとりながら渡るのがおもしろいからである。このように子どもは育ちつつある身体の部位を使って遊ぶ。保育は基本的に子どもがすることを見守ることである。たいていの場合，子どもにはそれをする理由がある。

（5）手足や感覚に言葉を添える

　すでに述べたように，子どもたちは，幼ければそれだけ言葉で理解することは難しい。まわりから感覚を通して入ってくるさまざまな情報がおもしろいのである。そのためじっと座ったままいることはほとんどできない。それだけさまざまなことに興味が向けられるのである。そのため保育では，子どもたちが自分たちの手や足を用いて直接体験し，さまざまな色，音，形，風，光などと出会えるようにしている。これは，自然やおもちゃが子どもの感覚に訴えるからであり，またそのことによって子どもたちが自ら環境にはたらきかけ，さまざまなものの性質やしくみについて気づくのである。

その際に大切なことは，子どもが経験していることや感じていることに保育者が言葉を添えることである。これは乳児にも幼児にも大切なことである。発語以前においては，乳児とのコミュニケーションはもちろんのこと，言葉の意味する内容や発語のモデルとしても言葉をかける必要がある。乳児期は言葉を発することができないからこそ，おとなの側からさまざまな形ではたらきかけるのである。具体的には表情，目，抱く，なでる，くすぐる，歌う，散歩に連れ出すなどである。その一つに言葉をかけることも含まれる。たとえば，授乳のときには「おいしいね」「いっぱい飲んでね」，シャワーや入浴のときには「あったかいね」「ちゃっぷちゃっぷ音がするよ」「気持ちいいね」「石けんつるつるだね」，散歩のときには「お日さまあったかいね」「あっ，わんわんだよ」「風邪がほっぺに涼しいね」などである。

　幼児期も同様である。言葉はまず自分の身のまわりの環境を整理する役目を果たす。すべてのものには名前（言葉）があり，自分の目にふれるものや耳に聞こえるものなどの経験を整理する。やがてその言葉は自分自身に向けられるようになり内面の世界を形成したり，自分自身について考えたりするようになる。いわゆる自我の形成である。このように，言葉は人として生きていくうえで大きな意味をもつのである。

② 乳児期からの発達と学びの連続性

　今回の改訂・改定において明らかにされたのは，一貫した日本の幼児教育施設の整備である。2006（平成18）年には「教育基本法」が改正された。その中で「幼児期の教育は，生涯にわたる人格の基礎を培う重要なものである」とされ，日本の教育の中に幼児教育が位置づけられることになった。それを受けて，2008（平成20）年の改訂・改定においては，教育要領はもちろん，保育指針も「告示」の形となり，法的に整備された。保育や幼児教育は時代に応じて少しずつ変化してきていることがわかる。そこには日本の子どもたちがどの保育や幼児教育施設に通っていたとしても同じ質の保育や幼児教育を受けられるようにすべきとの考え方が基本にある。なおかつ，その後の学校教育にどのようにつなげるかをより明確にしようとしたのである。

（1）新「幼稚園教育要領」の考え方

　新「幼稚園教育要領」では，新しい項目として「幼稚園教育において育みたい資質・能力及び『幼児期の終わりまでに育ってほしい姿』」（「幼稚園教育要領」第1章総則　第2）を設け，「資質・能力を一体的に育むよう努めるものとする」としている。以下，「幼児期の終わりまでに育ってほしい」とされる10の姿を総則から引用する。

第1章　総則

第2　幼稚園教育において育みたい資質・能力及び「幼児期の終わりまでに育ってほしい姿」

3　次に示す「幼児期の終わりまでに育ってほしい姿」は，第2章に示すねらい及び内容に基づく活動全体を通して資質・能力が育まれている幼児の幼稚園修了時の具体的な姿であり，教師が指導を行う際に考慮するものである。

（1）健康な心と体

　　幼稚園生活の中で，充実感をもって自分のやりたいことに向かって心と体を十分に働かせ，見通しをもって行動し，自ら健康で安全な生活をつくり出すようになる。

（2）自立心

　　身近な環境に主体的に関わり様々な活動を楽しむ中で，しなければならないことを自覚し，自分の力で行うために考えたり，工夫したりしながら，諦めずにやり遂げることで達成感を味わい，自信をもって行動するようになる。

（3）協同性

　　友達と関わる中で，互いの思いや考えなどを共有し，共通の目的の実現に向けて，考えたり，工夫したり，協力したりし，充実感をもってやり遂げるようになる。

（4）道徳性・規範意識の芽生え

　　友達と様々な体験を重ねる中で，してよいことや悪いことが分かり，自分の行動を振り返ったり，友達の気持ちに共感したりし，相手の立場に立って行動するようになる。また，きまりを守る必要性が分かり，自分の気持ちを調整し，友達と折り合いを付けながら，きまりをつくったり，守ったりするようになる。

（5）社会生活との関わり

　　家族を大切にしようとする気持ちをもつとともに，地域の身近な人と触れ合う中で，人との様々な関わり方に気付き，相手の気持ちを考えて関わり，自分が役に立つ喜びを感じ，地域に親しみをもつようになる。また，幼稚園内外の様々な環境に関わる中で，遊びや生活に必要な情報を取り入れ，情報に基づき判断したり，情報を伝え合ったり，活用したりするなど，情報を役立てながら活動するようになるとともに，公共の施設を大切に利用するなどして，社会とのつながりなどを意識するようになる。

（6）思考力の芽生え

　　身近な事象に積極的に関わる中で，物の性質や仕組みなどを感じ取ったり，気付いたりし，考えたり，予想したり，工夫したりするなど，多様な関わりを楽しむようになる。また，友達の様々な考えに触れる中で，自分と異なる考えがあることに気付き，自ら判断したり，考え直したりするなど，新しい考えを生み出す喜びを味わいながら，自分の考えをよりよいものにするようになる。

（7）自然との関わり・生命尊重

　　自然に触れて感動する体験を通して，自然の変化などを感じ取り，好奇心や探究心をもって考え言葉などで表現しながら，身近な事象への関心が高まるとと

もに，自然への愛情や畏敬の念をもつようになる。また，身近な動植物に心を動かされる中で，生命の不思議さや尊さに気付き，身近な動植物への接し方を考え，命あるものとしていたわり，大切にする気持ちをもって関わるようになる。

（8）数量や図形，標識や文字などへの関心・感覚

遊びや生活の中で，数量や図形，標識や文字などに親しむ体験を重ねたり，標識や文字の役割に気付いたりし，自らの必要感に基づきこれらを活用し，興味や関心，感覚をもつようになる。

（9）言葉による伝え合い

先生や友達と心を通わせる中で，絵本や物語などに親しみながら，豊かな言葉や表現を身に付け，経験したことや考えたことなどを言葉で伝えたり，相手の話を注意して聞いたりし，言葉による伝え合いを楽しむようになる。

（10）豊かな感性と表現

心を動かす出来事などに触れ感性を働かせる中で，様々な素材の特徴や表現の仕方などに気付き，感じたことや考えたことを自分で表現したり，友達同士で表現する過程を楽しんだりし，表現する喜びを味わい，意欲をもつようになる。

（2）「10の姿」への過程を考える

これまでも保育や幼児教育においては，小学校教育を視野に入れながらさまざまな工夫がなされてきた。子どもたちは幼児教育施設から小学校に進み，さらに中学校や高等学校へとつながっていく。そのために幼児期における「資質・能力」を育みながら「幼児期の終わりまでに育ってほしい姿」（10の姿）を意識した保育が求められる。この10の姿は，保育の年間計画や日々の保育や評価など保育全般におよぶことになる。また，小学校へ子どもたちの育ちを伝える際にも活用されることになる。ちなみに，この10の姿は小学校の学習指導要領にも明記されている。したがって，この10の姿を意識しながら，担当しているそれぞれの子どもがどのような育ちの状態なのか理解することが大切になる。

・「道徳性・規範意識の芽生え」

たとえば，「道徳性・規範意識の芽生え」では，どのような過程を経て，してよいことや悪いことがわかるようになるのか，相手の立場に立って行動するにはなにが必要なのか，あるいはルールの必要性をどのようにして理解するのかなど，年齢による発達の見通しが必要になる。ほめられたり注意されたりするのも大切な経験であるが，子ども自身の体験が重要である。2歳ごろには自分のものはもちろん自分のものであるが，他児のものでも自分のものと思う傾向がある。ものを所有することによって自分を主張する時期なのである。それで何度もトラブルになる。まだ，自己中心的であり，他者を意識したり，他者の立場を考えたりすることは難しい時期なのである。いきなり叱っても子どもはその意味が理解できない。そばにいるおとなは「使っていなかったら貸してあげてほしいな」と穏や

かに伝える必要はあるが，子どもがそれを理解できるまでにはまだ数年を必要とする。

4歳の最初のころにはゲームの勝ち負けが気になりだす。するとズルをする子が現れる。ズルをしてでも勝ちたいのである。まだ，相手の気持ちが理解できない時期であれば自然な子どもの姿である。保育者はどうしたらよいのであろうか。すぐに注意する場合もあるかもしれない。そうするとなんだかよくわからないけれど先生に叱られたと感じることになる。それよりも，相手の子どもからのクレームを聞かせてあげたい。なぜそれがいけないことなのか気づかせたい。もちろん1回で理解できるとは限らない。時間もかかる。こうした見通しをもとに子どもの「道徳性・規範意識の芽生え」を見守るのである。

・「社会生活との関わり」

「社会生活との関わり」への過程はどうであろうか。まずは，乳児期の愛着の形成が重要になる。これは人間への信頼感をもてるようにすることである。人は自分に優しい，困ったら助けてくれるという安心感である。これはたいていの場合，家庭で形成される。これがなければ人間として生きていくことは難しくなる。やがて家庭を離れ幼稚園や保育所，認定こども園での生活が始まると，担任保育者との信頼関係を築かなければならない。そうでなければ保育者のもとを離れて，興味のあるものに近づいたり，おもちゃで遊んだりはできない。保育者は意識して複数の子どもたちと遊んだり，そこにほかの子を誘ったりしていっしょに遊ぶきっかけをつくらなければならない。しばらくいっしょに遊んだとしても保育者がその場を離れると別々に遊ぶようになる。それでもそばにいると見ていたり，まねしたり，ものの取り合いをしたりなどお互いに影響を受ける。そして多くのトラブルを経験しながらお互いの立場を理解したり，きまりを守る大切さに気づくようになる。5歳の終わりごろには友だちだけで遊んだり，友だちのトラブルを仲裁したりする姿も見られる。

・「数量や図形，標識や文字などへの関心・感覚」

もう一つ，数や文字への関心はどのような過程をたどるのであろうか。子どもたちは自分の好きなテレビアニメのタイトルやキャラクターなどはすぐに覚えてしまう。電車やバスによく乗る子は文字や漢字の形でどこ行きたいか判断している。文字がなにか特別の意味をもつ記号であることは3歳，あるいは2歳でも気づいている。

ある保育所では，1歳半から2歳児になると子どもの前で保育者はそれぞれの家庭との連絡帳を読む実践をしている。目的は，連絡帳に書かれた文字の役割に気づいてもらうためである。「Aちゃんは，今朝，ごはんをいっぱい食べました。とてもおりこうでした。おかずはホウレンソウとサンマでした」「Bちゃんは，

昨日，私がミルクをつくっている間，いもうとを抱っこしてくれました」など。実践当初，子どもたちは不思議そうな表情をするという。だが，半年もその実践をすると，子どもの方からいろいろな要求が出てくる。保護者に対しては，「今日，お手伝いしてお利口でしたって書いといてよ」「おしっこまかした（もらした）って書かんとって」，そして保育者には「保育園で泣いたこと書かんとって」などと。この実践の場合は，結果的に子どもたちに文字の役割を伝えることになったという。

　３〜４歳では実際に，どのように数や文字との出会いを考えているのであろうか。４月の幼稚園の３〜４歳児クラスでは，靴箱の自分の名前を見つけるのは難しい。そこで目印のマークを名前（ひらがな）の横に貼っておく。すると「あ，ぼくとおんなじ"お"があるよ」と，おさむくんがおちくんやおおつかくんに言っている。字の読める子が「あいはら……，あおき……，あべ……」と指でたどっていくと，自分の番がくるのを待ち遠しそうについて歩く子もいる。保育者はそうなってほしくて名前とマークをつけ，子どもと文字との出会いを考えているのである。

　入園して３か月もすると，たいていの子は自分の名前は読めるようになるが，書ける子はそれほど多くはない。七夕の笹飾りをつくりながら，短冊に「お兄ちゃんが，やさしくなるようにって書いて」「シルバニアのお人形買ってくれますように」などと願いごとを言ってくる。サインペンで書いてあげるとうれしそうにつり下げている。読めないけれど自分の願いが文字になった。それをお星様や神様がきっと読んでくれるに違いないと信じている。ここに「文字とは離れた所にいる人に自分の思いを伝える方法」の意味がある。そして保育者の意図もここにある。文字との出会わせ方のしくみがある。

　８月は長い夏休み。元気かな？　とクラス担任は子どもたちに暑中見舞いを出す。間もなく，子どもたちから次々と返事が返ってくる。自作のカブトムシの絵にぎこちない文字で自分の名前を書いたもの，汽車の絵の横に「この絵は拓也が描きました。朝の汽車だそうです」と母親が説明しているのもある。また，「せんせい，おげんきですか，わたしはおねぇちゃんと，らじおたいそうにいっています。けんかもします」と本人の言葉をお姉ちゃんが代筆したものもある。絵や文字による初めての通信である。保護者は文字を読ませることに熱心だが，この過程を十分に楽しませることがはるかに大切になる。幼児期には豊かな言葉を聞き，思ったことを安心して話すことが必要である。お話や絵本の読み聞かせ，一人ひとりの子どもとのゆったりとした会話の時間をできるだけもつようにしたい。

　では，子どもは数とどのように出会うのか。その計画や意図を保育者には明確

にもってほしい。2018年から実施される改訂・改定でカリキュラムマネジメントが重視されているのはこのためであり，保育者は無自覚であってほしくない。文字が，離れた所にいる人に自分の思いを伝える方法であるなら，数はどのようなものであろうか。それは「比べる手段」ではなかろうか。5歳にもなると縄とびの跳んだ回数が気になる。自分が昨日3回跳んだとすると，「先生，今日はぼく何回跳んだの？」「4回よ」「3回と4回はどっちが多いの？」「4回の方が1回だけ多いんよ」「やったー，昨日よりたくさんできたー」「先生，B君は何回だったの？」「B君も4回よ」「B君とぼく，同じ4回だったん！」のような会話はよく聞かれるのではなかろうか。運動会の玉入れ競争での玉数えも数の比較の典型であるし，また，5歳児は気温を表現するために「暑い」や「寒い」という身体感覚だけでなく（3歳児は，よく手が冷たい，息が白い，汗がいっぱいなどと表現する），数字を用いることがある。「先生，今日は暑くなるって，テレビで言ってたよ。34℃になるって。やっぱり暑くなった」のように。

❸ 乳幼児，小学校児童の学びの連続性

　すでに述べたように，今回の改訂・改定の特徴は，幼稚園，保育所，認定こども園が幼児教育施設として位置づけられ，そこでの幼児教育が小学校教育と接続することが明確に示されたことである。これまでも接続の大切さは論じられてきたが，今回ほどには示されていない。乳幼児期からの発達の連続性をみていく視点として「資質・能力」を乳幼児期から大学まで共通して設定している。そのこととの関連において日本の教育を一貫したものにしようとしているのである。

　教育要領の第2「幼稚園教育において育みたい資質・能力及び『幼児期の終わりまでに育ってほしい姿』」には次のように述べられてる。

　1　幼稚園においては，生きる力の基礎を育むため，この章の第1に示す幼稚園教育の基本を踏まえ，次に掲げる資質・能力を一体的に育むように努めるものとする。
　（1）豊かな体験を通じて，感じたり，気付いたり，分かったり，できるようになったりする「知識及び技能の基礎」
　（2）気付いたことや，できるようになったことなどを使い，考えたり，試したり，工夫したり，表現したりする「思考力，判断力，表現力等の基礎」
　（3）心情，意欲，態度が育つ中で，よりよい生活を営もうとする「学びに向かう力，人間性等」

　この「知識及び技能の基礎」「思考力，判断力，表現力等の基礎」「学びに向かう力，人間性等」の3つは，乳幼児期から高校に至るまで一貫して日本の教育において育みたい「資質・能力」になる。教育として大切にしたい柱が明確にされ

たのである。乳幼児期はその基礎を培うことになるが、子どもが身近な環境に主体的に関わり、その性質や意味に気づき、それを利用して試行錯誤したり、工夫したり、考えたりする過程の中で育つことを大切にしたい。

①知識及び技能の基礎

　遊びや生活の中で、豊かな体験を通じて、なにを感じたり、なにに気づいたり、なにがわかったりなにができるようになるのか。（たとえば、基礎的な生活習慣や生活に必要な技能の獲得、身体感覚の育成、規則性、法則性、関連性などの発見、さまざまな気づき、発見の喜び、多様な動きや表現のための基礎的な技能の獲得など）

②思考力、判断力、表現力等の基礎

　遊びや生活の中で、気づいたこと、できるようになったことなども使いながら、どう考えたり、試したり、工夫たり、表現したりするのか。（たとえば、試行錯誤、工夫、予想、予測、比較、分類、確認、他の幼児の考えなどにふれ、新しい考えを生み出す喜びや楽しさ、言葉による表現、伝え合い、振り返り、次への見通し、自分なりの表現、表現する喜びなど）

③学びに向かう力、人間性など

　心情、意欲、態度が育つなかで、いかによりよい生活を営むか。（たとえば、思いやり、安定した情緒、自信、相手の気持ちの受容、好奇心、探究心、葛藤、自分への向き合い、折り合い、話し合い、目的の共有、協力、色・形・音などの美しさやおもしろさに対する感覚、自然現象や社会現象への関心など）

　小学校以降になると、この3つの「資質・能力」は「知識及び技能」「思考力、判断力、表現力等」「学びに向かう力、人間性等」と表記される。

　今回の小学校の学習指導要領の改訂においても、子どもたちは幼児教育施設から小学校に進み、さらに中学校や高等学校へとつながっていくことがポイントとなっている。そのために幼児期における「資質・能力」を育みながら「幼児期の終わりまでに育ってほしい姿」（10の姿）を意識した保育が求められる。この10の姿は、保育の年間計画や日々の保育や評価など保育全般に及ぶことになり、小学校へ子どもたちの育ちを伝える際にも活用されることになる。10の姿は小学校の学習指導要領にも明記されており、この10の姿を意識しながら、担当するそれぞれの子どもがどのような育ちの状態なのかを理解することが大切になるのである。

3. 保育内容の考え方

1 保育の中心に子どもを

　保育内容を考えるときの基本は子どもを中心に置くことである。当然のことであるが，現実にはなされていないことがよくある。たとえば，子どもたちに機械的に挨拶を強いてはいないであろうか。挨拶ができるかどうかだけで子どもを見てしまうと，一斉に声を揃えて言わせたり，おとなに子どもが挨拶するのは当たり前と思いがちになる。子どもが挨拶をするかどうかという形ではなく，おとなの方が日常的に子どもと遊んだり，心を込めて挨拶しているかどうかの問題であろう。出会ったときに自然に交わすのが挨拶であり，形をつくって一斉に行うのは不自然に思われる。子どもはいっしょに遊んでくれる人や自分を肯定的に受け入れてくれる人には自分から挨拶するものである。

　運動会などではおとなは音楽に合わせてきちんと行進したり，整列することを子どもに要求しがちである。たしかに見ている側としては揃っている方が美しく見える。幼い子どもたちは行進のときにどうしたら自分たちがきれいに見えるかなどとは考えない。それほどには自分たちを客観的に見ていないのが普通である。子どもは無理にでもさせればできるが，その分だけ楽しさやおもしろさを感じなくなるに違いない。

　年長になると，半ば機械的に係や当番活動を取り入れている園も少なくない。たしかに毎日の生活の準備や生き物の飼育などは欠かせない活動である。だがより大切なことは，その係や当番をすることがなぜ必要なのかを子どもたち自身が気づくことではなかろうか。子どもたちは，自分たちが幼くてなにもできないと日常的に思われていることに不満を感じていることが多い。だからおとなから認められたり，自分がほかの人や生き物の役に立っていると感じられたりすると喜び，自分に誇りや自信をもつようになる。自分より立場の弱いウサギや小鳥の世話をすることは，こうした子どもの気持ちを満たすことにもなる。こうした点に配慮しないで機械的に導入すると，しばしば当番活動はいやだけれどもしなければならないもの，当番になって損をしたという気持ちをもたせてしまう結果になるのではなかろうか。

　いずれにしても子どものためにと考えてしているとしても，おとなの基準だけで判断してしまうと逆の結果を招くことにもなりかねない。挨拶は機械的にしていればよいもの，練習はおもしろくないけれど先生が怒るからする，当番はしたくないけれどしかたないから義務としてする。このように感じさせては保育とはいえない。子どもにそのおもしろさや必要性を感じさせていないからである。これらは保育の中心に子どもを置いていない結果であろう。

② 保育内容の構成

　保育内容とは子どもたちが園生活の中で取り組む経験や活動の全体であると述べたが，これをいくつかのレベルに整理することができる。保育は乳幼児を対象にしている。自分で生命の維持ができない乳幼児を保護し，その社会の文化を伝えていく役割を担うのが保育である。この保護から文化の伝達までをいくつかに分けて考えてみよう。

（1）安全な生活

　まずなによりも生命の安全，心身の健康を確保することが求められる。生まれて間もない乳児は，自分で食べ物を探すことはもちろん，おとなと同じものを食べることもできない。寒さや暑さから身体を守ることもできないし，外敵からの危険にも立ち向かうことはできない。また，他の動物のように親の後について歩くこともできない。生まれて最初の1年は子宮外胎児期と呼ばれるように，母親の胎内からは出たものの，社会という子宮の中で育てられなければ生きられない弱い存在といえる。このように人間の子どもは生活のあらゆる側面においておとなの保護がなければ生きていけなのである。そこでミルクや離乳食などの食事，快適な生活や睡眠を確保するための衣服や冷暖房，静かな環境，病気や危険から身体を守る保健衛生，そして乳児といえども気分転換を図るための散歩，うた，おもちゃなどが必要になる。幼ければそれだけ親や保育者の力を借りなければならない。これに則ることが安全な生活の確保である。

（2）信頼関係を基本にした生活

　生命の安全が確保されたなら，次に求められるのは信頼できるおとなとの関係である。どの高等動物も愛情を注がれなければ健全に生きられないが，その中でも人間はもっとも愛情を必要とする。よく知られているのはアタッチメント（愛着）であろう。空腹になるとミルクを与えてくれる，おむつが汚れると換えて気持ちよくしてくれる，眠いと抱いてゆっくり揺らしながら歌ってくれる，気持ちがすぐれないとそとに連れ出して風や太陽に触れさせ，花，生き物などを見せてくれる。

　こうした行動が日に何度も繰り返される。その積み重ねによって自分のお世話をしてくれるおとなの感じや雰囲気を覚え，その人に対して特別の感情をもつようになる。家庭では両親であり，園生活においては保育者であろう。それは1歳ごろの人見知りや2歳ごろの後追いとなって現れる。3歳を過ぎると記憶力もつき，いまは近くにいないけれど，必ず自分の元に戻ってくる，困ったことがあると必ず助けてくれると思えるようになる。それとともに人見知りや後追いは見られなくなる。

　園生活において，子どもたちはおとなが考えている以上に緊張を強いられる。

1章　保育内容の考え方

家庭では両親の愛情を一身に受けることできる。また多少のわがままも，たいていは受け入れてもらえる。だが園ではそうはいかない。自分だけの先生ではないし，まわりの子どもたちは必ずしも自分に対して優しいとは限らない。いつ噛みつかれたり，叩かれたりするかわからない。そうした中で，保育者はできるだけ一人ひとりの子どもとの信頼関係を築き，安心して生活できるようにしなければならない。それがその後の人間関係の基本になるし，子どもの関心が周囲のさまざまな人や物へ向けられる前提にもなるからである。

3 豊かな環境の中での生活

　乳幼児の周囲の環境に対する興味は親しいおとなとの関係が基本になる。そのおとながすることに興味をもち，じっと観察し同じようにしてみる。おとなが見ていれば安心してさらにほかのものに触れるなどする。そしておとなとの関係がたしかなものになると，近くにおとながいなくても自分で遊びはじめる。だからこそ子どもが興味をもち，自分から遊びたくなるような環境づくりが大切になるのである。色がきれいで目につき，触れたくなるもの，触れると音が出るもの，身のまわりの生活を自分なりに再現できるもの，土や砂，水で遊ぶ場所，いろいろなものをつくるブロックや積み木，保育者に読んでもらう絵本，思いっきり身体を動かす固定遊具，自分の関わり方によって相手の反応が違ってくることを学ぶ生き物やいっしょに生活する友だち，そして困ったときに助けてくれたり，慰めてくれたりする保育者である。また物や人だけでなく，場所や時間の保障も重要な環境である。自由に遊ぶ時間がなければゆっくりできないし，遊びの内容も制限される。

　こうした環境の中で子どもたちはさまざまな遊びを展開する。それぞれ好きな遊びをしながらも自分なりの課題をもち試行錯誤を繰り返す。ボールを転がしたり，音をならしたりして自分がはたらきかけることによって環境が変化する行為者の喜び。どうしたら大きくて丸くつるつるした泥だんごができるか，積み木を高くするにはどうしたらよいかという知的な活動を通して物の性質を知る経験。ブランコの揺れを大きくしたり，カーブを速く走るには身体をどう使えばよいかという体験。鬼にはなりたくないけれど友だちといっしょに鬼遊びはしたいというジレンマを通して，相手の立場や思いを知る社会的経験。絵本を読んでもらいながらゆっくり言葉と絵とを結びつける知的な楽しみ。生き物の飼育を通して同じように食べ排泄する生命を育むこと，そしてやがては死ぬという生命のサイクルへの気づき，また世話をしながらいっしょに生活することにより生まれてくる親しみの感情など，そこで経験することは数え切れないほど豊富である。こうした子どもの大切な経験の一つひとつを観察し，理解することが，保育者の役割になる。

15

4 個に配慮した対応

　園生活は集団の生活でもある。そこには鬼遊びやリレー，サッカーなど集団でなければ味わえない楽しさやおもしろさもあるが，家庭での生活とは違い自分の思う通りにならないことも多い。いやだけれども鬼を引き受けなければ仲間に入れてくれないこともある。勝ちたい一心でズルをしたりすることもあるが，ルールを守らなければ公正な勝負にならないことも知る。その一つひとつの過程を経験することによって，集団の一員としてどう行動しなければならないかを理解していくのであろう。

　だが，保育者として注意しなければならないのは，一人ひとりの育ちの違いへの配慮である。いうまでもなく個々の子どもは生育歴が違うし，親の考え方も違う。それに加えて個性の違いもあるし，育ちの段階の違いもある。子どもたちは同じような過程を経て発達するにしても，その進み具合が異なるのである。したがって同じ活動をしているにしても，それぞれ参加のしかたや興味のもち方は違うのである。たとえば，運動会の種目によく取り入れられる玉入れでは，玉を拾ってかごに入れようとする子だけでなく，拾って友だちに渡す子もいるし，入った玉を見て喜んでいる子もいる。また興味をもちながらも眺めている子もいる。かごに入れようとしている子だけが参加しているのではなく，どの子も参加していると考えることが求められる。

　保育指針においても第１章１の（３）保育の方法のウにおいて「子どもの発達について理解し，一人一人の発達過程に応じて保育すること。その際，子どもの個人差に十分配慮すること」と述べられている。子どもは一人ひとり物の受け止め方や見方，関わり方が違う。子どもはその子らしいしかたとペースで環境に関わり，その子なりの思いをもち，感じ方をする。おとなから見ると無駄に思えたり，理解に苦しむこともあろう。だが，そのことがその子の発達にとって必要であることはよくある。

　全体から見れば育ちの早い子も遅い子もいる。力の強い子も弱い子もいるし，腕白な子もおとなしい子もいる。また中には身体の不自由な子もいるであろうし，さまざまであるが，それが自然な社会の姿であろう。園生活は集団の場ではあるが個々の子どもの違いを前提にした社会であり，保育者は個々の子どもへの配慮を忘れてはならないのである。

1章　保育内容の考え方

4. 望ましい育ちと保育内容

　すでに述べたように，園生活において子どもたちはさまざまなことに出会う。そしてそれぞれのしかたでいろいろな経験を重ねていく。そのためにも保育者は子どものまわりの環境を工夫する。だが，なんでもよいから経験すればよいわけではない。ブランコの順番をめぐるトラブルはしばしば見られるが，保育者が裁判官のように振る舞って交替させたのでは子どもたち同士が相手の思いを知る機会にはならないし，また黙って見ているだけでは大ケガにつながってしまう恐れもある。子どもが出会う経験には望ましいものとそうでないものがあるということである。保育とは子どもたちといっしょに生活しながらその経験がより望ましいものになるようにすることである。

　ブランコのトラブルでは待っている子と乗っている子の双方の気持ちを聞き，相手に伝えることが大切になる。待っている子の気持ちを考えて，乗っている子に「替わってあげて」と言いがちだが，それでよいのであろうか。保育者が言うと子どもには半ば命令のように聞こえるかもしれない。それで乗っている子が替わってくれて一件落着と思いたいが，いくつかの問題が残る。待っている子自身が「替わって」と自分の思いを伝える機会を奪ってはいないか。乗っている子は保育者に言われたことが圧力になり，不本意ながらも譲らざるを得なかったのではないか。その結果として「いや，だめ」と自分の思いを表明する機会を失ったのではないか。そして外見的には円満におさまったかのように見えても，その実双方の子どもがそれぞれ相手の気持ちを知る機会をもてなかったのではないかなどの問題である。時間は多少要するが，子どもたちがそれぞれの気持ちを知ることを大切にするのであれば，双方の思いを伝えあう機会にすることが望ましいのではなかろうか。

1　5領域のねらいと内容

　このようにさまざまな経験が子どもにとってより望ましいものになるように保育内容を考えなければならない。乳幼児がそれぞれの生活を通してどのような経験をすることが望ましいかを挙げれば限りなくある。その中からあえて基本的なものだけを挙げていくつかに整理したものが保育内容の領域である。

　教育要領「第2章　ねらい及び内容」には次のように述べられている*。

*下線は引用者。

> 　この章に示すねらいは，幼稚園教育において育みたい資質・能力を幼児の生活する姿から捉えたものであり，内容は，ねらいを達成するために指導する事項である。各領域は，これらを幼児の発達の側面から，心身の健康に関する領域「健康」，人との関わりに関

17

する領域「人間関係」，身近な環境との関わりに関する領域「環境」，言葉の獲得に関する領域「言葉」及び感性と表現に関する領域「表現」としてまとめ，示したものである。内容の取扱いは，幼児の発達を踏まえた指導を行うに当たって留意すべき事項である。

　各領域に示すねらいは，幼稚園における生活の全体を通じ，幼児が様々な体験を積み重ねる中で相互に関連をもちながら次第に達成に向かうものであること，内容は，幼児が環境に関わって展開する具体的な活動を通して総合的に指導されるものであることに留意しなければならない。

そしてこれに続いて各領域の考え方とねらいを示している。順に引用してみる。

1．健康

〔健康な心と体を育て，自ら健康で安全な生活をつくり出す力を養う。〕

ねらい

　（1）明るく伸び伸びと行動し，充実感を味わう*。

　（2）自分の体を十分に動かし，進んで運動しようとする。

　（3）健康，安全な生活に必要な習慣や態度を身に付け，見通しをもって行動する。

2．人間関係

〔他の人々と親しみ，支え合って生活するために，自立心を育て，人と関わる力を養う。〕

ねらい

　（1）幼稚園生活を楽しみ，自分の力で行動することの充実感を味わう。

　（2）身近な人と親しみ，関わりを深め，工夫したり，協力したりして一緒に活動する楽しさを味わい，愛情や信頼感をもつ。

　（3）社会生活における望ましい習慣や態度を身に付ける。

3．環境

〔周囲の様々な環境に好奇心や探究心をもって関わり，それらを生活に取り入れていこうとする力を養う。〕

ねらい

　（1）身近な環境に親しみ，自然と触れ合う中で様々な事象に興味や関心をもつ。

　（2）身近な環境に自分から関わり，発見を楽しんだり，考えたりし，それを生活に取り入れようとする。

　（3）身近な事象を見たり，考えたり，扱ったりする中で，物の性質や数量，文字などに対する感覚を豊かにする。

4．言葉

〔経験したことや考えたことなどを自分なりの言葉で表現し，相手の話す言葉を聞こうとする意欲や態度を育て，言葉に対する感覚や言葉で表現する力を養う。〕

ねらい

　（1）自分の気持ちを言葉で表現する楽しさを味わう。

　（2）人の言葉や話などをよく聞き，自分の経験したことや考えたことを話し，伝え合う喜びを味わう。

＊それぞれの領域のねらいに示されている（1）は心情,（2）は意欲,（3）は態度に相当する。

（3）日常生活に必要な言葉が分かるようになるとともに，絵本や物語などに親しみ，
　　言葉に対する感覚を豊かにし，先生や友達と心を通わせる。

5．表現
〔感じたことや考えたことを自分なりに表現することを通して，豊かな感性や表現する
力を養い，創造性を豊かにする。〕

ねらい
（1）いろいろなものの美しさなどに対する豊かな感性をもつ。
（2）感じたことや考えたことを自分なりに表現して楽しむ。
（3）生活の中でイメージを豊かにし，様々な表現を楽しむ。

（1）生きる力

　保育内容の考え方を理解するには，先の引用の下線箇所が重要であろう。まず
旧教育要領では，「ねらいは幼稚園修了までに育つことが期待される生きる力と
なる心情，意欲，態度などで」あるとされた。生きる力とは社会がどのように変
わるにしても必要とされる能力と考えられている。この表現が最初に使われたの
は1996（平成8）年7月の中央教育審議会答申においてであるが，それによる
と「自分で課題を見つけ，自ら学び，自ら考え，主体的に判断し，行動し，より
よく問題を解決する資質や能力」，「自ら律しつつ，他人とともに協調し，他人を
思いやる心や感動する心などのの豊かな人間性」，さらに「たくましく生きるた
めの健康や体力の」ことである。要するに，いろいろな困難な状況に対して自分
から取り組み，それを克服しながら生きていく力といえよう。おとなが要求しが
ちな言うことをよく聞く子，片づけをする子，友だちに優しい子，自分の身の回
りのことができる子，知識の豊富な子などいわゆるお利口な子がいたとしても，
その子自身が生きること，生活することを楽しめていなければ何の意味もないか
らである。

（2）心情，意欲，態度

　では心情，意欲，態度とはなんであろうか。各領域のねらいにはそれぞれに期
待される心情，意欲，態度が1つずつ示されている。これらは「きれいに歌える」
や「上手に製作できる」「文字が読める」などそとから見て確かめられるような
到達度を示したものではない。

　たとえば，領域「健康」のねらいとして次の3つが示されている。「（1）明る
く伸び伸びと行動し，充実感を味わう」。これは鉄棒で前まわりや逆上がりがで
きることを問題にしているのではなく，個々の子どもが自分から喜んで鉄棒に取
り組む内面的な心情の育ちをねらっているのである。「（2）自分の体を十分に動
かし，進んで運動しようとする」。これもできるかどうかではなく，たとえでき
ないにしても喜んで身体を動かそうとしたり，動かしたがる意欲の育ちを大切に

したいということである。「（3）健康，安全な生活に必要な習慣や態度を身に付け，見通しをもって行動する」。これも目に見える形でできるということではなく，健康や安全な生活への構えや態度の育ちをねらったものである。

このように，保育におけるねらいは直接的に結果や到達点を目指しはしない。おとなであれば筋力をつけるために単調であまりおもしろくないウエイトトレーニングやランニングをすることもできる。それは苦しい練習であっても，それを乗り越えた向こう側には自分の望みがかなえられるという見通しがあるからである。だが幼児には将来のためにいまを犠牲にするという発想はできない。いまを楽しく生きることが将来に対する最善の方法なのである。脚力が弱く不安定な歩き方をしているからといって保育者は直接的に歩かせはしない。その方法では子どもが歩く必要性を感じないからである。保育者は子どもが自然に歩きたくなるような方法を考える。たとえば気分転換を兼ねて近所の散歩に誘ったり，ボールを出して転がす遊びに誘ったりするのである。子どもは保育者といっしょに安心して散歩やボール遊びを楽しむ。おもしろいので子どもはしばらくつづける。疲れると休憩し，またしようとするだろう。そうして結果としてかなり歩くことになり，脚力の強化にもなる。このような方法によって，子ども自身が自発的になにかに取り組んだり，夢中になって遊んだりするようにしようというのが心情，意欲，態度を育てることなのである。

幼稚園や保育所によっては保育観や発達観の違いから生きる力の基礎を養うために漢字や英語，パソコン，水泳，剣道などを積極的に取り入れている園もある。その実施のしかたにもよるが，子どもが自分から夢中になって遊ぶことは数回ならあり得るが，定期的になると難しい。それよりも無理のない園生活の中で友だちと交わり，遊び，自己主張したり，相手や全体のことを考えて自分の思いをコントロールしたりする経験を多くする方が生きる力の基礎となる心情，意欲，態度を育てることになる。こうした考え方に立つのが日本の保育なのである。

（3）毎日の生活が基本

保育内容の考え方として次に確認しておきたいのは，毎日の園生活を基本にするということである。教育要領には「各領域に示すねらいは，幼稚園における生活の全体を通じ，幼児が様々な体験を積み重ねる中で相互に関連をもちながら次第に達成に向かうものである」とある。子どもたちは毎日の生活の中で友だちと出会い，遊具を共有したり，自分の思いを言葉で相手に伝えたり，また生き物の飼育や当番活動，あるいはいっしょに歌ったり，絵本を読んでもらうなどさまざまな経験を楽しんでいる。この生活の中に大切なことが豊富に含まれているのである。乳幼児期は生活の中でさまざまなことに興味をもち，自分から関わることが基本なのである。

こうした生活をする中で保育内容に示されたねらいの方向に近づいていくのであるが，1度や2度の経験や指導によってねらいが達成されると考えられているのではない。このことは「次第に達成に向かう」という表現を見ても明らかであろう。いうまでもなく乳幼児の発達は直線的に遂げられるのではなく，さまざまな葛藤やトラブルを経験しながら進んだり停滞したり，あるいは，時には後戻りしながらその方向に近づいていくのである。

（4）行為の主体者としての喜び

保育内容の考え方として大切なことをもう1つ挙げておきたい。それは教育要領で述べている「内容は，幼児が環境に関わって展開する具体的な活動を通して総合的に指導されるもの」ということである。幼児が生活の中で自分の手や足，感覚を用いて環境にはたらきかけることは，生きる力の基礎となる心情，意欲，態度を身につけるうえで重要である。生活環境の中に子どもが興味をもちそうなものや遊具を置くことによって子ども自身が関わりたくなるような雰囲気をつくる。そのことによって行為の主体者としての満足感をもてるようにする。幼児期は自分が関わることによって対象が変化する経験を多くする必要がある。自分が関わってボールが転がる，自分が関わっておもちゃの音が出る，自分が関わって先生に喜ばれるという経験である。先にも述べたがその上手さやできばえはあまり問題ではない。この行為の主体者としての喜びは，おもしろいから何度も繰り返して自分の身体を使う，何度もするからいつのまにか感覚が分化したり，手や足が器用になる。器用になると自分の思う通りに身体を使えるようになる。するとますますおもしろくなり対象にさまざまなはたらきかけをし，自分の行為と物の変化との因果関係や物の性質に気づくなどする。色水遊びや泥だんごづくりなどが典型的であろう。

（5）総合的な指導

また「具体的な活動を通して総合的に指導されるもの」という点も重要である。活動や遊びは子どもが環境に興味をもち自発的，主体的に関わることにより生まれる。環境そのものは保育者が用意したものであるが，保育者によってさせられるものとは基本的に異なる。その活動や遊びの中で子どもは身体や心を動かすのである。その活動や遊びの範囲は生活全般におよぶもので，5領域におさまるようなものではない。この意味において遊びが総合的といわれるのである。以前の教育要領においては6領域のねらいすべてを網羅するという意味で「総合的」といわれたこともあるが，現在では子どもの遊びそのものがもともと「総合的」であると考えられている。したがって領域の概念は，子どもの活動や遊びに過不足なく対応しているのではないことになる。あくまでも子どもの発達をとらえる1つの側面として便宜的に設けられたものなのである。こうしたことを考慮して子

どもの活動や遊びを援助することが総合的指導なのである。

　たとえば泥だんごづくりの中で子どもたちは非常に多岐におよぶ経験をしている。他児がつくっているのを興味をもって観察する。形をまねして自分もしてみる。少し冷たい感覚が気持ちいい。だけど上手く固まらない。また他児のしている様子を観察する。だがやはり固まらない。何度も失敗しながら土を選ばなければならないことに気づく。また失敗する。いやになって中断。また翌日挑戦する。そして土に少し水を加えることを年長に教えてもらう。言われる通りにしてみるとなんとか固めることに成功する。少し自信がつきうれしくなる。だが隣の友だちの泥だんごと比べると大きさや肌触りが違うことに気づく。大きい泥だんごづくりを始める。しかし途中で壊れてしまう。せっかくつくったのにつらい思いをする。そこで大事に丁寧に力加減をしながらつくり直す。

　ある程度までできると細かな乾いた土の粉をかけると壊れにくいことを友だちから聞いて知る。その土を探しに行くがなかなか見つからない。仲のよい友だちに教えてもらい数人で秘密を共有する。「自分たち」という外部から閉ざされた世界を経験する。同じ材料を用いても大きさや肌触り，光沢，色合いが違うことに気づく。それをつくることのできる友だちに一目置くようになる。そして自分もさらなる目標を目指す。途中までできると少し時間をかけて乾燥させたり，何度も細かくて乾いた砂をかけたりすることを覚える。そうしてかなりの時間と労力をかけてできたものを手違いで落としたりぶつけたりして壊してしまうこともある。他児に見せているときにその子が落としたり，年少の子が触っているうちに壊してしまったりすることも経験する。そのことを先生に訴えて悲しみをこらえることもある。

　自分で壊してしまったときは誰にも訴えることができない。友だちに同情されたり，先生に慰められることにより大変な後悔をしながらも，また初めから取り組まなければならないことを悟る。人生はこうしたことの繰り返しでもあり，ゼロからのやり直しは貴重な経験でもある。こうしたことの経験は物を丁寧に扱うことを教えてくれるし，友だちが同じ立場になったときにはその子の気持ちを理解し，同情することができる。泥だんごづくり一つを考えても多くの貴重な経験を含んでいることがわかる。この遊びが5領域全体に関わるだけでなく，それを超えたより広い内容になっている。だから一つの遊びであっても総合的といわれるのである。

　教育要領の第1章総則では「幼児の自発的な活動としての遊びは，心身の調和のとれた発達の基礎を培う重要な学習であることを考慮して，遊びを通しての指導を中心として第2章に示すねらいが総合的に達成されるようにすること」と述べられている。保育指針の第1章総則においても「子どもが自発的・意欲的に関

われるような環境を構成し，子どもの主体的な活動や子ども相互の関わりを大切にすること。特に，乳幼児期にふさわしい体験が得られるように，生活や遊びを通して総合的に保育すること」と同じ内容のことが述べられている。しかし，子どもの主体的な遊びを支えるために保育者の総合的指導が必要なことはわかるにしても，それを実践することはそれほど容易なことではない。

2 生活観と保育内容

（1）落ち着ける環境

　保育には，保育者の生活観が程度の違いはあれ反映する。園での生活は家庭的な雰囲気が大切だとされる。子どもたちがあまり緊張しないで自分の家にいるような気持ちで生活してほしいからである。だが保育実践を見ていると，保育内容や家庭的な生活の意味を理解しているとは思えないようなこともある。そこには保育者の生活観や子ども観の狭さが表れているように思われる。たとえば保育室の装飾である。子どもが喜ぶからといって色画用紙でつくったアニメのキャラクターや製作物を壁一面に貼りつけたり，子どもの作品だからということで部屋中にところ狭しとばかりに陳列したり，あるいは製作に必要だからという理由で不要品を山のように置いたりしているところがある。ある程度は必要だと思うが，保育室が物置のようになると子どもたちが精神的に疲れ，落ち着けない。生活の場であるならもっとゆったりとした環境を考える必要があるだろう。どこの家庭を見てももっと静かな雰囲気を大切にし，なにも貼ったり飾ったりしない壁がある。過剰に飾るよりもすっきりした絵や版画を1枚壁にかける方がどんなに美的かと思うことがある。

（2）柔軟な対応

　また，片づけや当番活動でも機械的に考え過ぎる傾向がある。子どもの育ちから見ると機械的にすることは難しいし，あまり意味もない。片づけが始まると空いたブランコや三輪車に乗りにいく子がいるという。ある保育者は片づけを理由に制止する。おとなの世界ではそれもしかたないかもしれない。だが保育においては一考の余地がある。おとなしくてなかなか自分から主張して三輪車などに乗ることができない子は，片づけになったときに三輪車が空くことに気づくと，本当はいけないことだと知りながらも乗りたい気持ちに勝てなくなる。そうしたこともあることを保育者は理解しておく必要がある。黙って目で許すと，その子は少しの間だけ楽しむと満足して戻ってくるという。そして自分が先生に認められていると感じ，ますます保育者が好きになる。反対に機械的に制止されると不本意ながらも乗りにいかないであろう。保育者に叱られるのが怖いからである。そして子どもは自分の気持ちが理解されないと感じることにもなりかねない。当番

に関しても同じである。機械的にさせられると自分が役立てる喜びを感じられない。ほかの遊びが楽しくて手が離せないときには誰かに替わってもらおうとすることもある。それを当然のように認められる保育者であってほしい。それが認められると自分もまた誰かのときに替わってあげられるであろう。こうした保育者の柔軟な考え方や対応が子どもの柔軟な考え方を育てるのである。

　園の物の貸し出しや子どもの忘れ物への対応についても柔軟な対応が求められる。園のブロックを子どもが家にもって帰りたいと言うことがある。原則としては禁止にしているにしても，なるべく子どもの願いをかなえてあげたいものである。禁止したらそれで終わる。だが，「じゃ，明日もってきてくれるかな」と許してあげれば，親も子どもも喜ぶに違いない。子どもは翌日忘れずにもってくる。そのとき，「えらいね，忘れないでもってきてくれてありがとう」と伝えれば，子どもとの信頼関係は深まる。貸してあげることによって誰も困らないのではないだろうか。

　子どもが忘れ物をしたときにみんなの前で注意することはよくあるだろう。忘れた子どもに非があるのはたしかであるが，だからといって機械的に注意してよいのであろうか。ある保育者は子どもが忘れ物をしたとき，ほかの子どもに「忘れて困っているんだけど誰かいっしょに使ってくれないかな」と声をかけるという。貸してくれた子に礼を言い，忘れた子には「よかったね，今度誰かが忘れたときに貸してあげてね」と伝えるという。そうすると忘れたことがきっかけとなって友だち関係が広がり，誰かが忘れたときには自分が進んで貸してあげられるようになる。いずれも機械的に対処したのではせっかくのよい機会を生かせなくなる。保育者の柔軟な生活観や臨機応変な対応が子どもの柔軟な考え方を育てることになるといえる。

（3）笑いやユーモアのある生活

　教育要領や保育指針で直接述べられてはいないが，子どもたちの生活の中に笑いやユーモアがあることは重要なことであろう。保育は子どもが近づいてくるところから始まる。近づきやすくするためには，笑いやユーモアは欠かせない。家庭を離れて園生活を送る子どもたちは程度の違いはあっても，緊張を強いられていると考えるべきであろう。雰囲気を明るくするだけでなく保育者に対する親しみを生み出し，信頼感にもつながるであろう。さらにそれは知的な育ちを促すものでもある。笑いやユーモアは人間関係の潤滑油であり，心の清涼剤である。笑顔の対応はもちろん，くすぐり，笑い話，言葉遊び，替えうた，なぞなぞなどを活用したいものである。

（4）保育者養成における保育内容
①教育課程の構造
　保育者養成の教育課程は大きく分けて５つの枠組みから構成されている。この５つの枠組みはどのように関連しているのであろうか。保育を学ぶ学生としてその構造を理解しておくことは，さまざまな授業を整理し，その相互関係を把握するためにも大切なことである。これは保育内容総論という教科の役割でもあろう。そうでなければそれらの教科内容をばらばらに詰め込むことにもなりかねない。その５つとは次のものである。
　1）「保育の本質・目的に関する科目」
　これは教育原理や保育原理，養護原理などの教科目であり，教育や保育とはなにか，子どもをどのように見ることが保育的なのかなどについて考える教科目である。
　2）「保育の対象理解に関する科目」
　これは発達心理学や教育心理学などの教科目である。ここでは子どもとはどのような存在なのか，どのようなものの見方・考え方をし，どのような順序で発達するのかなどについての一般的な知識を学ぶ教科目である。
　3）「保育内容・方法に関する科目」
　これは保育実践を想定しながら，保育の考え方や子ども理解をより具体的にとらえることを目的とした教科目。いわば原理的な教科目と保育現場の実践との間の橋渡し的な役割をもつ教科目である。したがってこの教科目には具体的な保育実践や子どもとの接点が必要になる。保育者養成におけるこの教科の役割は大変重要になる。
　4）「基礎技能に関する科目」
　歌ったり，ピアノ伴奏をしたり，絵画，工作，ダンスなどの知識や技能を習得する教科目。保育を実践するために必要な保育者の技能を高めるためのものである。
　5）「実習に関する科目」
　上記1）〜4）までの知識や技能を保育実践の中で総合化されることが期待される教科目。したがって保育者養成の教育課程全体を把握しておく必要がある。
②保育内容と他の教科との関係
　保育者養成の教育課程において「保育内容・方法に関する科目」がどのような位置づけにあるかは上に示した通りである。つまり教育や保育の歴史や思想などの原理的・理論的なものと保育現場の子どもの姿や毎日の保育などの実践的なものとの間を結びつける役割をもつ教科目である。したがってこの教科目には保育実践や子どもとの接点が必要になる。

保育内容に関する具体的な教科としては5つの領域に分けて行われていることが多い。あるいはいくつかの領域を組み合わせて3つくらいに再構成している場合もある。それは教育要領や保育指針において，保育内容は具体的な活動を通して総合的に指導される必要があるとか領域は乳幼児の発達を確認する視点であるので，領域別の指導は望ましくないとされているからである。たしかに子どもたちは「環境」の領域で遊ぼうとか「健康」の領域で遊ぼうなどとは考えていない。それはおとなの側が勝手に名づけたにすぎない。教育課程を組み立てる関係上，しかたなく領域別に保育内容に関する授業がなされたとしたら，その場合は保育内容を総合的にとらえる観点が必要になる。そのために設けられているのが保育内容総論という教科目である。

　保育内容総論は教育原理や保育原理で展開される子ども観や保育観をふまえ，心理学などで明らかにされている子どもの発達過程などの乳幼児理解に基づきながら，実際の具体的な指導をどうするかについて総合的に考えるのである。したがって保育計画論や保育課程論，あるいは保育指導論や方法論との関連をふまえながら子どもの具体的な活動を総合的にとらえる視点を求められているのである。

5. 小学校の教科と保育内容

　教育と保育とはどのように違うのであろうか。それに関連して小学校の教科内容と幼稚園や保育所の保育内容との違い，あるいは方法においてもどのような違いがあるのだろうか。

1 保育と小学校教育の違い

　保育と小学校教育とはどのように違うのであろうか。それに関連して小学校の教科内容と幼稚園や保育所の保育内容との違い，あるいは方法においてもどのような違いがあるのだろうか。保育も小学校における教育もその対象は次代を担う子どもたちである。その子どもたちを心身共に健全に育て，その社会の文化を伝えさらに発展させていく人材にすることでも共通している。

　異なるのはまず対象となる子どもの年齢である。保育は5歳までの子どもが対象であるが，小学校教育は6歳からが対象である。この年齢の違いは心身の発達の違いでもあり，それぞれの発達に応じた内容と方法が考えられなければならないのは当たり前であろう。

2 教科と保育内容

　次に，小学校の教科内容と幼稚園や保育所，認定こども園の保育内容，あるいはそれぞれの方法にはどのような違いがあるのだろうか。保育内容は園生活の中での活動や遊びを通して経験されるものであるのに対し，教科はあらかじめ決められた内容を時間割にしたがって授業という形で学ぶものといえる。園生活には時間割りによる授業はない。なぜなら，幼児には一定時間座り続けて授業を受けるのは難しいからである。一人ひとり興味の対象が異なるし，言葉の理解力にも大きな差がある。また生理的にも体力的にも小学校のような授業には耐えられない。それよりも子ども集団の中で生活しながらも，それぞれが興味をもったことに自分なりのペースで取り組むことを通してさなざまな経験を積む方がその育ちにふさわしい。

　このことは方法の違いにも表れている。小学校では言葉を中心とした知識の伝達が特徴であるが，保育では自分の諸感覚や手や足などの身体を用いてさまざまな対象に関わることを重視する。言葉による伝達は記号の操作による学習であり，他者の経験を自分の経験にすることである。それは間接経験の学習ともいえる。6歳になると言葉もかなり理解できるようになる。それまでに自分の身体を用いて多くの直接経験を積み，その内容を言葉で整理できるようになるからである。保育ではこの直接経験を重視する。見たり，聞いたり，触ったり，味わったりして生涯にわたってよりよく生きるための諸感覚をたしかなものにする。また十分に身体を用いて生きていく基礎となる体力をつくると同時に，さまざまな危険から自分を守るための身体の使い方や器用さを身につけることを大切にするのである。

3 保育の目標と小学校の目標との違い

　小学校教育の場合は，教える知識や技能などの目的や内容が学習指導要領に示されている。つまり，教える目的と内容がすでに決まっているのである。その目的に応じて内容をやさしいものから徐々に難しいものへ，身近なものからより抽象的なものへ，その順序性を考えて配列したのが教科である。授業を担当する教師はその地域の特色や子どもの興味，個性，心身の発達段階などを考慮して授業を組み立てる。もちろん子どもたちが楽しく学び，理解しやすいようにおもしろくしたり，図表や資料などを用いたりする工夫も必要になる。

　教える目的や内容がはっきりしているので，その授業評価のために単元ごとにテストを実施するのが一般的である。その目標設定のしかたや評価のしかたは保育とはかなり相違している。1998（平成10）年に改訂された学習指導要領ではそれ以前のものに比べると到達目標がゆるやかになっている。「〜する態度を育

てる」「〜する力を育てるようにする」「〜する心情を育てるようにする」「〜についての感覚を豊かにする」などの表現が増え，それだけ相対的に保育の方向性を示す目標に近くなった。

だが，それでも小学校の目標設定は到達目標として示されることが多い。小学校の低学年ではあまり目立たないが，算数では，第3学年から到達目標的な表現になっている。たとえば，「〜について理解し，〜を用いることができるようにする」「〜について理解できるようにする」「〜が分かるようにする」「〜について理解し，〜を求めることができるようにする」などの表現である。

これに対して保育においては生きる力の基礎としての心情，意欲，態度を育てることを目標としている。しかも教える内容も決められていない。個々の子どもによって興味をもつ対象や遊びが違うからである。幼稚園や保育所のような集団の中ではなんらかの関わりをもちながら友だちと遊ぶことになる。そうした関わりや遊びを通して，心情，意欲，態度などのねらいが達成され，結果として子どもの育ちが遂げられる。それを個々の子どもについて確認するのが保育者の役割になる。保育におけるねらいは，心情，意欲，態度であり，その方向を目指す気持ちや意欲を育てることであった。そのため，「〜を味わう」「〜に関心をもつ」「〜を豊かにする」「〜と心を通わせる」「〜を楽しむ」「〜に気付く」などの目標が多い。こうした目標を方向目標という。

目標の種類にはさまざまあるが，ここでは4種類に分けて考えてみる。まず1つ目は「〜に関心をもつ」「〜の楽しさを味わう」「〜に親しみをもつ」などの方向目標，2つ目は「〜を進んで行うようにする」などの行動目標である。3つ目は「〜が分かるようにする」や「〜を理解できるようにする」などの理解目標である。そして4つ目は「〜ができるようにする」などの技能目標である。

この分け方で考えるなら，保育のねらいのほとんどは方向目標ということになる。今回の教育要領の改訂で「幼児期の終わりまでに育ってほしい姿」が10項目示されたが，これも達成目標ではない。方向目標である。この姿に近づけるように導くことはしなければならないが，子どもに無理をさせてはならないことへの配慮がうかがえる。

4 保育と教育との連続性

保育と教育とはどのように連続しているのであろうか。保育においては感覚や身体を用いた直接経験が重視される。水や土に触れたり，植物の栽培や動物の飼育，積み木をしたり，あるいは紙飛行機を折ったり，凧をつくったりなどである。物事の理解はさまざまなレベルがあるが，幼児期では感覚や身体を用いて知っていることが基本になる。目で見た感覚や耳での感覚，味，肌の感触などは幼児期

ではなかなか言葉にできないことが多い。こうした直接経験をたくさんすることがその後の教育にとって重要になる。

　子どもが日常生活において経験していることにおとなが言葉を添えることによって，水に触れると「冷たい」，風に当たると「すずしい」，花を見ると「きれい」などと感覚と言葉とが結びつく。さらに植物栽培を経験することによって，水や土，光はもちろん，時間や季節，生と死などの自然や生命のサイクルについても関心を深めることになる。積み木でよく遊んだ子は学校でシンメトリーや物の形，点，線，面，などの言葉を示されると，そのことをより容易に理解できるに違いない。スカートでくるくる回ったり，紙飛行機で距離を競ったり，凧づくりで楽しんだりした子は，空気抵抗やバランス，揚力という言葉が示されると「あっ，あのときのことだ。だから飛んだんだ」と気づくことになる。色水遊びでビニール袋の水にさまざまな物を入れて遊んだ子は比重という言葉を示されると，「水より比重が大きいので沈んだんだ。軽いから浮いたんだ」と理解するだろう。

　つまり，感覚や身体レベルでの経験に，ある言葉が示されることによって経験が整理され，それが認識になるのである。その認識の基本となる感覚や身体レベルの経験が貧しければ学びが深まるのは難しくなる。

【参考文献】

森上史朗・柏女霊峰編『保育用語辞典』ミネルヴァ書房，2016

岡田正章ほか編『現代保育用語辞典』フレーベル館，1997

大場牧夫・吉村真理子ほか編『保育内容総論』萌文書林，2015

文部科学省「幼稚園教育要領」（告示）2017

厚生労働省「保育所保育指針」（告示）2017

内閣府・文部科学省・厚生労働省「幼保連携型認定こども園教育・保育要領」（告示）2017

文部科学省「小学校学習指導要領」2017

汐見稔幸『保育所保育指針ハンドブック』学研，2017

塩美佐枝編『保育内容総論』同文書院，2017

第**2**章

保育内容の変遷

〈**学習のポイント**〉 ①国家レベルで示されてきた保育内容について，社会状況の変化をふまえて
理解しよう。
②保育現場で生みだされてきた保育内容を把握し，その成果と課題について
考えてみよう。
③過去に学びつつ，子ども主体の保育実践を担う保育内容について，自分な
りに考えてみよう。

　明治以来，わが国の保育界において保育内容は，どのように考えられてきたの
か。また，実際にどのような保育内容が生みだされてきたのか。本章はこのテー
マについて，次の視点から整理してみる。

　第一は，社会の変化と保育内容との関連である。これについては，国家レベル
で編成されてきたカリキュラム，つまりナショナル・カリキュラムに見られる保
育内容の変遷をたどりつつ，それらがどのような社会の変化，および社会の要請
をもとに生みだされてきたのかについて概観する。

　第二は，幼稚園現場における保育内容の変遷である。これについては，時代を
代表する幼稚園を取り上げつつ，生みだされた保育内容の実際を紹介し，その成
果と課題を概観する。

　第三は，第二の視点を保育所現場を対象に概観してみる。

　そして第四は，現在進行形の保育内容の工夫についてである。この点に関して
は，制度上，学校教育に位置づく幼稚園教育を中心に，小学校教育とのつながり
を模索しつつある保育内容作りを紹介し，その成果と課題を概観してみる。

1. 社会の変化と保育内容との関連

1 「保育4項目」の時代

　わが国において，園保育の始まりとされるのは，1876（明治9）年に創設さ
れた東京女子師範学校附属幼稚園（現お茶の水女子大学附属幼稚園）である。時
の明治政府は，欧米諸国のアジア侵出に対抗するため，国力の向上を目指してい
た。政策の柱は，第一に近代的な軍事力の整備と資本制導入による産業振興を意
図した富国強兵策。第二は，国家の独立を支える国民意識の形成，および文明開
化に向けた近代的生活様式の普及・啓蒙を意図した学校教育制度の導入であっ

た。官立であった東京女子師範学校附属幼稚園もこうした近代化政策の一環として創設され，その保育をスタートさせた。

しかし，学校教育制度のうち小学校以上については，1872（明治5）年の学制*，あるいは1879（明治12）年の教育令の公布以来，それぞれ単独の法令が整備されたが，幼稚園ないし保育界については明治期後半まで国家レベルで保育内容を規定するものはなかった。その理由は，明治政府の教育政策の重点がエリート育成を担う大学と，すべての子どもに必要最低限の知識・技術を修得させるために創設された小学校に置かれていたからであった。いいかえれば，就学前の子どもを対象にした教育は，基本的に家庭が主として担うべきと考えられており，園保育の必要性，重要性はほとんど認知されていなかったのである。しかも1886（明治19）年に小学校が義務教育化されると，教育政策上，幼稚園の存在感はますます薄れることにもなった。

こうした状況に対し保育関係者は，幼稚園を学校教育制度上，明確に位置づけるよう，働きかけを行った。特に，1896（明治29）年に発足した日本初の全国的な保育研究団体であるフレーベル会は，1898（明治31）年に文部大臣に幼稚園を対象にした法令の制定を建議した。その際，フレーベル会は全国の公私立の幼稚園数が東京女子師範学校附属幼稚園の創設以来，約20年間で200園を超えたことや，全国の在園児数が1万8000人を超えた事実を掲げ，幼稚園が普及しつつあることを強く訴えた。同時に，各自治体に認可を任せていたため，幼稚園によっては園庭がない，保育時間もまちまちといった混乱状況があること，特に，保育内容に関して幼稚園によって比重を置く内容が異なり，幼稚園教育本来の目的を失い，弊害さえでかねない状況があることを指摘した。

こうした働きかけが実り，1899（明治32）年，初めて幼稚園を対象とした単独の法令となる「幼稚園保育及設備規程」が制定された。この「幼稚園保育及設備規程」において示された保育内容は以下の通りであった**。

＊学制では，6歳までの子どもが通う場は「幼稚小学」と呼ばれ，数種ある小学校の一つとして「小学ニ入ル前ノ端緒ヲ教ル」と規定されただけであった。

＊＊『幼稚園教育百年史』p.505

第六条　幼児保育ノ項目ハ遊嬉，唱歌，談話及手技トシテ左ノ諸項ニ依ルヘシ

一　遊嬉

遊嬉ハ随意遊嬉，共同遊嬉トシ随意遊嬉ハ幼児ヲシテ各自ニ運動セシメ共同遊嬉ハ歌曲ニ合ヘル諸種ノ運動等ヲナサシメ心情ヲ快活ニシ身体ヲ健全ナラシム

二　唱歌

唱歌ハ平易ナル歌曲ヲ歌ハシメ聴器発声器及呼吸器ヲ練習シテ其発育ヲ助ケ心情ヲ快活純美ナラシメ徳性涵養ノ資トス

三　談話

談話ハ有益ニシテ興味アル事実及寓話通常ノ天然物人工物等ニ就キテ之ヲナシ徳性ヲ涵養シ観察注意ノ力ヲ養ヒ兼テ発音ヲ正シクシ言語ヲ練習セシム

> 四　手技
> 手技ハ幼稚園恩物ヲ用ヒテ手及眼ヲ練習シ心意発育ノ資トス

　このように,「幼稚園保育及設備規程」では保育内容を「遊嬉」*「唱歌」「談話」「手技」の４項目で整理した。この４項目は,東京女子師範学校附属幼稚園の創設以来,恩物**中心の保育が一般的であった保育界に対し,新風をもたらすものであった。なぜなら,次節で詳しく紹介するが,それまでの幼稚園では恩物そのものの扱い方を詳細に掲げることが保育内容であるとされてきた。しかし,この４項目おいて恩物は「手技」という項目にまとめられ,他の３項目と対等に扱われることとなった。また,第一に掲げられた「遊嬉」には,従来から取り上げられてきた「共同遊嬉」,いわゆる「おゆうぎ」に加え,「随意遊嬉」も掲げられている。この「随意遊嬉」は,今日でいう「自由遊び」のことである。このように,従来とは異なる保育内容が提示されたのである。

　こうした４項目が生みだされた背景には,当時,教育界全体にわき起こった新しい考え方の影響もあった。時に,「幼稚園保育及設備規程」が制定されたころは世紀末であった。20世紀を迎えるにあたり,欧米諸国では児童中心主義の立場による進歩的な教育が注目されつつあった。わが国の保育界もこうした動きと無縁ではなく,この４項目もその影響を受けていたわけである。こうして保育界は,次第に子どもが最も生き生きと活動する遊びに注目するようになっていったのである。

　以上,「幼稚園保育及設備規程」により４項目という一定の基準が示された意義は大きかった。ただ,この「幼稚園保育及設備規程」は,一省庁である当時の文部省の省令にすぎなかった。フレーベル会の建議では,小学校令などと同様,法令の格として最上位である勅令を願ったが,この時点ではそうした確固たる位置づけはなされなかった。結果,「幼稚園保育及設備規程」の内容は,1900（明治33）年に改正された小学校令の施行規則にそのまま包含されるにとどまった。

❷ 「保育５項目」の時代

　20世紀の到来,また大正時代への移行という変化を前にして,保育界もさらなる発展が求められるようになった。なかでも,「幼稚園不要論の高まり」,「園児数の増加」,「個性重視の教育への転換」という３つの課題は無視できないものであった。

　まず「幼稚園不要論」だが,これは明治30年代ごろから登場した幼稚園に対する批判である。当時,わが国は日清,日露の戦争を経て帝国主義路線に傾斜しつつあり,国の教育政策も徳育主義を重視すべきとの意見が強まっていた。こう

*「幼稚園保育及設備規程」では「遊嬉」であったが,一般には「遊戯」と書かれていた。以後も,引用した法令,著作にしたがって使い分けていくが,内容は同義である。

**幼稚園を創始したフリードリッヒ・W・フレーベル（1782〜1852）が考案し,体系づけられた一連の遊具の総称。彼はガーベ（Gabe）と名づけた。東京女子師範学校附属幼稚園の初代監事となった関信三が,『幼稚園記』（1876）において「恩物」と訳して以来,この名が定着していった。

した雰囲気のなか，「幼稚園保育及設備規程」の制定をきっかけに広がり始めた遊びを重視する自由主義的な保育は批判の対象となったのである。もちろん，批判の前提には就学前の子どもは家庭教育が主である，との根強い保守的な考え方もあった。こうした批判に対して保育界，特に，幼稚園関係者は，存在意義をかけて対抗し，その答えを保育内容の充実として示す必要があった。

次に「園児数の増加」だが，これは先の幼稚園不要論とは反対に，幼稚園へのニーズの高まりとして基本的に歓迎すべきものではあった。しかし，一人の保育者が受けもつ子どもの人数が増えることは，質の高い保育実践を困難にする。また，園児数の増加を支えた階層は，都市中間層と呼ばれる人々であった。彼らは，従来，入園家庭の大半を占めていたエリート階層とは異なる庶民層である。家庭環境が異なれば，子どもたちの興味・関心，また育ちの課題も異なる。こうした状況に対しても，保育界は対応が迫られたのである。

3つ目の「個性重視の教育への転換」は，前述した児童中心主義に立つ進歩的な教育思想の普及，いわゆる大正自由教育の広がりや，少産傾向をもつ都市中間層，つまり子どもを少なく生んで賢く育てることを意識し始めた保護者からのニーズを受けて，必然的に求められたものであった。背景には，大正デモクラシーや第一次世界大戦への参戦，勝利に基づく好景気などにより，国民全体が自由を求め始めたということもあった。こうしたなか，一人の保育者が複数の子どもを担任するという集団保育の形式は，個の存在を軽視しがちであると批判されるようになった。これも無視できない課題であった。

このように，大正期の保育界は，時代の必然として現れる課題に対して，誠実に対応をすることが求められるようになった。保育内容に関していえば，より多様で柔軟な対応を迫られたのである。しかも前述した園児増に対応するなか，私立幼稚園も増えていた。公立とは異なり，基本的に設立者の自由意志で運営される私立幼稚園は，実践においてもバラツキが多くなる。そのため，学校教育制度上，幼稚園に確固たる位置を与え，保育内容の質を整えていく必要があると考えられるようになった。

そこで前述したフレーベル会を中心に，保育界は課題として残されていた勅令としての幼稚園単独法令の制定を国に要求していくこととなった。そして1922（大正11）年には帝国議会への働きかけを本格化し，1926（大正15）年，念願の「幼稚園令」の制定にこぎつけたのである。そして，新しい保育内容の規定は「幼稚園令」を施行する上での細目を定めた「幼稚園令施行規則」に提示された。その内容は，以下の通りである[*]。

* 『幼稚園教育百年史』
p.513

「第二条　幼稚園ノ保育項目ハ遊戯，唱歌，観察，談話，手技等トス」

2章　保育内容の変遷

このように「幼稚園令」では,「幼稚園保育及設備規程」の4項目に新たに「観察」が加わり,5項目となった。また,条文の5項目の語尾には「等」という表現も加わった。

この点について,「幼稚園令」の翌年に示された「幼稚園令及幼稚園令施行規則制定ノ要旨並施行上ノ注意事項」では,次のように解説されている[*]。

＊『幼稚園教育百年史』p.515

「保育項目ハ遊戯,唱歌,談話,手技ノ外観察ヲ加ヘテ自然及人事ニ属スル観察ヲナサシムルコトトシ尚従来ノ如ク限定セス当事者ヲシテ学術ノ進歩実際ノ経験ニ応シテ適宜工夫セシムルノ余地ヲ存シタリ」

つまり,新たに加わった「観察」とは,自然と人事の観察をすることであり,「等」とした部分は,保育内容の選定に関して保育現場の自由裁量を認めるということであった。このうち,自然の観察とは,雨風などの自然現象や動植物,鉱物などを観察させること,人事の観察とは商店,交通など人間が作り上げた社会環境や,親子,きょうだいなどの人間関係を観察することが期待されたようである。「幼稚園令」制定以前から,園芸や飼育を通して動植物に接する機会をもつ幼稚園が増えていたなか,おおむねこの新項目は歓迎されたようである。

また,「等」とした部分については,新しい保育内容・方法を随時,導入することができるようにしたものと理解された。たとえば,モンテッソーリ保育[**]など,海外からもたらされるものを積極的に受容することなどがそれにあたる。また,「幼稚園令」は,幼稚園入園の対象年齢を特別な事情があれば3歳未満でも認めると定め,幼稚園がいわゆる託児所的機能を有することも奨励している。「等」の部分を託児部分への対応と理解することもできよう。

＊＊イタリアの女性医学博士,マリア・モンテッソーリ(1870〜1952)によって考案された教具や教育法に基づく保育の総称。1912(大正元)年,倉橋惣三の紹介により,全国に広まったとされる。

いずれにしても,「幼稚園令」に示された保育内容は勅令でありながら,前述した幼稚園に対するさまざまな課題に各保育現場が,自由かつ柔軟に対応する余地を残した幅のあるものであった。

3 「楽しい幼児の経験」の時代

終戦を迎え,幼稚園は1947(昭和22)年に制定された学校教育法に位置づく教育機関として再スタートすることとなった。また,同年に制定された児童福祉法において,戦前に託児所と呼ばれていたものが,保育所として位置づけられた。保育所は,労働または疾病などの事情により保育に欠けるところのある乳幼児について,保護者の委託を受けて保育する福祉施設とされた。

さて,こうした別個に規定された幼稚園,保育所に求められた保育内容は,どのようなものであったのか。まず,幼稚園の目的および目標を定めた当時の「学

35

校教育法」を見てみよう。

> 第77条　幼稚園は，幼児を保育し，適当な環境を与えて，その心身の発達を助長することを目的とする。
>
> 第78条　幼稚園は，前条の目的を実現するために，左の各号に掲げる目標の達成に努めなければならない。
> 　一　健康，安全で幸福な生活のために必要な日常の習慣を養い，身体諸機能の調和的発達を図ること。
> 　二　園内において，集団生活を経験させ，喜んでこれに参加する態度と協同，自主及び自律の精神の芽生えを養うこと。
> 　三　身辺の社会生活及び事象に対する正しい理解と態度の芽生えを養うこと。
> 　四　言語の使い方を正しく導き，童話，絵本等に対する興味を養うこと。
> 　五　音楽，遊戯，絵画その他の方法により，創作的表現に対する興味を養うこと。

　このように，幼稚園に対しては生活習慣の形成と身体諸機能の調和的発達，集団生活への態度，あるいは自律心の基礎，社会生活および社会事象への理解，ことばの使い方や文学的関心，創作的表現などの育成が求められた。

　次に保育所についてだが，保育内容の規定は児童福祉法そのものにはなく，1948（昭和23）年に制定された児童福祉施設最低基準のなかで，次のように提示された。

> 〔保育の内容〕
> 　第55条　保育所における保育の内容は，健康状態の観察，個別検査，自由遊び及び午睡の外，第13条第1項に規定する健康診断を含むものとする。
> 　2　健康状態の観察は，顔ぼう，体温，皮膚の異常の有無及び清潔状態につき毎日登所するときにこれを行う。
> 　3　個別検査は，清潔，外傷，服装等の異常の有無につき毎日退所するときにこれを行う。
> 　4　健康状態の観察及び個別検査を行ったときには，必要に応じ適当な措置をとらなければならない。
> 　5　自由遊びは，音楽，リズム，絵画，製作，お話，自然観察，社会観察，集団遊び等を含むものとする。

　このように，保育所に対しては音楽や絵画，お話などの内容を含めた形で自由遊びも提示されているが，健康維持あるいは保健衛生に関する内容が大半を占めていた。

　以上の規定をふまえつつ，より具体的な保育内容を示すものとして作成された

のが，「保育要領 ― 幼児教育の手びき ― 」*である。これは，児童福祉施設最低
基準の制定よりも10ヵ月ほど先立つ1948（昭和23）年2月に当時の文部省から
刊行されたものである。文部省からの刊行物でありながら「幼児教育」ではなく
「保育」ということばを前面にだしていることからもわかるように，これは幼児
期の子どもの成長・発達を支えるために必要な目的や内容を，幼稚園・保育所，
さらに家庭も含めて区別なく提示したものであった。また「 ― 幼児教育の手
びき ― 」とあるように，保育現場への参考資料の提示という性格にとどまる文
書であった。

　そして，この「保育要領 ― 幼児教育の手びき ― 」に掲げられた保育内容は1.
見学，2.リズム，3.休息，4.自由遊び，5.音楽，6.お話，7.絵画，8.製作，
9.自然観察，10.ごっこ遊び・劇遊び・人形芝居，11.健康保育，12.年中行事の
12項目であった。「まえがき」には，「出発点となるのは子供の興味や要求であり，
その通路となるのは子供の現実の生活であることを忘れてはならない」とあるよ
うに，これは経験主義の立場から，子どもを中心とした内容を示したものであっ
た。それゆえ，この12項目は「楽しい幼児の経験」であるとされた。

　このように「保育要領」は戦前の5項目より幅広く，具体的な経験内容を掲げ
ていた。また，年中行事など総合的な活動として展開されうるものも取り上げた。
しかし，最も重要な点は，前述した「まえがき」にも見られるように，子どもの
自由，自発性を重視している点である。

4 「6領域」の時代

　講和条約締結後，「戦後新教育」と呼ばれる子どもを中心とした自由主義的な
教育は，「知識や技術など，必要な能力を育成していない」と批判されるようになっ
た。戦後復興を科学技術の向上によって図ろうとする立場からすれば，当然の批
判であった。こうしたなか，義務教育段階を中心に基礎的な学力や教科の系統性
を重視する教科主義的な考え方が強まり，国家レベルで一定の教育水準を規定す
る動きが起こった。

　そして1956（昭和31）年，当時の文部省は「保育要領」に代わり，学校教育
の一環である幼稚園に対して「幼稚園教育要領」を示した。「幼稚園教育要領」
の趣旨は，その「まえがき」によれば，「1.幼稚園の保育内容について小学校と
の一貫性を持たせるようにした」こと，「2.幼稚園教育の目標を具体化し，指
導計画の作成の上で役立つようにした」こと，「3.幼稚園教育における指導上
の留意点を明らかに示した」ことの3点であった。そして，示された保育内容は
「健康」「社会」「自然」「言語」「音楽リズム」「絵画製作」のいわゆる6領域であっ
た。これらは，前述した学校教育法の目的，目標を具体化して演繹的に導かれた

*『幼稚園教育百年史』
pp.533 ～ 583

もので、「保育要領」が子どもの興味・関心から帰納的に「楽しい幼児の経験」を導きだしたものとは異なるものであった。そのため、各内容は指導計画を立案する上でも役立つ「望ましい経験」と位置づけられた。

このように、教育すべき目標の具体化、またその内容の組織化として示された6領域は、「領域は小学校の教科とはその性格を大いに異にする」との説明がありながらも、結果として保育現場で教科的な指導の枠組みとして扱われることも見られた。こうした誤解を是正するため1964（昭和39）年、「幼稚園教育要領」は改訂されるが、6領域そのものに変更はなかった[*]。

もちろん、6領域が教科的に扱われた背景には、当時の時代状況も反映していた。なかでも、1950年代から始まるアメリカ合衆国と旧ソビエト連邦の対立は、わが国の教育の方向性に大きな影響を与えた。特に1957（昭和32）年、旧ソ連が世界初の人工衛星スプートニク1号の打ち上げに成功したことは、アメリカではスプートニクショックと呼ばれるほど衝撃的で、その自尊心を傷つけるものとなった。そしてアメリカは冷戦時代を勝ち抜くために、科学教育重視への転換を図った。こうした動きは1960年代には教育内容の現代化[**]へと発展し、数学や自然科学などの教科を科学技術革新の時代要請に応えて改革する動きとなっていく。わが国もこの影響を受け、理数系の教科だけでなく、国語など文系の教科内容も改造されていった。折しも、わが国は戦後の低迷期を脱し、高度経済成長時代へと移行しつつある時期だった。こうしたなか、「6領域は教科ではない」と訴えても、自由主義的な保育は必要な知識・技術の指導を控え、子どもを放任しているだけとしかみなされず、それよりも教科的な指導を軸にすることが時代の要請に応えることだ、との判断の方が自然であった。しかも、1950年代の半ばに全国の就園率が10％を越えてから、幼稚園は飛躍的に普及していった。それを支えた都市中間層も早期の教育に期待しており、そうしたニーズが絡み合うなかで、保育内容の本来的な姿が見失われるケースも見られた。

一方、保育所については、当時の厚生省から1950（昭和25）年に「保育所運営要領」、1952（昭和27）年に「保育指針」がそれぞれ刊行された。しかし厚生省は1962（昭和37）年、当時の文部省との協議のすえ、保育所の機能のうち教育に関するものは「幼稚園教育要領」に準ずることが望ましいことを確認すると、前述した「幼稚園教育要領」の改訂をふまえ、1965（昭和40）年に「保育所保育指針」を刊行した。そこに示された保育内容は、幼稚園該当年齢である4〜6歳の幼児については「幼稚園教育要領」と同様、6領域であった。それ以前の年齢については、2歳までが「生活」と「遊び」、2歳が「健康」「社会」「遊び」、3歳が「健康」「社会」「言語」「遊び」とされた。年齢別に保育内容を工夫しつつ、領域概念は「幼稚園教育要領」と同様の考え方をとった。

----
[*]この改訂から「幼稚園教育要領」は告示となった。同時に、領域別の「指導書」も刊行された。

[**]アメリカにおける一連のカリキュラム改革運動やこれに関連した日本国内の動きに対するわが国独自の表現。経験カリキュラムを根底から揺るがすこととなったウッズホール会議（1959）や、その成果に基づくJ.S.ブルーナーの『教育の過程』（1960）の出版などが有名。
----

5 「5領域」の時代

　時代が昭和から平成へと移り変わるなか，わが国は世界でも有数の経済大国になっていた。しかし，経済的な豊かさと反比例するように，子どもをめぐる状況は，悪化の一途をたどっていた。たとえば，小学校・中学校では，校内暴力，不登校，いじめなどが多発していた。また学歴社会が進行するなか，知的早期教育に傾斜する幼稚園・保育所も目立ち，園から子どものいきいきとした表情が失われている姿も見られた。これらは教育問題にとどまらず，社会問題として取り上げられるほどであった。保育・教育界は，こうした状況の変化に対し，緊急に対応する必要があった。また，時代は21世紀を目前に控え，情報化，国際化という変化に対応することも求められた。保育・教育界もこうした新たな課題に応える必要がでてきた。

　こうしたなか，当時の文部省は1989（平成元）年，幼稚園から高校までの教育内容の見直しを実施した。そして，幼稚園に関しては誤解の多かった6領域を廃し，「健康」「人間関係」「環境」「言葉」「表現」のいわゆる5領域を提示した。この5領域は，幼児の発達の側面からまとめられたものとして，それぞれ，心身の健康に関する領域「健康」，人との関わりに関する領域「人間関係」，身近な環境との関わりに関する領域「環境」，言葉の獲得に関する領域「言葉」，感性と表現に関する領域「表現」，と説明されている。そのため5領域は，一斉画一的な指導のもと，教科的に取り上げるようなものではなく，「発達を見る視点」，とされたのである。

　これを受けて1990（平成2）年には「保育所保育指針」も改訂された。改訂では，3歳未満についての保育内容の区分はなくなり，3歳以上についてのみ5領域を踏襲する形となった。また，5領域とは別に養護機能を明記する「基礎的事項」が全年齢にわたって示されていた。

　その後,「幼稚園教育要領」は1998（平成10）年, 2008（平成20）年, 2017（平成29）年にそれぞれ改訂されたが，5領域そのものは変更されることはなかった。

　「保育所保育指針」も1999（平成11）年，2008（平成20）年，2017（平成29）にそれぞれ改定されたが，5領域そのものは変更されることはなかった。ただ，現行の「保育所保育指針」となる2017（平成29）年の改定では，乳児・1歳以上3歳未満児の保育に関する記載の充実を図るとの方針のもと，「保育の内容」を乳児保育，1歳以上3歳未満児，3歳以上児の3つに区分して示すこととなった。具体的には，各時期における発達の特徴や道筋等を示した「基本的事項」を追加するとともに，乳児保育に関しては，身体的発達に関する視点「健やかに伸び伸びと育つ」,社会的発達に関する視点「身近な人と気持ちが通じ合う」,精神的発達に関する視点「身近なものと関わり感性が育つ」の3つの視点を提示

した。そして，１歳以上３歳未満児の保育に関わるねらい及び内容として基本的事項の他に，３歳以上児同様，５領域を設定した。

　また，2014（平成26）年に初めて告示された「幼保連携型認定こども園教育・保育要領」も「幼稚園教育要領」「保育所保育指針」と整合性を図るとの方針のもと，５領域を保育内容として提示した。ただ，現行の「幼保連携型認定こども園教育・保育要領」となる2017（平成29）年の改訂では，保育所と同様に３歳未満児の保育を実施する幼保連携型認定こども園の特性をふまえ，同年改定の「保育所保育指針」との整合性を図るため，保育内容を乳児期の園児，満１歳以上満３歳未満の園児，満３歳以上の園児の３つに区分して示すこととなった。具体的には，「保育所保育指針」と同じく，各時期における発達の特徴や道筋等を示した「基本的事項」を追加するとともに，乳児期の園児の保育に関しては，身体的発達に関する視点「健やかに伸び伸びと育つ」，社会的発達に関する視点「身近な人と気持ちが通じ合う」，精神的発達に関する視点「身近なものと関わり感性が育つ」の３つの視点を提示した。そして，満１歳以上満３歳未満の園児の保育については，満３歳以上の園児の保育同様，５領域を提示した。

　こうした現行の「幼稚園教育要領」「保育所保育指針」「幼保連携型認定こども園教育・保育要領」の保育内容の考え方については３章，４章，５章にゆずることとしたい。

　以上，社会の変化と保育内容との関連をナショナル・カリキュラムを中心に概観してきた。表２－１は，その概要を整理したものである。参考にしてほしい。

2章 保育内容の変遷

表2−1　ナショナル・カリキュラムにおける保育内容の変遷

年　次	法　令　名	保　育　内　容　の　実　際		
		内容の名称	内容の分類	
1899 (明治32)	幼稚園保育及設備規程 (省令)	幼児保育の項目	遊嬉，唱歌，談話，手技	
1926 (大正15)	幼稚園令施行規則 (省令)	保育項目	遊戯，唱歌，観察，談話，手技等	
1948 (昭和23)	保育要領 −幼児教育の手引き− (刊行)	幼児の保育内容 〜楽しい幼児の 経験	見学，リズム，休息，自由遊び， 音楽，お話，絵画，製作，自然観察， ごっこ遊び・劇遊び・人形芝居， 健康保育，年中行事	
1956 (昭和31)	幼稚園教育要領 (刊行)	幼稚園教育の内容 〜領域	健康，社会，自然，言語， 音楽リズム，絵画製作	
1964 (昭和39)	幼稚園教育要領 (告示)	内容〜領域	健康，社会，自然，言語， 音楽リズム，絵画製作	
1965 (昭和40)	保育所保育指針 (刊行)	保育内容 〜領域	2歳まで 2歳 3歳 4〜6歳	生活，遊び 健康，社会，遊び 健康，社会，言語，遊び 健康，社会，自然，言語 音楽，造形
1989 (平成元)	幼稚園教育要領 (告示)	内容〜領域	健康，人間関係，環境，言葉，表現	
1990 (平成2)	保育所保育指針 (刊行)	保育の内容 〜領域	3歳未満 3歳以上	領域区分なし 基礎的事項，健康， 人間関係，環境，言葉， 表現
1998 (平成10)	幼稚園教育要領 (告示)	内容〜領域	健康，人間関係，環境，言葉，表現	
1999 (平成11)	保育所保育指針 (刊行)	保育の内容 〜領域	3歳未満 3歳以上	領域区分なし 基礎的事項，健康， 人間関係，環境，言葉，表現
2008 (平成20)	幼稚園教育要領 (告示)	内容〜領域	健康，人間関係，環境，言葉，表現	
2008 (平成20)	保育所保育指針 (告示)	保育の内容 〜領域	養　護 教　育	生命の保持，情緒の安定 健康，人間関係，環境， 言葉，表現
2014 (平成26)	幼保連携型認定こども 園教育・保育要領 (告示)	内容〜領域	健康，人間関係，環境，言葉，表現	
2017 (平成29)	幼稚園教育要領 (告示)	内容〜領域	健康，人間関係，環境，言葉，表現	
2017 (平成29)	保育所保育指針 (告示)	保育の内容 〜領域	乳児保育 1歳以上 3歳未満 3歳以上	基本的事項， 健やかに伸び伸びと育つ， 身近な人と気持ちが通じ合う， 身近なものと関わり感性が育つ 基本的事項，健康，人間関係， 環境，言葉，表現 基本的事項，健康，人間関係， 環境，言葉，表現
2017 (平成29)	幼保連携型認定こども 園教育・保育要領 (告示)	保育の内容 〜領域	乳児期 満1歳以上 満3歳未満 満3歳以上	基本的事項， 健やかに伸び伸びと育つ， 身近な人と気持ちが通じ合う， 身近なものと関わり感性が育つ 基本的事項，健康，人間関係， 環境，言葉，表現 基本的事項，健康，人間関係， 環境，言葉，表現

(師岡　章　作成)

41

2. 幼稚園における変遷

1 恩物中心の保育とその内容

　1876（明治９）年，わが国で最初に創設された東京女子師範学校附属幼稚園の取り組みは，少なくとも前述した「幼稚園保育及設備規程」が制定されるまで他園の模範となった。1877（明治10）年に制定された同園規則によれば，その保育内容は以下の通りであった*。

> 保育科目
> 　第一物品科　　日用ノ器物即チ椅子机或ハ花蝶牛馬等ノ名目ヲ示メス
> 　第二美麗科　　美麗トシ好愛スル物即チ彩色等ヲ示メス
> 　第三知識科　　観玩ニ由テ知識ヲ開ク即チ立方体或ハ幾個ノ端線平面幾個ノ角ヨリ成
> 　　　　　　　　リ其形ハ如何ナル等ヲ示メス
> 　　右ノ三科包有スル所ノ子目左ノ如シ
> 　　　五彩球ノ遊ヒ，三形物ノ理解，貝ノ遊ヒ，鎖ノ連接，形体ノ積ミ方，形体ノ置キ
> 　　　方，木箸ノ置キ方，環ノ置キ方，剪紙，剪紙貼付，針画，縫画，石盤図画，織紙，
> 　　　畳紙，木箸細工，粘土細工，木片ノ組ミ方，組片ノ組ミ方，計数，博物理解，唱
> 　　　歌，説話，体操，遊戯

　このようにわが国初の保育内容は３つの保育科目と25の子目（しもく）で構成されていた。25の子目の大半はフレーベルの恩物であり，子どもたちは毎日30～45分程度机に座り，２～３つの恩物に取り組んだ。また「物品科」「美麗科」「知識科」は，こうした25の子目を通して育成が期待された目標であった。

　しかし，1881（明治14）年に改正された同園規則をみると，保育科目はなくなり，保育諸課として，「会集」「修身ノ話」「庶物ノ話」「雛遊ビ」「木ノ積立テ」「板排ベ」「箸排ベ」「鐶排ベ」「豆細工」「土細工」「鎖繋ギ」「紙織リ」「紙褶ミ」「紙刺シ」「縫取リ」「紙剪リ」「結ビ物」「画」「数ヘ方」「読ミ方」「書キ方」「唱歌」「遊戯」「体操」の24種が掲げられるだけとなった。また規則には，各内容を取り扱う時間も定められていた。そのうち「修身ノ話」「庶物ノ話」「唱歌」「遊戯」「体操」が各20分，それ以外は各30分とされた。つまり，室内での恩物を中心とした保育に比重を置いたわけである。このような保育内容の提示が，その後に続く幼稚園を恩物中心の保育へと導くことになったのである。

2 自由主義保育の展開とその内容

　20世紀への変わり目の時代であった明治期後半から昭和前期までの約30年間は，比較的自由な保育が展開され，保育内容もさまざまな工夫が見られた時期で

*設立当初，同園の規則は短期間に何回か修正された。『日本幼児保育史』にも1877（明治10）年制定の規則が紹介されているが，ここではより深く調査・研究を進めた湯川嘉津美の『日本幼稚園成立史の研究』に紹介されている方を採用した。

あった。それは，保育界も前述したように，児童中心主義や大正自由教育の影響を受けたからである。この時期を代表する実践を展開したのは，橋詰せみ郎の家なき幼稚園と，倉橋惣三がリードした東京女子高等師範学校附属幼稚園である。

　家なき幼稚園は，1922（大正11）年，大阪の池田市に元小学校教師であり，当時，大阪毎日新聞の教育記者となっていた橋詰せみ郎（本名・良一，1871〜1934）が創設した。その名の通り園舎をもたない幼稚園であり，そのユニークさが評判を呼び，橋詰が亡くなるまでに阪神地区に7園設立されるほどであった。近隣の自然を求めて保育するそのスタイルは，恩物中心の保育を脱皮しつつある時期とはいえ，いまだ室内で教材に向かわせることが多かった保育界に大きなインパクトを与えた。

　こうした自由な雰囲気であった家なき幼稚園は，当然，保育内容に関しても明確な枠組みを設けず，日々の子どもの興味・関心の尊重，また天候を優先させる形をとった。しかし，それは放任を意味しない。橋詰の著した『家なき幼稚園の主張と実際』によれば，子どもたちの生活には，「歌えば踊る生活」「お話しをする生活」「お遊びを共にする生活」「廻遊にいそしむ生活」「手技を習う生活」「家庭めぐり」などの内容があったという。保育者もこれを意識し，保育していたのである。とはいえ，家なき幼稚園がもたらした最大の成果は，やはり自然の重視である。しかも，当時重視されつつあった「戸外保育」，また，今日でいう園外保育である「郊外保育」などは，とかく健康教育の視点から取り組まれていたが，家なき幼稚園では自然を遊び場ととらえ，それに子どもが自ら働きかけ，さまざまな事柄を学び取る生活自体を大切にしていた。まさに自然を恩物ととらえ，それを最大限活用していくことを重視したのである。ちなみに橋詰は，これを「自然恩物法」と呼んでいる。今日，環境を通して行う保育が重視されているが，それにつながる視点を示しているといえよう。

　次に，倉橋惣三（1882〜1955）がリードした時期の東京女子高等師範学校附属幼稚園である。倉橋が同園の主事（園長）となった期間は，外遊による中断はあるものの，1917（大正6）年から1949（昭和24）年までの長期にわたる。その間，倉橋は同園の保育者とともに，子ども中心の保育を実践するため，さまざまな工夫を行った。その姿勢を象徴する最も有名なエピソードは，それまで保育の中心として教材化していたフレーベルの20恩物を棚から下ろし，竹かごのなかへバラバラに入れ，今日でいえばおもちゃとしての積み木と同等の扱いとしたことである。

　こうした自由な発想による保育実践の積み重ねは，1935（昭和10）年，『系統的保育案の実際』としてまとめられた。それによれば，保育はまず「生活」「保育設定案」の2つに整理された。そして，「生活」のなかには「自由遊戯」と「生

活訓練」，「保育設定案」のなかには「誘導保育案」と「課程保育案」がそれぞれ位置づけられた。さらに「課程保育案」には，「唱歌・遊戯」「談話」「観察」「手技」という保育5項目が盛り込まれた。つまり，倉橋は「幼稚園令」に示された保育項目を羅列することなく，それを含んだ保育内容を，子どもの生活全体を視野に入れながら構造化したのである。そして，こうしたとらえ方を最もよく表しているのが「誘導保育案」の部分である。

　誘導保育とは，子どもの興味を中心とした主題を設け，そこに保育項目の目標や内容を含み込ませるものであった。その意味では保育方法の工夫であるが，内実は子どもの遊びを尊重するなかで，保育項目につながるさまざまな活動が生みだされていくという，まさに総合的な活動を展開させるものであった。今日，遊びを通した総合的な指導が重視されているが，当時の東京女子高等師範学校附属幼稚園では，まさにその先がけとなる実践が展開されていたのである。同園の子どもたちは年齢を重ねるごとに，より長期間主題をもつ活動，たとえば「汽車ごっこ」などを楽しみ，そのなかでさまざまな力を獲得していったのである。

　このように家なき幼稚園および東京女子高等師範学校附属幼稚園の取り組みは，自由を重視しつつも，放任とは一線を画した実践を展開するなか，子どもを中心とした保育を志向する上で今日でも重視すべき保育内容を示しているのである。

　なお，この時代はこれ以外にも，「遊戯」項目に関して小林宗作[*]による「リトミック」の普及，「唱歌」項目に関して北原白秋[**]や中山晋平[***]などが創作した「童謡」が導入されるなど，活動内容また教材として，より子どもに身近なものを与えていこうとする動きもあった。さらに，モンテッソーリ保育やプロジェクト・メソッド[****]など海外から新しい保育方法も導入されるなか，5項目にこだわらない実践も広がっていったのである。

3 戦中期の保育とその内容

　保育内容の変遷をとらえる上で，戦争という悲しい出来事が与えた影響も見逃すことができない。

　この当時の状況について『日本幼児保育史』の第5巻目において，「以前と変わった保育内容」として具体的な取り組みを紹介している[*****]。

　このうち，内容の説明がなされているものを挙げてみると，「退避訓練」「戦争に関連した話」「音感教育」「戦争に関する歌」「戦争に関する遊戯」「忍耐力の育成」「慰問」「神社参拝」「宮城遙拝」「廃品や自然物の利用」「戦勝祈願」「錬成」「敵国の歌などの禁止」「平和愛好の思想」「昼寝」「勤労奉仕」「自由遊び」「鍛錬的な運動会」「集団訓練」「体育」「登降園の訓練」「信仰心の養成」「尊皇・敬信・

[*]小林宗作（1893～1963）。スイスの音楽家ダルクローズが創り上げた聴覚訓練のための音楽を用いた身体運動（リトミック）を日本に初めて紹介した。

[**]北原白秋（1885～1942）。詩人，歌人として1918（大正7）年，鈴木三重吉が創刊した『赤い鳥』に参加。童謡の作詞で大きな功績を残す。

[***]中山晋平（1887～1952）。作曲家として，白秋らの詩に童謡曲を提供。『証城寺の狸囃子』など，大衆そして子どもに親しまれる曲を作った。

[****]アメリカで始まった新しい教育方法。明確な目的を立て，子ども自身が計画し，実行し，自己評価していく一連のプロセスで展開される活動を重視する。わが国には1922（大正11）年ごろに紹介され，注目されるようになった。

[*****]『日本幼児保育史』（第5巻）pp.94～98

崇祖の念の養成」「みそ汁の配給」「早帰り」「意志の訓練」「敵の人形を攻撃」「栽培」「日の丸弁当」が見られた。

このなかには「音感教育」「廃品や自然物の利用」「昼寝」「自由遊び」「集団訓練」「体育」「早帰り」「意志の訓練」「栽培」など，一見戦争とは関係ないと思えるものもある。しかし，「音感教育」は敵機を聞き分け，来襲を察知するための訓練であったし，「体育」も木剣体操など立派な兵士になるための訓練であった。

また，同書では，戦中期に見られた「もうひとつの教育内容の変化は，物資の欠乏や空襲などの障害によるものである」と指摘する。具体的には，「ほとんどの園が遠足に乗りもので行けなくなり，遠足を行わなくなった」「また暖房用の燃料も自給自足の状態になったので，観察の目的で幼児を野山に連れて行っても，薪を拾うことの方がおもな結果になってしまった」といった例を紹介している。そして，さらに戦争が激しくなると，「保育の教育的効果はほとんど期待できなくなった。その結果，保育を続ける場合も，戦時託児所として幼児の保護」を主とすることに専念せざるを得ない状況となったことを指摘している。

しかし，この戦時託児所も度重なる空襲にともない，子どもたちが疎開を余儀なくされるなか，十分にその機能を果たすこともできなくなった。

4 経験主義保育とその内容

戦後の新教育期，義務教育段階で積極的に取り組まれた学校単位のカリキュラム作りに影響を受け，幼稚園も各園独自に保育内容を作りだす動きが活発となった。もちろん，前述した「保育要領」の存在，つまり「楽しい幼児の経験」を参考資料にとどめる形で提示されたことも，こうした動きに拍車をかけた。

なかでも教科主義を廃し，子どもの経験を重視する立場からさまざまな保育内容が示された。そうした幼稚園では，保育内容をバラバラに配列するのではなく，単元あるいは主題を中心に保育内容を編成した。代表的なものは兵庫師範学校附属明石幼稚園，香川師範学校附属幼稚園などである。

たとえば，1948（昭和23）年の兵庫師範学校附属明石幼稚園の年長組のカリキュラムには10の単元が掲げられている。その一部を示すと，以下の通りである[*]。

＊『教育大学講座9　幼稚園教育』pp.182〜184

単元一　親切ないいこの組の子供になりましょう

　　　（1）始業式，（2）入園式，（3）歓迎遊戯会，（4）舞子公園遠足，

　　　（5）身体検査，（6）お誕生会

　　　　　　　　　…（中略）…

単元八　わたくしたちの町めぐりをしましょう（十二月）

　　　（1）町めぐり，（2）地図作り，（3）お店やごっこ，（4）郵便ごっこ

この内容編成に関して梅根悟[*]は、「『ふろしき単元』的な独特の方式によって日本式年中行事カリキュラムとアメリカ式社会機能カリキュラムとをうまく折衷し、調和させようと企てている」と評している。「ふろしき単元」とは一つの主題に期待する保育内容をすべて網羅させる単元構成のことを指す。また「社会機能カリキュラム」とは、当時注目されていたアメリカの教育法の一つで、社会生活への参加を準備するため、社会人として身につけておくべき基礎的課題を整理し、その内容を経験させるなかで習得させようとしたものである。

これに対して香川師範学校附属幼稚園の場合[**]は、「お店やごっこ」や「夏のあそび」といった単元を中心に置き、その周囲に「言語」「社会」「見学・観察」「音楽リズム」「製作・絵画」「保健・体育」「行事」「躾」といった保育内容を「幼児の生活経験」として位置づけている。これは、戦後新教育の主流をなしていたコア・カリキュラムを意識したものである。つまり、コア（＝核）を中心に園生活を展開させ、一般的な保育内容は周辺領域として取り扱うわけである。並列的、羅列的に保育内容を取り扱うことが、子どもの興味・関心とかけ離れがちな点を考慮し、これを避けるために工夫された方法であった。

このように子どもの経験を重視する立場からのアプローチは、園生活全体を視野に入れた保育内容の編成に目を向けることになった。しかし、基礎的な学力の低下など、前述した戦後新教育への批判のもと、こうした試みも急速に途絶えていく。

*梅根悟（1903〜1980）は、教育学者であり、和光大学初代学長を務め、戦後新教育をリードした一人である。コア・カリキュラム連盟の創設にも関わった。

**『教育大学講座9 幼稚園教育』pp.144〜145

3. 保育所における変遷

1 託児所時代の保育とその内容

わが国の保育所の起源をどこにみるかについては諸説ある。1871（明治4）年、横浜にて日本人と外国人の間に生まれた子どもたちの救済のため、キリスト教女性宣教師たちが創立した亜米利加婦人教授所を保育所の前身とみなすこともできる。また、1882（明治15）年に当時の文部省が示した「簡易ノ方法」によって創設が促された、いわゆる簡易幼稚園や子守学校なども保育所的機能をもって取り組まれた。ただ、現時点では1890（明治23）年、新潟にて赤沢鐘美（1867〜1937）が私塾である新潟静修学校に附設した託児施設が最も有力である。この施設は、1908（明治41）年に守孤扶独幼稚児保護会とその名を改め、本格的に保育事業を展開した。

以上の施設のうち、1883（明治16）年、茨城県小山村（現坂東市）にて渡辺嘉重（1856〜1937）が始めた子守学校では、学童の子どもたちが連れてきた

「子守生徒」を，2歳未満の子どもは鎮静室に，幼児は遊戯室にそれぞれ分け，保育していた。校舎内には筵（むしろ）が敷かれるなど安全管理への配慮がなされていた。また，「空気」「採光・温度」なども重視されており，第一に養護面を意識していたことがわかる。しかし，鎮静室の壁面には「五彩の紙片及綵毯の類」が用意され，「修身図画其の他凡て代の教え益ある子守歌の類」を見せたり，歌ったりして，「嬰児の眼を物に注ぐの力を敏くせしめんことを計る」ことを行っていた。つまり，乳児の安定を図るとともに注視する力の育成，あるいは文化財との出合いとそれに対する興味・関心の育成などが意識されていたのである。また，幼児に対しては恩物による保育は行わず，「遊園」と呼ばれる庭で自由に遊ぶことが大切にされていた。さらに，「本科生徒」である学童期の子どもには「遊歩」と呼ばれる「散歩」の時間が設けられ，「子守生徒」も連れた戸外保育が実践されていた。

　一方，新潟静修学校に附設された託児施設については，保育内容に関する定かな資料はない。ただ子守学校同様，養護面を第一にしながらも，「菓子玩具等ヲ与ヘ或ハ手芸唱歌等ヲ教ヘ愛撫訓育シタリシカ」とあるように，託児的な機能だけに終始することはなかったようである。

　こうした傾向は，1900（明治33）年，野口幽香（1866〜1950）・森島（のち斉藤姓）峰により「下層の小供を保育する」ことを目的として東京麹町に設立された二葉幼稚園（後に二葉保育園と改称）を見ても明らかである。同園の規則には，当時の保育4項目である「遊嬉」「唱歌」「談話」「手技」がしっかり位置づけられている。

　ただ，教育面も重視するとはいえ，それは恩物中心の保育であった幼稚園を模範としたわけではない。たとえば，同園の保育者が次のように述べている[*]。

＊『二葉保育園85年史』
（資料編）pp.19〜20

「保育時間は日に五時間でその課目には矢張り普通の幼稚園の通り遊戯，唱歌，談話，手技等ありますが，兎に角相手は貧家の小児で，今まで野放しの癖が付いて居ますから，今急に規則にはめて強い秩序を立てようとすると却って稗益に成りませんので，まだ此頃の処では，手技とか唱歌とかは次ぎにしてまづ遊戯を首（ママ）として居ります」

　このように，託児を旨とした保育所の前身の園のなかにも，目の前の子どもに即した保育内容を柔軟に展開していた姿も見られた。

② 集団主義的保育の展開とその内容

　1919（大正8）年，大阪に最初の公立託児所が設立された後，託児所へのニー

ズは年を追うごとに高まりを見せた。しかし，幼稚園以上に認知度が低い託児所のなかには，それを払拭するために自らの実践を科学的に分析し，その存在意義を示そうとするところも見られた。

こうした試みを代表するのが，1939（昭和14）年に設立された東京の戸越保育所*であった。戸越保育所は設立当初から，城戸幡太郎（1893～1985）をリーダーとして発足した保育問題研究会との関係が深く，同会の保育案研究委員会で検討された保育案を実践に移し，その成果を1940（昭和15）年に報告している。そこでは，保育内容が「基本的訓練」「社会的訓練」「生活教材」「主題」の4項目に整理されていた。さらに「基本的訓練」は「清潔」「食事」「排泄」「着衣」「睡眠」，「社会的訓練」は「規律」「社交」，「生活教材」は「観察」「談話」「作業」「音楽」「遊戯」「運動」といった細目によって編成されていた。

このように，幼稚園と異なり早朝6時半から夕方6時までの長時間にわたって子どもが生活する保育所保育にあって，まず基本的生活習慣が細かに内容化されていった。同時に，城戸も重視した「社会協力による生活訓練」が「社会的訓練」として保育内容の1つの柱になっているところも特徴的である。さらに「生活教材」には，幼稚園において主要な保育内容ととらえられていたものを位置づけた。ただ，それらは「基本的訓練」や「社会的訓練」に結びつけ，総合的にとらえることが意識されていた。「主題」もそのために設定されたわけである。

こうした内容相互の関連性を考えた保育内容の編成は，前述した東京女子高等師範学校附属幼稚園の系統的保育案と共通するが，その力点は異なる。前述したように，当時の幼稚園は児童中心主義あるいは自由主義的な保育が主流を占めていた。しかし城戸ら保育問題研究会は，それらを童心主義に傾斜しがちで，時には放任保育に陥ることさえある，と批判的だった。そのため，子どもたちに社会性を培い，集団で生きることの価値と方法を伝えようとしたのである。戦後もこうした考え方は発展し，いわゆる自由保育とは一線を画す保育内容論を展開したのである。

*荏原区（現品川区）豊町に大村鈴子が創設。園舎の建築から保育内容の指導まで，保育問題研究会がかかわる。同会の実験保育所ともいうべき施設であった。

4. 認定こども園における変遷

1 認定こども園の創設と保育内容の工夫

国は2006（平成18）年10月から「就学前の子どもに関する教育，保育等の総合的な提供の推進に関する法律」（以下，「認定こども園法」と略）を施行し，認定こども園制度をスタートさせた。その目的は，急速な少子化の進行，ならびに家庭や地域を取り巻く環境の変化にともない，就学前の子どもの学校教育および

保育に対するニーズが多様化している状況に対し，地域の実情に応じて柔軟に対応することであった。そのため，就学前の子どもの教育および保育，ならびに地域の子育て支援を総合的に提供する機能を備える施設である認定こども園を創設したわけである。

さらに，こうした幼稚園機能と保育所機能を併せもつ認定こども園について，認定こども園制度は，以下の4つの類型も示し，普及促進を図った。

①幼保連携型 〜 認可幼稚園と認可保育所とが連携して，一体的な運営を行うことにより，認定こども園としての機能を果たすタイプ

②幼 稚 園 型 〜 認可幼稚園が，保育に欠ける子どものための保育時間を確保するなど，保育所的な機能を備えて認定こども園としての機能を果たすタイプ

③保 育 所 型 〜 認可保育所が，保育に欠ける子ども以外の子どもも受け入れるなど，幼稚園的な機能を備えることで認定こども園としての機能を果たすタイプ

④地方裁量型 〜 幼稚園・保育所いずれの認可もない地域の教育・保育施設が，認定こども園として必要な機能を果たすタイプ

こうしてスタートした認定こども園における保育内容の工夫について，2009（平成21）年度に文部科学省の委託を受けた全国認定こども園協会による調査研究報告書*に基づき，概観してみる。

----
* 『認定こども園の具体的な諸事例にみる園運営に関する調査研究報告書はじめの一歩』pp.53〜141

事例2−1　幼保連携型認定こども園であるG園（埼玉県）

幼保連携型の認定こども園であるG園は，全スタッフが0歳から5歳までを見通した教育・保育計画を検討することから始め，「明るい子（交わりに参加する生活）」「感謝する生活（美しものを発見する生活）」「思いやる子（生命を大切にする生活）」の3つの課題のもと，一貫性のある保育課程を編成し，指導計画に反映させている。そして，長時間児と短時間児が，クラスや年齢の区別なく自然な形で一緒に活動し，学び育ち合うための効果的な活動の場として，コーナーシステムを導入している。

具体的には，「①クロークコーナー」「②絵のコーナー」「③造形のコーナー」「④ごっこのコーナー」「⑤表現コーナー」「⑥クッキングコーナー」「⑦自然コーナー」「⑧外あそびコーナー」を用意し，子どものやる気や意欲の向上と同時に育ちの効果を図っている。

事例2−2　幼稚園型認定こども園であるH園（東京都）

幼稚園型の認定こども園であるH園は，短時間保育と長時間保育や朝保育・夕保育のカリキュラムの整合性等を図るため，「1日11時間の流れを重視した生活リズムの再検討の見直し」「カリキュラムの編成にあたっては，年間の保育テーマ

及び月の保育目標を共有化」「コアタイム（4時間）での保育活動を中心に据え，長時間保育での活動との共有化」という視点から，カリキュラムの改善を図っている。

具体的には，朝保育・夕保育では，ゲームや机上遊び，大型積木を使ったダイナミックな遊びなど，室内を"静"と"動"の空間に分ける。また，3歳児は体力面を考慮し，身体を休めたい時にはベッドをだしたり，コアタイム終了後も昼寝を設けるなど，個々の生理的リズムに応じた保育を工夫している。

事例2－3　保育所型認定こども園であるⅠ園（兵庫県）

保育所型の認定こども園であるⅠ園は，地域に根ざす園との方針のもと，市が編纂した「認定こども園保育・教育課程」をベースに保育所時代の保育内容を見直し，新たに「保育・教育課程」を策定した。また，それをもとに長期・短期の指導計画を作成し，短時間部児と長時間部児の保育を一貫して展開する体制をとっている。

具体的には，保育所として運営していた時代には，午後にも園外保育やおやつ作りをするなどの集団活動を行うことがあったが，認定こども園になった後は，午後のまとまった遊びのプランはほとんど行わない，といった工夫をしている。

② 新たな幼保連携型認定こども園の登場と保育内容の課題

認定こども園は，利用する保護者，また施設側からの評価は高いものの，施行から1年半後となる2008（平成20）年4月時点では229件に過ぎず，普及があまり進まなかった。

そこで国は，認定こども園制度が丸2年を迎えた2008（平成20）年10月に認定こども園制度のあり方に関する検討会を立ち上げ，見直しを始めた。さらに，2012（平成24）年8月のいわゆる「子ども・子育て関連3法*」の制定において「認定こども園法」を改正し，認定こども園制度の改善を行った。特に，幼保連携型認定こども園を改善し，「学校及び児童福祉施設としての法的位置付けを持つ単一の施設」を創設した。この新たな幼保連携型認定こども園は，学校教育・保育および家庭における養護支援を一体的に提供する施設と位置づけられた。なお，ここでいう「学校教育」とは，現行の「学校教育法」に位置づけられる小学校就学前の満3歳以上の子どもを対象とする教育（幼児期の学校教育）のことであり，また保育とは，「児童福祉法」に位置づけられる乳幼児を対象とした保育をさす。

そして，改正「認定こども園法」が2015（平成27）年4月から施行され，今後の認定こども園は，この新たな幼保連携型認定こども園を中心に展開されることとなった。その保育内容は，第5章で取り上げる「幼保連携型認定こども園教育・保育要領」に基づき，各園において編成されることになる。しかし，まだ緒

＊「子ども・子育て支援法」「就学前の子どもに関する教育，保育等の総合的な提供の推進に関する法律の一部を改正する法律」「子ども・子育て支援法及び就学前の子どもに関する教育，保育等の総合的な提供の推進に関する法律の一部を改正する法律の施行に伴う関係法律の整備等に関する法律」の3つの法律の総称である。

についたばかりであり，どのように設定，実践されるかについては，今後の課題となっている。

5. 学校教育としての幼稚園教育

1 保育構造論の可能性

「幼稚園教育要領」「保育所保育指針」「幼保連携型認定こども園教育・保育要領」は，国が教育水準を全国的に確保するために告示化したものである。各園は，こうした「幼稚園教育要領」等に基づき，教育課程等を中心に多様な教育・保育活動の計画を関連させ，一体的に教育・保育活動が展開されるよう全体的な計画を作成する必要がある。同時に「幼稚園教育要領」等は，教育課程等に基づく全体的な計画の基準を大綱的に定めたものである。つまり，守るべき大切な原則を定めたものであって，具体的な計画の作成は，各園がその特色を生かして創意工夫を重ねていく必要がある。

こうした創意工夫の1つとして，かつて6領域が教科的に定められていたなかにあって，幼児自身の生活や活動を基底や中心とする考えを提起されたのが，保育構造論であった。この考えや実践の成果は1989（平成元）年の教育要領改訂に少なからず影響を与えたと思われる。その代表に久保田浩（1916～）がリードしてきた白梅学園大学付属白梅幼稚園と，大場牧夫（1931～1994）がリードしてきた桐朋幼稚園がある。両園は1960年代後半から実践を土台に保育内容を構造的に整理する取り組みを行ってきた。

このうち白梅幼稚園の取り組みを紹介してみよう。同園では保育内容を質の異なる3つの層，つまり「第一層　基底になる生活」「第二層　中心になる活動」「第三層　系統的学習活動」に整理している。「基底になる生活」は，生活全体を成り立たせるために必要な基礎になるものであり，その内容として「自由遊び」や「生活指導」「集団づくり」「健康管理」などを位置づけている。また，「中心になる活動」は生活の中核になるような遊びなどを再構成し単元化したものとして「集団遊び」や「行事活動」「しごと」を，そして，「系統的学習活動」は遊びや生活を高め，正しい発達を促す活動として「自然」「数量形」「言語」「文字」「造形」「音楽」などの内容をそれぞれ位置づけている。もちろん各層は相互に関連し合うものとされ，遊びを中心とした生活のなかで「基底になる生活」→「中心になる活動」→「系統的学習活動」という展開もあれば，その逆の展開もあるなど，柔軟な取り組みにとらえられ，実践されてきている。

ただ，こうした保育構造論は，5領域の登場以後，保育者の指導性が否定され

る風潮のなかで，実践を「遊びの時間」「課業の時間」「仕事の時間」の３区分に単純化する，と批判された。しかし，そうでないことは両園の実践をみればわかる。

子どもの主体的活動の尊重や，遊びを通した総合的な指導，あるいは協同的な遊びが改めて注目される現在，こうした保育内容を構造的に把握する試みは大いに参考にすべきものである。幼児期にふさわしい保育のあり方を模索する上でも重要なヒントを与えてくれるはずである。

② 小学校との連携を意識した保育内容の創造

子どものよりよい成長・発達を支える営みは，幼稚園・保育所等の段階で完結するわけではない。子どもは卒園後，小学校に進学し，その後も成長し続ける存在だからである。ところが，こうした自明な事柄を，保育現場はあまり意識してこなかった。就学前の教育を小学校の準備教育にしたくないという思いが，そうした意識をより強めたともいえるだろう。

しかし1989（平成元）年，小学校１・２年生に幼児期の教育との関連を考慮し，直接体験を重視した学習活動として「生活科」が導入された。続いて2002（平成14）年には，小学３年生以上に「生活科」での学習を発展させるものとして，体験的かつ問題解決的な児童参加型の授業として「総合的な学習の時間」も導入された。こうした小学校教育の改革を踏まえると，改めて幼児期と学童期の教育の連続性が求められていることがわかる。

さらに，2017（平成29）年に改訂された「幼稚園教育要領」はその前文において，幼稚園が学校教育の始まりを担うことを強調している*。こうした姿勢は，幼児教育の積極的な位置づけを意図して「幼稚園教育要領」と同時に改定された「保育所保育指針」等においても貫かれている。そのため，2017（平成29）年改訂の「幼稚園教育要領」等は，小学校以上を視野に入れ，幼児期の教育において育みたい資質・能力として「個別の知識及び技能の基礎」「思考力，判断力，表現力等の基礎」「学びに向かう力，人間性等」の３つの柱を掲げている。また，幼児期の終わりまでに育ってほしい姿として，「健康な心と体」「自立心」「協同性」「道徳性・規範意識の芽生え」「社会生活との関わり」「思考力の芽生え」「自然との関わり・生命尊重」「数量や図形，標識や文字などへの関心・感覚」「言葉による伝え合い」「豊かな感性と表現」の10の姿も提示している。したがって，幼稚園・保育所・幼保連携型認定こども園は，今まで以上に幼児期の教育が学校教育の一環であることを自覚し，幼児期から学童期までの発達や学びの連続性を考慮し，その役割を果たすことが不可欠となる。小１プロブレム**などの問題を改善するためにも必要なことであろう。

現在，こうした取り組みも少しずつ成果をあげつつある。たとえば，東京都中

*文部科学省は2007（平成19）年に「学校教育法」を改正し，幼稚園を取り扱う章を公の性質を有する学校のトップに位置づけ，第22条において「幼稚園は，義務教育及びその後の教育の基礎を培うもの」と定めた。こうした「学校教育法」の改正を踏まえ，2017（平成29）年改訂の「幼稚園教育要領」では，幼稚園が公的な教育を担う存在であることを強調している。

**入学したばかりの小学校１年生が，授業中に座っていられない，集団行動が取れないなどの問題行動を継続的に示し，授業等の教育活動が成立しない状態をさす。

央区立有馬幼稚園・小学校の場合，1999（平成11）年から3年間にわたって連携を視野に入れたカリキュラム作りを実践してきた。その結果，同園は保育内容を「くらし」「社会」「文化」という3つの視点（スコープ）で整理した。「くらし」とは「幼児にとって実生活に密着した体験」であり，「社会」とは「幼児にとって身近な地域やそこに暮らす人々とのかかわり」，「文化」とは「幼児があこがれを感じる専門家やアマチュア（小学生を含む）の表現活動や地域の伝統文化にふれる体験」であるとされた。こうした視点をもとに「ありまフィールド」ととらえられた，地域に生きる子どもを育てる場，いいかえれば，遊びや学びの場の広がりを意識した実践に取り組んだのである。

その際，重視された活動は「プロジェクト型実践」と呼ばれるものであった。これは，子どもの興味・関心を発展させ，保育者が主題と意味を見いだし，つなげていくものと位置づけられている。「生活科」への学びの連続性，発展性も期待できる取り組みといえよう。倉橋の「誘導保育」をはじめ，戦後新教育期の「単元保育」，また保育構造論に見られる「中心になる活動」や「遊びとしての総合的な活動」に連なる取り組みでもある。さらに，2017（平成29）年の「学習指導要領」「幼稚園教育要領」の改訂にあたって，中央教育審議会答申が改善の方向性の1つとして掲げた「主体的・対話的で深い学び」の実現（「アクティブ・ラーニング」の視点）にも相通じる取り組みでもある。

保幼小連携というと，ややもすると小学校との交流活動ばかりに目が向きがちであるが，大切なのは形としての触れ合いではなく，子ども自身の内面に形成される主体性，また学びへの意欲である。その際，保育内容を子どもの生活全体を視野に入れるなかで構想し，遊びを発展させた総合的な活動を軸に編成することは大いに参考になると思われる。

【参考文献】

秋田喜代美監修『幼小連携のカリキュラムづくりと実践事例』小学館，2002

大場牧夫編著『新版　幼児の生活とカリキュラム』フレーベル館，1983

岡田正章ほか編『戦後保育史』（全2巻）フレーベル館，1980

上笙一郎・山崎朋子『日本の幼稚園』理論社，1965

久保田浩『改訂新版　幼児教育の計画－構造とその展開』誠文堂新光社，1984

全国認定こども園協会『認定こども園の具体的な諸事例にみる園運営に関する調査研究報告書　はじめの一歩』2010

東京教育大学教育学研究室 編『教育大学講座9　幼稚園教育』金子書房，1950

東京女子高等師範学校附属幼稚園 編『系統的保育案の実際』日本幼稚園協会，1935

日本保育学会編『日本幼児保育史』（全6巻）フレーベル館，1968～1975

橋詰良一『家なき幼稚園の主張と実際』東洋図書，1928

二葉保育園編『二葉保育園八十五年史』二葉保育園，1985

保育問題研究会『保育問題研究』第 4 巻第 3 号，1940

師岡章『保育カリキュラム総論』同文書院，2015

文部省編『幼稚園教育百年史』ひかりのくに，1979

湯川嘉津美『日本幼稚園成立史の研究』風間書房，2001

渡辺嘉重『子守教育法』普及舎，1884

第3章 「幼稚園教育要領」にみる保育内容

〈学習のポイント〉　①学校教育全体の中での幼稚園の位置づけを理解しよう。
②幼稚園教育の基本と幼稚園教育において育みたい資質・能力の関係を考えてみよう。
③幼児期の終わりまでに育ってほしい姿と5領域の内容との関係を考えてみよう。
④「社会に開かれた教育課程」の具体的な保育内容について話し合ってみよう。

1．教育内容の基本

1 「日本国憲法」から「幼稚園教育要領」まで

　2018（平成30）年改訂・施行の「幼稚園教育要領」には，新しく前文が挿入された。幼稚園教育が，「日本国憲法」に則り行われているということを改めて明文化し，保育者がそのことを意識して保育を行うことを目指している。

　では，「日本国憲法」のどこに教育について書かれているだろうか。それは，第23条の学問の自由と，第26条の教育を受ける権利と受けさせる義務である。学問の自由，教育を受ける権利と受けさせる義務という理念を受けて，「教育基本法」が定められている。「教育基本法」は，1947（昭和22）年に制定され60年間変更されずにいた。しかし，条文内容が社会状況に適合しなくなったので，2006（平成18）年に全面的に改正された。「幼稚園教育要領」前文では，ここに掲げられている教育の理念を再度掲載し，強調している。

教育基本法

第1条　教育の目的及び理念

　教育は，人格の完成を目指し，平和で民主的な国家及び社会の形成者として必要な資質を備えた心身ともに健康な国民の育成を期して行われなければならない。

第2条　教育の目標

　教育は，その目的を実現するため，学問の自由を尊重しつつ，次に掲げる目標を達成するよう行われるものとする。

　一　幅広い知識と教養を身に付け，真理を求める態度を養い，豊かな情操と道徳心を培うとともに，健やかな身体を養うこと。

　二　個人の価値を尊重して，その能力を伸ばし，創造性を培い，自主及び自律の精神を養うとともに，職業及び生活との関連を重視し，勤労を重んずる態度を養うこと。

　三　正義と責任，男女の平等，自他の敬愛と協力を重んずるとともに，公共の精神に

基づき，主体的に社会の形成に参画し，その発展に寄与する態度を養うこと。
　　四　生命を尊び，自然を大切にし，環境の保全に寄与する態度を養うこと。
　　五　伝統と文化を尊重し，それらをはぐくんできた我が国と郷土を愛するとともに，
他国を尊重し，国際社会の平和と発展に寄与する態度を養うこと。

　また，2006（平成18）年に改正された「教育基本法」には，幼稚園教育に関係する条項が3つある。第10条家庭教育，第11条幼児期の教育，第13条学校，家庭及び地域住民等の相互の連携協力である。これらが制定されたことにより，学校教育法の内容が改正され，幼稚園教育や幼稚園の役割が改革された。

第10条　　家庭教育
　　父母その他の保護者は，子の教育について第一義的責任を有するものであって，生活のために必要な習慣を身に付けさせるとともに，自立心を育成し，心身の調和のとれた発達を図るよう努めるものとする。
2　国及び地方公共団体は，家庭教育の自主性を尊重しつつ，保護者に対する学習の機会及び情報の提供その他の家庭教育を支援するために必要な施策を講ずるよう努めなければならない。
第11条　幼児期の教育
　　幼児期の教育は，生涯にわたる人格形成の基礎を培う重要なものであることにかんがみ，国及び地方公共団体は，幼児の健やかな成長に資する良好な環境の整備その他適当な方法によって，その振興に努めなければならない。
第13条　学校，家庭及び地域住民等の相互の連携協力
　　学校，家庭及び地域住民その他の関係者は，教育におけるそれぞれの役割と責任を自覚するとともに，相互の連携及び協力に努めるものとする。

　このような理念によって，幼稚園教育に，教育時間の終了後等に行う教育活動，いわゆる預かり保育や子育て支援が追加され，法的に位置づけられた。また，幼保小連携や地域との連携が重視されるようになった。
　このように改正された「教育基本法」を受けて，「学校教育法」（2007〈平成19〉年改正）が定められた。幼稚園は，第1章第1条に定める通り，学校の1つであり，学校教育法第3章では幼稚園の目的，目標が定められている。

学校教育法
第1章　　総則
第1条　この法律で，学校とは，幼稚園，小学校，中学校，義務教育学校，高等学校，
　中等教育学校，特別支援学校，大学及び高等専門学校とする。

第3章　幼稚園

第22条　幼稚園は，義務教育及びその後の教育の基礎を培うものとして，幼児を保育し，幼児の健やかな成長のために適当な環境を与えて，その心身の発達を助長することを目的とする。

第23条　幼稚園における教育は，前条に規定する目的を実現するため，次に掲げる目標を達成するよう行われるものとする。

1　健康，安全で幸福な生活のために必要な基本的な習慣を養い，身体諸機能の調和的発達を図ること。

2　集団生活を通じて，喜んでこれに参加する態度を養うとともに家族や身近な人への信頼感を深め，自主，自律及び協同の精神並びに規範意識の芽生えを養うこと。

3　身近な社会生活，生命及び自然に対する興味を養い，それらに対する正しい理解と態度及び思考力の芽生えを養うこと。

4　日常の会話や，絵本，童話等に親しむことを通じて，言葉の使い方を正しく導くとともに，相手の話を理解しようとする態度を養うこと。

5　音楽，身体による表現，造形等に親しむことを通じて，豊かな感性と表現力の芽生えを養うこと。

第24条　幼稚園においては，第22条に規定する目的を実現するための教育を行うほか，幼児期の教育に関する各般の問題につき，保護者及び地域住民その他の関係者からの相談に応じ，必要な情報の提供及び助言を行うなど，家庭及び地域における幼児期の教育の支援に努めるものとする。

第25条　幼稚園の教育課程その他の保育内容に関する事項は，第22条及び第23条の規定に従い，文部科学大臣が定める。

　このように，幼稚園教育は日本の教育システムの中で，大きくは「教育基本法」に定められた教育目標を目指し，幼児教育としては「学校教育法」第23条の教育目標を達成するように行われる。

　「幼稚園教育要領」前文では，「一人一人の幼児が，将来，自分のよさや可能性を認識するとともに，あらゆる他者を価値のある存在として尊重し，多様な人々と協働しながら様々な社会的変化を乗り越え，豊かな人生を切り拓き，持続可能な社会の創り手となることができるようにするための基礎を培う」と幼児期の教育のねらいをまとめている。幼稚園における教育課程に関しては，「よりよい学校教育を通してよりよい社会を創るという理念を学校と社会とが共有」という新しい視点が示されている。これまでは，教育課程を社会と共有するという考え方はなかった。上に述べられている教育目標を実現する教育課程は，幼稚園内のみの教育ではなく，社会と協働して教育目標を実現するという「社会に開かれた教育課程」の構築を目指すものとされた。

　また，前文では，「幼稚園教育要領」の役割として，「公の性質を有する幼稚園

における教育水準を全国的に確保すること」について述べられている。「幼稚園教育要領」に基づいた保育が行われていることにより，日本においては全国的に一定の質が保たれる。これは，他国に比した場合，日本の幼稚園教育の特徴の一つである。その保育内容は，後にみるように個々の子どもたちの発達に即し，また各地域の実態に即した保育であることが求められており，多様なものとなっている。

2 幼稚園教育の基本

　「幼稚園教育要領」第1章総則，第1には幼稚園教育の基本が述べられている。幼児期の教育は，幼児の発達段階に即したものでなければならない。幼児の発達段階に即した教育方法とは，幼児の興味や関心に基づき，見通しをもって計画された環境の中で，幼児が主体的に遊ぶという方法である。幼児が主体的に遊ぶ時，この時期のさまざまな発達課題が総合的に学ばれている。その発達課題をまとめたものが，「幼稚園教育要領」第2章ねらい及び内容にある5つの領域である。また，幼児期の発達は急速であること，個々の発達過程が多様であることが特徴である。そのため，一人ひとりの発達の特性に応じた指導が求められることも，幼児期の教育方法の特徴である。

（1）幼児期にふさわしい生活の展開

1）安定した情緒

　幼稚園は，幼児にとって初めての社会生活の場であり，近い年齢の子ども集団への加入の場である。不慣れな場所で，まず幼児の心の支えとなるのは保育者である。家庭で親を信頼し親に依存して生活していた状態と同じように，保育者を信頼し依存して生活することから，幼稚園生活が始まる。保育者にその存在を十分受け止められていると感じると，幼児は安心してほかの子どもたちと関わり始める。初めはけんかもするが，けんかをしつつともに遊ぶ楽しみを共有することを通して，グループへの所属感，協同することやルールを守る必要性など，人間関係を継続させる気持ちやスキルを身につけていく。これらは幼稚園の日常生活のあらゆる場面で経験していくことであり，保育者は幼児同士が十分関わることのできる集団作りを目指していかねばならない。

2）保育者としての見通し

　幼児期は，さまざまな感情がようやく分化を終了しようとする時期である。多様な感情をともなった体験を通して，幼児は自己を確立していく。見て，聞いて，嗅いで，触って，味わってなどの諸感覚を通しての直接体験が，感情を引き起こし，心を揺さぶり，幼児が自分で考え試そうとする意欲を引き出す。そのことによって得られた充足感，達成感が自尊心を育み，また主体的に次の活動へ向かう

原動力となる。このようなサイクルを生み出す生活の場を，幼児の興味や関心に基づき，教育課程に位置づけて見通しをもって環境を用意することが保育者の役割である。

3）世界の中の日本を意識し，個々の幼児と向き合う

幼稚園の日々のあらゆる活動の中で，幼児は周囲の日本語を聞き，日本語を通して思考をし，日本社会に通じる行動様式を身につけていく。基本的生活習慣といわれる睡眠，排泄，食事，衣服の着脱，清潔なども，現代日本の行動様式の一つである。挨拶やしぐさの意味することも，日本社会の行動様式を学んでいるといえる。基本的生活習慣を含み現代日本社会で生きていく行動様式を身につける活動は，幼児の身体的自立に不可欠である。一方，基本的生活習慣のベースが日本であるという視点は，異なる文化を背景にもつ幼児への対応が増加する現代において，保育者が留意すべき事項である。異なる言語による思考方法，異なる生活習慣をもつ幼児や保護者への保育や子育て支援においては，それぞれの文化を尊重する思いをもって関わることが求められる。

（2）遊びを通しての総合的な指導

1）幼児期の遊びの意味

幼児教育における遊びについては，小学校教育と対比するとわかりやすい。小学校教育では，知識を習得するための学習内容があり，それを教える方法は系統的な指導といえる。一方，幼児教育では，幼児の成長や発達に即して達成することを目標としている保育内容があり，その保育内容を実践する方法が，遊びを通しての総合的な指導となる。つまり，幼児教育において，遊びは教育内容として位置づけられる。

では，遊びは幼児にとってどのような意味があるのだろうか。まず乳児期には，その好奇心や関心は，周囲の物への接触から始まる。触ったりなめたりして，それが何であるか探ろうとする。このようにして，乳児はこの世界を一つひとつ理解していく。乳児期にはごく狭い，手の届く範囲だけであった世界から，幼児期には家庭内，近隣へと世界が徐々に広がり，物と物の関係や仕組みを知ろうとし，同年代の子どもとの関わりを求めるようになる。このような幼児の欲求が，一人で何かに没頭する，またほかの幼児とともに何かをするという活動形態となる。これが遊びである。幼児にとって遊びは，「幼児期の発達に不可欠の活動であり，遊びを通して幼児は世界について学ぶ」という意味をもつのである。

次に，ほかの幼児と関わる活動の中で，幼児は自己を発見し他者を発見する経験を重ねている。言語能力や運動能力が発達するにつれて大きくなる「ほかの幼児とともに活動したい」という自己の欲求を満たすためには，ほかの幼児とコミュニケーションを図り，妥協し，協調する必要がある。初めは自分の主張を表現

するだけであった幼児は，徐々に適切な表現方法や妥協の方法を探り始める。人間関係の中にルールが生まれ，それに従うことに意味が生まれてくる。幼児にとっての遊びの第2の意味は，「自己を抑制し他者とともに活動すること，ルールの存在に気づき，ルールを生み出し，守っていこうとするなど，人間社会における関わりの基礎を学ぶ」ことである。

その上，遊びそのものの意味も重要である。遊びは自発的に行われるときに遊びとなる。したがって「遊びを通しての」というとき，幼児の行っている活動が自発的であることが求められるのである。

2）総合的な指導の意味

保育内容としての遊びの中で，幼児は世界を知り人間社会の基礎を学んでいる。では，保育者はどのように指導するのだろうか？　「幼稚園教育要領」では，幼児の発達の諸側面と「健康」「人間関係」「環境」「言葉」「表現」の5領域を示し，保育のねらい・内容が定められている。また，遊びにはさまざまな学びが含まれているという考え方に基づいて，幼児の主体的な遊びにより，ねらい，内容を総合的に指導していくという考え方である。

たとえば，2人の幼児が砂場で川を作り水を流して遊んでいるとき，どのような経験をしているであろうか。水や砂の感触を楽しむという情緒的なことや身体活動，用具の使用，水や砂そのものに対する認識，川を作ろうというイメージの共有とその表現，共同作業のための会話や意見の食い違いによる葛藤などが想像できる。この経験は，5領域のねらいをすべて含んでいる。保育者は5領域のねらいを常に意識するが，指導方法としては「砂遊び」という一つの活動として総合的に指導するのである。

（3）一人ひとりの発達の特性に応じた指導

1）同じ活動の中で，一人ひとりの発達課題を見極める

保育者が個々の幼児と関わるとき，一人ひとりの幼児が独自の個性をもつかけがえのない存在であることを実感する。それは，それぞれの幼児が発達の順序に従って成長していながら，それぞれ独自の発達状況にいることに対する驚きであり，人間の尊厳の再確認でもある。幼児はたった数年生きてきただけであるが，すでにさまざまなものの見方をし，人との関わり方をする。そして，自発的に物や人に関わることによって，その幼児に必要な発達の課題を達成していく。保育者は，それぞれの幼児がもつ発達の課題を，幼児を育んできた家庭環境などの生育履歴を背景に，幼児自身の姿から把握しなければならない。その幼児らしい物の見方，考え方，感じ方，関わり方を把握し，理解して初めて，その幼児への対応，指導の方針が見いだされる。

3章 「幼稚園教育要領」にみる保育内容

2）同じ場面で，発達課題に応じて指導を変える

　保育者がクラスの子ども全員を大切に思い，公平にその発達を援助していくことはいうまでもないが，具体的な援助は同じではない，ということを理解しておく必要がある。一人ひとりの特性に応じた公平な指導とは，同じ場面で，どの幼児に対しても常に同じ対応をするということではない。

　たとえば，幼児が保育者に「○○ちゃんが遊びにいれてくれない」と言いに来た場合，その幼児がほかの幼児の遊びに初めて興味を示しているのならば，「いれて」と言えるように保育者が手をつなぎいっしょにそばまで行くという対応になるだろう。その幼児がすでに十分ほかの幼児と遊べるのならば，「もう一度いれてって言ってみたら？」と自分で言うよう促し，その幼児が一人で友だちと関わる様子を見守るだろう。今，どのように対応することがその幼児の発達課題に合致するかについて，保育者は常に判断と決断を迫られている。適切な判断と対応ができるように，長期的な観察から得たその幼児の性格や行動の傾向，短期的にはその日の心理状況や今の気分などを，把握しておく必要がある。

3）幼児へのまなざし

　このように個々の幼児理解によって，保育者は適切な指導を行うことができるのであるが，その理解においては幼児の心に共感しようとする保育者の姿勢が重要となる。たとえば，乱暴な幼児の行動や表現を，その幼児の心を理解したいという思いをもって見る場合と，自分の思い通りにならない場合には乱暴して問題解決しようとする幼児という表面的な行動観察のみで見る場合では，おのずと幼児への言葉のかけ方や対応が異なってくるだろう。どのような幼児の行動にも温かいまなざしをもつことが，保育者の資質として重要である。

3 幼稚園教育において育みたい資質・能力 および「幼児期の終わりまでに育ってほしい姿」

（1）幼稚園において育みたい資質・能力

　2018（平成30）年施行の「幼稚園教育要領」では，総則第2節が新たに追加されたことが改訂の大きな特徴となっている。小学校，中学校の学習指導要領と同様に，子どもたちが未来社会を切り拓くための資質・能力の一層確実な育成を目指して，「何ができるようになるか」を明確に示している。これらの資質・能力は，生きる力の基礎を育むためのものであり，幼稚園教育の基本にあるように，それぞれの資質・能力を別個に育成するものではなく，一体的に育むことが重要である。

1）知識および技能の基礎

　知識や技能の基礎とは，幼児が自ら感じたり，気づいたり，わかったり，できるようになったりすることである。それらは，幼稚園生活の中で，さまざまな体

61

験をすることで培われる。大事なことは，幼児が感情の高まりをともなって体験することである。こわごわ触った生き物の感触に「わあー」と驚く。静かに耳を澄ませて雨の音に感動をもって気づく。一生懸命縄跳びの練習をして「跳べた！」と感動する。このような体験を通して，幼児は知識や技能を伸ばしていく。

２）思考力，判断力，表現力等の基礎

思考力，判断力，表現力等の基礎とは，１）で身につけた知識や技能を使って，考えたり，試したり，工夫したり，表現したりすることである。たとえば，縄跳びが跳べた喜びを，言葉で友だちや保育者に伝え，もっと続けて跳べるように工夫することであったり，２人の幼児がけんかをして感情的に対立したとき，また仲良く遊ぶにはどうしたらよいかと思考し「ごめんなさい」と謝ると判断し言葉で表現するといったことである。

３）学びに向かう力，人間性等

学びに向かう力，人間性等とは，心情，意欲，態度が育つ中で，よりよい生活を営もうとすることである。これらは，生きる力そのものといってよいだろう。幼稚園生活を生き生きと喜びをもって過ごすとき，自分自身，周りの人々，世界そのものに対して，幼児は肯定的な感情を育み，自分自身，周りの人々，世界を愛し大切に思う心情を育む。この愛する力や大切に思う力が，意欲と社会的に好ましい態度をもって，その後の人生を生きる力の中核となる。

（２）幼児期の終わりまでに育ってほしい姿

10項目で示された幼児期の終わりまでに育ってほしい姿は，到達すべき目標ではなく，３歳から保育を行うときにこのような姿を発達の方向の先に見通すためのものである。また，小学校との連携においては，この姿を共有することで教育活動の円滑な接続を図るためのものである。

１）健康な心と体

幼稚園生活の中で，充実感をもって自分のやりたいことに向かって心と体を十分に働かせ，見通しをもって行動し，自ら健康で安全な生活をつくり出すようになる。

２）自立心

身近な環境に主体的に関わり様々な活動を楽しむ中で，しなければならないことを自覚し，自分の力で行うために考えたり，工夫したりしながら，諦めずにやり遂げることで達成感を味わい，自信をもって行動するようになる。

３）協同性

友達と関わる中で，互いの思いや考えなどを共有し，共通の目的の実現に向けて，考えたり，工夫したり，協力したりし，充実感をもってやり遂げるようになる。

4）道徳性・規範意識の芽生え

　友達と様々な体験を重ねる中で，してよいことや悪いことがわかり，自分の行動を振り返ったり，友達の気持ちに共感したりし，相手の立場に立って行動するようになる。また，きまりを守る必要性がわかり，自分の気持ちを調整し，友達と折り合いを付けながら，きまりを作ったり，守ったりするようになる。

5）社会生活との関わり

　家族を大切にしようとする気持ちをもつとともに，地域の身近な人と触れ合う中で，人との様々な関わり方に気付き，相手の気持ちを考えて関わり，自分が役に立つ喜びを感じ，地域に親しみをもつようになる。また，幼稚園内外の様々な環境に関わる中で，遊びや生活に必要な情報を取り入れ，情報に基づき判断したり，情報を伝え合ったり，活用したりするなど，情報を役立てながら活動するようになるとともに，公共の施設を大切に利用するなどして，社会とのつながりなどを意識するようになる。

6）思考力の芽生え

　身近な事象に積極的に関わる中で，物の性質や仕組みなどを感じ取ったり，気付いたりし，考えたり，予想したり，工夫したりするなど，多様な関わりを楽しむようになる。また，友達の様々な考えに触れる中で，自分と異なる考えがあることに気付き，自ら判断したり，考え直したりするなど，新しい考えを生み出す喜びを味わいながら，自分の考えをよりよいものにするようになる。

7）自然との関わり・生命尊重

　自然に触れて感動する体験を通して，自然の変化などを感じ取り，好奇心や探究心をもって考え言葉などで表現しながら，身近な事象への関心が高まるとともに，自然への愛情や畏敬の念をもつようになる。また，身近な動植物に心を動かされる中で，生命の不思議さや尊さに気付き，身近な動植物への接し方を考え，命あるものとしていたわり，大切にする気持ちをもって関わるようになる。

8）数量や図形，標識や文字などへの関心・感覚

　遊びや生活の中で，数量や図形，標識や文字などに親しむ体験を重ねたり，標識や文字の役割に気付いたりし，自らの必要感に基づきこれらを活用し，興味や関心，感覚をもつようになる。

9）言葉による伝え合い

　先生や友達と心を通わせる中で，絵本や物語などに親しみながら，豊かな言葉や表現を身に付け，経験したことや考えたことなどを言葉で伝えたり，相手の話を注意して聞いたりし，言葉による伝え合いを楽しむようになる。

10）豊かな感性と表現

　心を動かす出来事などに触れ感性を働かせる中で，様々な素材の特徴や表現の

仕方などに気付き，感じたことや考えたことを自分で表現したり，友達同士で表現する過程を楽しんだりし，表現する喜びを味わい，意欲をもつようになる。

2. 5領域の内容

「幼稚園教育要領」の第2章では，「学校教育法」第23条の目標に基づいて5領域の「ねらいと内容」が述べられている。各領域の「ねらい」は，幼児が生活を通して発達していく姿をふまえ，幼稚園教育において育みたい資質・能力を幼児の生活する姿からとらえたものである。「内容」は，「ねらい」を達成するために保育者が指導し，幼児が身につけていくことが望まれるものである。また，指導にあたって特に留意することを「内容の取扱い」として示している。言い換えると，これらの事項は，保育者が幼児の生活を通じて総合的な指導を行う際の視点，幼児の関わる環境を構成する場合の視点ともいえる。

それぞれの領域について基本事項をおさえながら，変化する現代社会の状況に対応するために改訂されたポイントを学んでいこう。

1 健康：健康な心と体を育て，
自ら健康で安全な生活をつくり出す力を養う

ねらい
（1）明るく伸び伸びと行動し，充実感を味わう。
（2）自分の体を十分に動かし，進んで運動しようとする。
（3）健康，安全な生活に必要な習慣や態度を身に付け，見通しをもって行動する。

領域「健康」では，生涯を通じて健康で安全な生活を営む基盤を育成することをねらいとしている。幼稚園生活の中で，自己を十分に発揮して能動的に環境と関わり，自己を表出しながら生きる喜びを味わう中で，内容に示されている事項を身に付けていくよう，保育者は総合的指導，環境構成を考えなければならない。

「内容」や「内容の取扱い」のポイントは以下のようである。

（1）心身ともに健康に育つ

心身ともに健康に育つためには，保育者との信頼関係を基盤として，幼稚園内で安心感をもって行動するなど，幼児の情緒的安定が基礎となる。そして，多様な遊びの中で楽しんで体を十分動かすこと，戸外で遊ぶ経験を積むことが望まれている。そこで「内容の取扱い」では，安全して遊べる公園の減少や通園路のさ

まざまな危険が増加したことなどの社会的背景から、「十分に体を動かす気持ちよさを体験し、自ら体を動かそうとする意欲が育つように」が強調されている。

次に、2008（平成20）年度改訂で追加された食育に関する事項がある。これは、現代の子どもたちの就寝時間が遅いなど、生活習慣のみだれにともなって食習慣がみだれ、またさまざまな要因から食べることに喜びがない子どもが見受けられるようになってきたことなどを受けている。「内容の取扱い（4）」にあるように、「和やかな雰囲気の中で教師や他の幼児と食べる喜びや楽しさを味わったり様々な食べ物への興味や関心をもったりする」ことにより、食べる意欲がわくように指導することが大切である。

（2）基本的な生活習慣を身につけ自立する

健康な生活のリズムを身につけ基本的生活習慣の習得を通して身体的自立を図ることと、自分たちで生活の場を整えることができるようになるなどの精神的自律を意味する。特に、精神的自律の面では、自分で「見通しをもって行動する」ことができるようになることが、2018（平成30）年改訂によってねらいの文言に追加された。「内容の取扱い」で強調されていることは、「基本的生活習慣の形成に当たっては、家庭での生活経験に配慮」することである。これは、非常にさまざまな生活形態が現代にはあり、それにともない家庭環境の違いから幼児の生活リズムや生活習慣が多様化し、また異文化を背景にまったく異なる生活習慣を身につけた幼児の増加などの実態に対応したものである。生活習慣の確立は後々の人生への影響が大きい。幼児が無理なく主体的に身につけられるよう、気長に日常的に指導する必要がある。

（3）健康，安全な生活を営むための方策を学ぶ

自分の健康のための清潔や栄養への関心、病気への関心などを高める保育内容が求められている。また、災害避難時の行動や交通安全の習慣、犯罪から身を守る対処法なども、安全な生活には欠かせない。徐々にその意味や大切さがわかるようにし、多様な避難訓練、交通安全指導なども日常的に行うことが必要である。

2 人間関係：他の人々と親しみ，支え合って生活するために，自立心を育て，人と関わる力を養う

ねらい

（1）幼稚園生活を楽しみ、自分の力で行動することの充実感を味わう。

（2）身近な人と親しみ、関わりを深め、工夫したり、協力したりして一緒に活動する楽しさを味わい、愛情や信頼感をもつ。

（3）社会生活における望ましい習慣や態度を身に付ける。

領域「人間関係」の内容は，幼稚園生活における保育者との信頼関係を基に，まず自分で行動することに充実感を味わい，次にほかの幼児と協力したりぶつかり合ったりするなかで，共感や思いやりをもつようになること，また社会生活において必要なきまりの大切さに気づき，守ろうとする気持ちをもつようになるなど，人と関わる能力・資質についての発達に関するものである。

　領域「人間関係」には，他の領域と重なり混乱しやすい部分がある。ねらいの（1）に関する文言は，領域「健康」のねらい（1）とよく似た文言であるが，領域「健康」においては主に体を使っての行動に身体的な充実感を味わうことに重点がおかれ，領域「人間関係」においては自分の力で行うことによる達成感に重点がおかれている。また，人との関わりは言葉を手段とすることが多く，領域「言葉」の心を通わせることと重なる部分がある。また，共同の遊具や用具を大切にすることは，ものへの関わりとして領域「環境」と重なっている。

　「内容」や「内容の取扱い」のポイントは以下のようである。

（1）幼児の心に，自分をも含む人間に対する愛情や信頼感を育てる

　自分の力で行動し充実感や達成感を味わうことによって，自己に対する自信と誇りが育つ。それを軸に，保育者や友だち，さらに地域の人々と親しむ経験を通して，他者への愛情や信頼感が育つ。人間を信じ，自分が所属する集団の人々に愛情をもつことが，生涯を通しての「生きる力」の基礎となる。

　では，どのような活動を通して，幼児は愛情や信頼感を育んでいくのだろうか。それは何か一つのまとまった活動ではなく，幼稚園生活におけるさまざまな小さな出来事を通してである。幼稚園で，幼児はうれしいことや悲しいことなどを経験する。自分が行った行動に対して，幼児が多様な感情を味わっているとき，保育者がともに感じ，そばに寄り添うことで，幼児はその感情を受け入れ，自分で自分の心をコントロールし行動していくことを学ぶ。保育者の共感によって，幼児は自己に対する自信と誇りを得るのである。同時に，そのときの保育者の対応そのものが，幼児の人との関わり方のモデルとなる。幼児が感じている保育者の対応とは，言葉や行動だけでなく，保育者の心の有り様や生き様まで，その全存在である。このように，保育者をモデルとして幼児は他者をありのままに受け入れ，愛情と信頼感をもつことを学ぶのである。

　また，保育者は，幼児が障害のある幼児や多様な人々と関わり，愛情や信頼感を感じる経験をもてるよう，今まで以上に地域との連携を図る必要がある。単発的な行事ではなく，継続して幼児がそれらの人々と関わることを通して，愛情や信頼感を育むことが大切である。幼児の興味や関心に応じて，日々の保育活動の中に地域の人々との関わりの可能性を探り，指導計画を積極的に立案していきたいものである。

3章　「幼稚園教育要領」にみる保育内容

（2）自己を発揮しながら，集団生活を楽しむ

　友だちとともに楽しく遊んだり，いっしょに何かをやり遂げたりする経験の中で，自分なりに対応していき，説明することやほかの人々の話を理解し，妥協したり新しい案を提案したりといったコミュニケーション能力が養われる。また，その過程でさまざまな事態に遭遇し，多様な感情体験をすることになる。大きな喜び，悲しみ，悔しさなど，他者を深く理解し人間関係を結んでいくのに不可欠な共感する能力は，このような関わりの中で養われる。

　これらも，何か一つのまとまった活動ではなく，幼稚園生活すべての場面に含まれる保育内容である。保育者には，一人ひとりの幼児が自己を発揮できるよう援助するとともに，それぞれの幼児が互いを大切に，思いやりをもって関わるようなグループやクラス集団の雰囲気を作ることが求められる。また，当番活動など，幼児が人の役に立っていると実感できる活動も大切である。

　2018（平成30）年改訂において強調されるのは，共同で工夫したり協力したりして充実感を味わうことである。クラスでの集団活動を通して，小さなグループ活動では味わえない集団遊びの楽しさや醍醐味を感じたり，いっしょに活動することで，目的を共有して集団で集中する気分を感じたりする経験が求められる。

（3）感情をコントロールして，ともに生きることを学ぶ

　秩序を保つことにつながる「きまりを守る」ことに関しては，幼児は遊びの中で不公平な態度やルール違反をほかの幼児に責められるという経験を通して，その必要性を切実に感じる。保育者は「きまりを守る」ことを教えるのではなく，それぞれの幼児が自分の必要感をもって，自分たちの「きまり」を作り上げるように援助する。しかし，幼児が情緒的に幼い場合，譲ったり順番にしたりという解決方法も，感情的に納得することが難しいときがある。保育者は幼児の抱える葛藤に共感しつつ，幼児が自分の感情を抑制することができるよう援助する必要がある。また年長になれば，問題解決のためにはルールを変更することも選択肢の一つであることを，話し合いを通して伝えていきたい。そのことによって，自分たちの集団の秩序を自分たちで維持する自治の芽生えを養うことができる。

　みんなの物を大切にするという公共性に関しても，幼稚園という集団の中で，幼児は初めてほかの幼児と物をいっしょに使う経験をする。自他の所有物の区別がつくとともに，ほかの幼児のために大切に使うという他者への配慮が，公共性の基礎である。保育者は，同じ場所でみんなで使うために大切な物もあれば，時を越えてみんなで使うために大切な物もあることを，幼児に伝えていきたい。

　幼児期の善悪の判断は，基本的におとなに依存しているが，徐々に自己のうちに善悪の基準を形成している時期でもある。善悪の基準を幼児に示していくことは大切であるが，保育方法としては，幼児が気づいていなかったことを気づかせ

たり，なぜ悪いのかを考えることができるような働きかけを基本とする。また，幼児は何度でも同じ間違いをするが，その都度何度でも同じことをゆっくりわかりやすく幼児に伝える根気強さが保育者には求められる。また，幼児にとっては叱られることも重要な経験であるが，幼児が自分の全存在を否定されたかのように感じることのないよう，幼児とのスキンシップを図りながら「凛として叱る」などの配慮が必要である。それと同時に，よい行動はほめて，保育者がその幼児の良さを認めていることを伝え，信頼関係を深めることが重要である。

❸ 環境：周囲の様々な環境に好奇心や探究心をもって関わり，それらを生活に取り入れていこうとする力を養う

> **ねらい**
> （1）身近な環境に親しみ，自然と触れ合う中で様々な事象に興味や関心をもつ。
> （2）身近な環境に自分から関わり，発見を楽しんだり，考えたりし，それを生活に取り入れようとする。
> （3）身近な事象を見たり，考えたり，扱ったりする中で，物の性質や数量，文字などに対する感覚を豊かにする。

　領域「人間関係」は人との関わりであるが，領域「環境」は環境との関わりであり，幼児の考える力や科学する心を培うという発達の側面となる。幼児の周りにあるすべてが，幼児にとって教材となる。興味をもったものに関わるなかで，「なぜ」と考え，「どうしたらいいか」と考えることが論理的思考の基礎を養い，考え続ける力が科学する心となる。

　領域「人間関係」において，他の領域と重なり混乱しやすい部分について説明したが，領域「環境」にもそういう部分がある。文字について領域「言葉」と重なるが，領域「環境」の場合は，幼児の周りにある記号としてのいろいろな文字への関心である。

　「内容」や「内容の取扱い」のポイントは以下のようである。

（1）自然の不思議さや命の尊さに気づく

　領域「環境」における自然は，幼児を取り巻くすべてである。動物や植物などの自然社会はもちろん，地域や人間社会も含む。自然に触れるというと何か特別のことを幼児が体験しなくてはいけないかのように思いがちだが，日常の幼稚園生活の中にある自然，たとえば園庭の草で遊ぶ際，ちぎった後，数日たてばまた新しい草が生え出していることに気づくよう働きかけるなど，保育者が自然の不思議に気づ

く目をもつ必要がある。また，保育室や園内で身近な生き物を飼育したり，植物を栽培したりすることも大切である。保育者は，幼児が徐々に生き物と無機質な物との違いに気づき，生き物の成長や死を経験することを通して，生き物に愛情を抱き，命に対して愛おしさを感じ，またその尊厳に気づくように指導したい。

（2）物の性質や仕組みに関心をもち，考えたり試したりする

　幼児は幼稚園生活の中でさまざまな物に触れその扱いに習熟していく。「何なのだろう」「どうなっているんだろう」「なぜなんだろう」といった疑問を抱き，いじったり試したりしながら，物事の法則性を発見することは，幼児に大きな喜びや楽しさを与え，再び考え続ける動機となる。幼児の発見した法則性が正しくなくとも，自分で考え結論を出していく過程が科学する心そのものなのである。保育者は，正解を教えたり性急に正しい結論に達するよう援助したりするのではなく，試行錯誤できる時間や環境を用意したい。

（3）文字・数字・標識などに関心をもつ

　幼児は，日常生活の中で，人数や個数を数えたり，大きさや長さを比較したり，いろいろな形の物に触れるなどの経験を繰り返している。また，文字や数字への関心も，語彙数が増し，数の認識が発達してくるにつれて高まる。知識を教えるという方法ではなく，遊びや生活の中で幼児の必要感に応じて文字や数字，図形への関心を高めていき，実体験に基づいた文字感覚・数感覚・図形感覚をもつよう援助することが大切である。

（4）社会事象に関心をもったりさまざまな施設と関わりをもつ

　幼児は成長するにつれ，おかあさんごっこであった模倣遊びが，お店やさんごっこへと変わるなど社会生活への関心が高まってくる。保育者は，幼児が地域の生活に日常的に触れ，季節の変化を社会生活の変化から気づいたり，さまざまな職業に関心をもち，大勢の人がほかの人のために働いていることに気づいたりするようにしたい。地域の中に出ていくことを通して，交通標識や障害者のために据えつけられている物などに触れる経験も必要である。地域の伝統行事や季節の伝統行事に参加することを通して地域への所属感や愛情を育むことや，日本の国旗に親しむなどの活動も経験しておきたい。

　また，ニュースや旅行などを通して，幼児は思いのほか世界の出来事にも関心をもっている。いろいろな場所や国があること，いろいろな気象や暮し方があること，生きることに苦しんでいる子どもが大勢いることなど，幼児の興味や関心に応じて保育者とともに考え調べていく経験も大切である。

　ところで，日常生活の中で自然への関わりや物の探求は形を残すことが少ないため，保育者はともすれば表現活動に関心をもちやすい。保育者自身が自然の不思議さや美しさに心を揺り動かし，幼児に伝えていくような保育をしたい。

4 言葉：経験したことや考えたことなどを自分なりの言葉で表現し，相手の話す言葉を聞こうとする意欲や態度を育て，言葉に対する感覚や言葉で表現する力を養う

> **ねらい**
> （1）自分の気持ちを言葉で表現する楽しさを味わう。
> （2）人の言葉や話などをよく聞き，自分の経験したことや考えたことを話し，伝え合う喜びを味わう。
> （3）日常生活に必要な言葉が分かるようになるとともに，絵本や物語などに親しみ，言葉に対する感覚を豊かにし，先生や友達と心を通わせる。

　領域「言葉」とは，言葉に対する感覚を養い，状況に応じた適切な言葉の表現を使う資質や能力に関する発達の側面である。自分の気持ちを言葉で表現すること，相互に伝え合うことやそのことを通して他の人と心を通わせること，また，絵本や物語に親しんだり日常生活で必要な言葉を使うことができるようになるといった言葉の文化を身につけることが，幼児期の終わりまでに育ってほしい姿となる。

　「内容」や「内容の取扱い」のポイントは以下のようである。

（1）言いたいことを言葉で表現する

　幼児がまず話すことができるようにという保育内容である。幼児が内的に経験したことを自分なりの言葉で話すことを意味している。幼児は楽しいこと，嬉しかったこと，またしてほしいことを信頼する保育者に聞いてほしいといった，人に伝えたい意欲をもつ。そういった機会をとらえて，保育者は，幼児の話をよく聞き，言葉を通して共感していることを伝える。また，ほかの幼児に話す経験ができるよう，クラス内で話しやすい雰囲気を作るなどの役割もある。

（2）言葉を使って気持ちや経験したことを伝え合う

　幼稚園の1日は，「おはよう」から始まり「さようなら」で終わる。給食の時間には「いただきます」「ごちそうさまでした」と言い，遊びの中で「いれて」「かして」「いいよ」「ありがとう」などの言葉を使う。これらの言葉を誰に対しても心から言えるような習慣を養うためには，言いたいことをいつも聞いてもらえるという雰囲気作りが基本となる。保育者は幼児の発達段階に応じ，自分のしたいことを相手に伝え，相手の言いたいことを聞く経験を援助し，心を通わせる楽しさや喜びを味わえるようにする。また，ほかの幼児たちの前で自分のしたことや感じたこと，考えたことを話す経験や少人数での話し合いなどの経験を通して，言葉によるコミュニケーション能力の発達を促したい。文字に

関しては，日常生活の中で幼児の必要感や興味・関心のある場合に援助し，むやみに文字を教えることは避けたい。

（3）日本語の美しさを感じて，生き生きと想像する

言葉にはリズムがあり美しい響きがある。絵本や物語などの視聴覚教材を通して，日本語自体を楽しみ日本語感覚を豊かにする経験が得られる。同時に，絵本や物語などの世界を生き生きと想像しその世界に浸ることは，豊かな感性と柔軟な心を育むこととなる。また，物語の世界を友だちと共に想像し，物語の中の登場人物に友だちと共に共感する経験は，同じように感動する人がいるという所属感を強める経験となる。保育者には，個々の絵本や物語の世界を充分理解し，自分なりの伝えたい世界のイメージをもって，表現力豊かに幼児に読み聞かせをする力量が求められる。

5 表現：感じたことや考えたことを自分なりに表現することを通して，豊かな感性や表現する力を養い，創造性を豊かにする

> **ねらい**
> （1）いろいろなものの美しさなどに対する豊かな感性をもつ。
> （2）感じたことや考えたことを自分なりに表現して楽しむ。
> （3）生活の中でイメージを豊かにし，様々な表現を楽しむ。

領域「表現」は，自然に感動したり，音楽を聞いたり，絵本を見たりする経験の中で，美しさへの感性を豊かにしたり，歌を歌ったり，描いたり作ったり，身体表現したりと，さまざまな方法で自分なりに表現することが保育内容となる。

「内容」や「内容の取扱い」のポイントは以下のようである。

（1）美しさに対する感性をもつ

幼児の周りには美しい音楽や物や自然事象が存在し幼児はそれに心を動かす。保育者が幼児と共に感動することによって，幼児の喜びは増し美しさへの感性が養われ，美しい音楽や物や事象を愛する心情が育つ。人としての豊かさや品性は，人間を含むこの世界の美しさを知り，その美しさをいとおしみ，守ろうとする心情から生まれる。幼児の心に，このような美しさに対する感性を培うことは非常に重要なことである。

（2）自分なりに表現する

感動したことやイメージしたことを表現するには，音や動きで表現したり，絵や造形物で表現したり，いろいろな素材に用いて表現したり，簡単なリズム楽器を用いて歌ったり演じたりするといった方法がある。

幼児は，リズムを楽しみ音楽をともなう活動を行っていることが多い。遊びの中で交わされる言葉も，「いーれーて」とリズムをつけて言われたり，「あーぶくたったにえたった」など多くの歌をともなった遊びを楽しんだりする。それらを基礎として，楽器の心地よい音を楽しんだり歌を歌ったりして音楽に親しむようになる。保育者は，幼児が正しい音程で歌うことや楽器を上手に演奏することを目標とするよりも，幼児が音や音楽を十分堪能し，自ら音楽を通して自己表現しようとする意欲や態度を培うように，働きかけたり環境を準備したりしたい。

　幼児が描いたり物を作ったりする活動も，自己表現として日常的に行われる。幼児は身近な物を何かに見たてて，遊びのイメージをふくらませている。それらは素朴なものであることが多いが，幼児なりのイメージが込められていることを保育者は受け止めて，幼児の見たてたイメージの世界を共有していきたい。それらを使って遊んだり，保育室を飾ったりすることで，幼児の喜びが増し自己表現しようとする意欲が増す。幼児がさまざまな素材や用具を使い，自己表現の楽しみを十分味わえるよう環境を準備したい。

　保育者に求められるのは，幼児のさまざまな表現活動を適切に援助できる力量である。多様な素材を知り保育活動に生かす工夫をしたり，幼児の興味や関心にそった歌を歌ったり身体表現をしたり，遊びの中から集団での劇へと活動を展開させるなど，日々の保育の中で教材研究や保育の工夫に励むことが大切である。

3. 子どもや社会の変化に対応する保育内容

　現行の「幼稚園教育要領」は，2018（平成30）年に改訂・施行された。ここでは，改訂のポイントとなったいくつかのテーマについて，保育内容の事例を示しておく。

1 食生活のみだれを改善する保育内容

　2008（平成20）年改訂において領域「健康」に食育が新たに追加されたが，2018（平成30）年改訂においても引き続き重要課題とされている。保育内容として見れば，幼稚園ではこれまでも食育が行われていた。食事を決まった時間に楽しく食べる，食事のときのマナーを身につける，食材について知ったり育てたりする，料理をするなどである。したがって，改まって「食育」と肩に力を入れる必要はないが，幼児にとって以前よりも重要な発達課題となってきていることも事実である。なぜならば，朝食を食べないなどの生活習慣の問題，偏食・小食などの食事内容の問題，食物アレルギーの問題，「遊び食い」・「一品食べ」や嚙

まないで飲み込む，反対に飲み込めないという食べ方の問題など，保育者は幼児の食事に関して多くの問題を抱えるようになってきたからである。

　幼児の食生活にとって，なによりもまず大切なことは，生活リズムの確立である。朝食を食べてこない場合を考えてみよう。現実には，いろいろな家庭の事情から止むを得ない理由もあるだろう。そこで，保護者に朝食を食べさせるようにと，単に伝えるだけでは解決しないことが多い。たとえば，幼児に食欲がない場合は，朝に空腹を感じるよう夕食の時間や量を見直す必要性について，保護者と相談するという対応が考えられる。保護者のさまざまな理由で朝食を食べない場合は，バナナ1本と牛乳など，簡単に用意できる食事を提案するなどの対応があるだろう。規則正しい生活リズムや朝食を食べることは，人が生涯健康に過ごすための基本であることを，保護者がよく理解できるよう根気強く働きかけ，幼児を中心に家庭での食の重要性について理解を促していくことが保育者の役割である。

　保護者への働きかけの例として，ある幼稚園で配布している「幼児期に食卓にて育てたいこと」（図3-1），「11がつのきゅうしょくだより」（図3-2）を見てみよう。「幼児期に食卓にて育てたいこと」では，自分で食べる技術とマナーについて，家庭で食事の際に留意してほしいことを伝えている。また何を今さらという感想をもつ保護者もいるかもしれないが，保護者にもわかりやすいものとなっている。

　この幼稚園では，毎日園内で栄養士が作った給食やおやつを食べている。栄養士が「きゅうしょくだより」を作成し，給食内容や保育の様子を保護者に知らせるとともに，家庭での食事方法や栄養について指導をしている。

　また近年では，お弁当を作る時間のない保護者からの要望や，保護者が作るお弁当には好きなおかずしか入っていないものもあること，また友だちと共に食べると嫌い

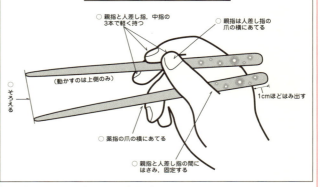

図3-1　家庭への食育指導「幼児期に食卓にて育てたいこと」

11がつのきゅうしょくだより 2008ねん

[年長さん　11月から温かいご飯です]

毎年11月から3月まで（年長さんのみですが）炊飯ジャーから自分でご飯をよそってもらいます。まず、
1) 自分の食べられる量を把握する（食べ物を残したり粗末にしない）
2) 安全面（やけどなど）に気をつける
3) 自発性を身につける
などがねらいです。

盛り付けることはとても大切なことです。バイキング形式に慣れているいる、あるいは自分でジャーから取り分けるのが苦しいのは初めは大変ですが…それも、やはり温かいご飯にほしいのでしょう。グーンと放置量も増えてきました。全園児に温かいごはんを…と思いますが、多人数なので安全面で難しく、とりあえず年長の皆のみ…ご理解ください。

「はちみつ風味の焼き芋」
毎年これ好評でおいしいです！
（材料）2人分
豚肉ロース…スカリ…300g
はちみつ醤……70cc
A［しょうが汁……小1と1/2
　　しょうゆ……大2］
（作り方）
① 豚肉は鍋で鍋にしAに一晩漬け込み
② 200℃のオーブンで15～20分焼く。竹串をさして通った汁が出ていなければOK
③ 1cm厚さに切り、黒酢のたれをかける

日・曜	献立名	赤・血や肉になる	緑・体の調子を整える	黄・熱や力になる
4 火	骨に気をつけてね 鯛の塩焼き／ほうれん草とんぶのピーナッツ和え／豆乳みそ汁	さわら うすあげ みそ	とうにゅう ベーコン	じゃがいも も
5 水	人気No.1!! カレーライス／なるみのヨーグルト	ぎゅうにく スイートコーン にゅうさんきん	にんじん	じゃがいも こめ
6 木	★園外保育（年中）★ ピビンバ風ちらし／アンパンマンスナック／（井）みかん （在）わかめスープ	ぎゅうにく たまご とうふ	ほうれんそう こまつな わかめ みかん	ごまあぶら スナックパン
7 金	★園外保育（年長）★ イタリアンスパゲティ／とりの唐揚げ／（井）パンでのむき／（在）牛乳 ロールパン	ウインナー とりにく ぎゅうにゅう	にんにく のり にんじん ピーマン	スパゲティ ごま ローブパン ロールパン チーズ
10 月	さわらの塩焼 お花のピクルス 大豆の変身！おから炒め煮	さわら うすあげ おから たまご	だいこん ごぼう ねぎ こんにゃく	オリーブオイル こめ
11 火	プリッブリえびの原種ミニラーメン フルーツ	ぶたにく えび なるとまき	にんにく しょうが スイートコーン	かたくちこ ちゅうにゅう こめ じゃがいも
12 水	親愛まごことうどん かぼちゃのスイートポテト	とうにく うすあげ たまご アンパンマンかまぼこ	にんじん だいこん みつば しめじ ほうれんそう	さといも バター うどん

日・曜	献立名	赤・血や肉になる	緑・体の調子を整える	黄・熱や力になる
13 木	ひじきコーンご飯と出し豆腐ハンバーグ／さわほし大根の白炒り煮／かぼちゃのみそ汁	あいミンチ うすあげ ひじき ぎゅうにゅう みそ	スイートコーン グリーンリーブ みず菜 さきほしだいこん	パンこ こめ あぶら
14 金	ぼくぼくさつまいもご飯／サケの塩焼／おでんぼうマイタケの天ぷら／ほうれん草入りかき玉汁	さけ たまご かまぼこ	ほうれんそう まいたけ	さつまいも こめ こむぎこ あぶら かたくりこ
17 月	海の恵みに感謝 白菜の塩昆布揚げ／鮒のユーグルト揚げ	さば たまご ヨーグルト	こまつな もちふ	こむぎこ あぶら かたくりこ
18 火	くまのプーさん大好き はちみつ風味の焼き芋／チンゲン菜ラグー（ラグーとは"にこむ"という意味）さめ汁さめの酢の物	ぶたにく たまご	にんじん きゅうり しょうが チンゲンサイ カラーパプリカ みかんじん	はちみつ あぶら はるさめ
19 水	♪♪お誕生日会♪♪ フレークとウインナーのサンドッチ／スパゲティサラダ／らっちゃい煮にゅう／乳酸飲料	たまご チーズ ハム かにかま ぎゅうにゅう にゅうさんきんいんりょう	ほうれんそう にんじん スイートコーン ももたろ	じゃがいも こめ しょくパン スパゲティ マヨネーズ なまクリーム
20 木	貝だくさんあったかカレーうどん／にんじんゼリー	ぶたにく たまご かんてん	だいこん にんじん りんごジュース	じゃがいも うどん バター
21 金	真ぐろのコロコロフライ／小さなバナナのふらのそぼろ煮／キャベツの甘酢漬け	ひろうず とりにく	キャベツ にんじん しょうが かぼちゃ	たまご マグロ りんご
25 火	さわらのごはん 肯のの白煮／ベーコンとののんにゅう／かき玉汁	わかめ ぎゅうにく ベーコン ちくわん たまご	にんじん じゃがいも こんにゃく みつば	だいず こめ たまご ごま みそ
26 水	まっかなトマトがいっぱい入った ミートソーススパゲティ／フルーツ 牛乳	あいミンチ チーズ ぎゅうにゅう	たまねぎ ピーマン トマト グリーンピース	スパゲティ バター こめ こむぎこ バナナ
27 木	あつあげ親子丼 フルーツ盛り合せ	あつあげ たまご	にんじん しめじ りんご みかん	こめ
28 金	おでん ゆずはちみつ入りドーナツ 豆乳みそ汁	あつあげ たまご ちくわ にゅうにゅう ほうれんそう みそ	にんじん だいこん こんにゃく ほうれんそう	じゃがいも はるさめ あぶら ホットケーキのもと こめ

注　実際の「きゅうしょくだより」では、献立名の漢字・カタカナにはひらがなをふり、幼児も自分で読めるようになっている。

図3-2　「11がつのきゅうしょくだより」

資料提供：大阪市私立C幼稚園

3章 「幼稚園教育要領」にみる保育内容

なものも食べられるなどといった食育指導の面から，給食を導入する幼稚園が増えている。外部の業者から給食を運ぶ場合も，栄養士と保育者が連携して幼児や家庭への食育指導を行う体制づくりが求められる。

2 運動をする意欲の向上をめざす保育内容

　子どもの体力低下，運動意欲の低下の傾向について関心が深まるなか，幼児期の運動のあり方について，2012（平成24）年文部科学省によって，「幼児期運動指針」が策定された。幼児期を3歳から6歳，就学前として，幼児期の運動の意義を，「遊びを中心とする身体活動を十分に行うことは，多様な動きを身に付けるだけでなく，心肺機能や骨形成にも寄与するなど，生涯にわたって健康を維持したり，何事にも積極的に取り組む意欲を育んだりするなど，豊かな人生を送るための基盤づくり」としている。運動を通して，（1）体力・運動能力の基礎を培ったり，（2）丈夫で健康な体になるだけでなく，（3）意欲的に取り組む心を育み，（4）チームプレーによって協調性やコミュニケーション能力が育ち，（5）周りの状況を判断することから認知能力の発達に効果があるとしている。

　「幼児期運動指針」では実施にあたり，（1）多様な動きが経験できるようにさまざまな遊びを取り入れる，（2）楽しく体を動かす時間を確保する，（3）発達の特性に応じた遊びを提供する，という3つのポイントを挙げている。幼児は3歳までに，おおむね歩いたり走ったり投げたりでき，だんだんと全身の力のコントロールができるようになる。これらは人として生活していくのに必要な運動能力であり，多様な動きは多様な運動遊びを通して身につけることができる。保育者に求められるのは，幼児が多様な運動遊びを自ら展開できるように，幼児の関心興味から運動遊びを展開すること，楽しく行うことができるように，活動時間の確保と安全な運動環境を構成することである。

　同時に策定された「幼児期運動指針ガイドブック」では，いろいろな道具を使った運動遊びとその指導のポイントを示している。保育者がこれまで行ってきた運動遊びとあまり変化はないように思われるが，毎日60分という時間の目安を示し，運動遊びにさまざまなねらいがあることを示して，保育者が運動遊びの重要性を理解できるようにしている。

　「幼児期運動指針ガイドブック」では，幼稚園，保育所，こども園での幼児の運動遊びとともに，保護者へ家庭での運動遊びを提案している。家庭教育においても運動遊びを取り入れ，生涯にわたる健康を維持するために，幼児期からの運動を行う重要性を保護者が理解できるようにしている。

❸ 自制心や規範意識の芽生えを培う保育内容

「学校教育法」では，自制心や規範意識を「生きる力」の基礎の一つとして位置づけ，今日の子どもたちの変化に対応するため，道徳教育を改善しようとしている。

幼児期は自己が確立していき，この世界に善悪があることを理解し，社会生活のためには規範が必要であることを知っていく時期である。同年代の集団の中で生活する中で，幼児の発達にふさわしい自制心や規範意識を培う必要がある。

まず，幼児が自分の気持ちを調整する力をもつことについて考えてみよう。葛藤を抱えているとき，自分一人で気持ちを整理することはおとなにとっても難しいことである。もちろん，幼児期に抱える葛藤は自己中心的な考え方からの脱却の過程であり，おとなの葛藤は複雑に絡み合った感情の整理であるだろう。幼児にとってもおとなにとっても大事なことは，自分で結果を選択することである。そしてよりよい判断のためには，他者を必要とするのは幼児もおとなも同じである。そばで葛藤する気持ちを理解し寄り添いながら，自身の感情や意見を聞いてくれ，その判断に自信を与えてくれる他者である。幼稚園においては，保育者がこの役割を担う。幼児の保育者への深い信頼感がこのような関係を可能にする。

では，どのような保育内容となるのか。保育者は何をすればよいのか。少し大げさにいえば，幼児は葛藤の連続の中で日常生活を送っているのである。その一つひとつの感情を見逃さないで，その出来事を大切にして，その幼児なりに解決できるように寄り添うことである。早く葛藤から抜け出せるように解決策を提案したり気持ちをほかの事に向けたりするよりも，まず葛藤している状態を保育の中で肯定的に認めることである。保育の中で肯定的に認めるとは，葛藤の状態から自分で気持ちを調整する時間をたっぷりもつという意味である。幼稚園生活は思いのほか忙しい。しかし，忙しいのは，保育者の時間感覚であることをよく理解しておく必要がある。

たとえば片づけのとき，片づける時間がきたことは理解できるが，幼児には遊び続けたい気持ちが強いときがある。そこで，「もっと遊びたい気持ちは先生もよくわかるよ。でも片づけの時間がきちゃったねえ。○○ちゃんだけが遊んでいたら，ほかのみんなはお弁当が食べられないね。どうしたらいいかなあ。」と言葉をかけ，状況を説明して自分で解決策を考え出せるまで，時間をかけて待ちたいものである。「もうお片づけの時間だから，遊ぶのはやめて片づけましょう。」と幼児の遊びたい気持ちを理解せず「きまり」だからと幼児の活動を中断すると，きまりが自分のやりたいことと対立するものであるという感覚が幼児の心に育つ。それは，きまりなどない方がよいという誤った認識の芽生えとなる。

幼稚園において規範意識の芽生えを養う機会は，生活習慣を身につける場面であることが多い。保育者は，生活習慣を幼児が必要感をもって習得できるよう，

3章 「幼稚園教育要領」にみる保育内容

楽しさを感じ納得しながら規範を身につけられるよう，忍耐強く時間をかけて援助するのである。また，個々の幼児と深い信頼関係を築くよう努力することはもちろんであるが，クラス全体の雰囲気が，常にどの幼児にとっても臆せず自分の葛藤を表現できるようなものであるようにしたい。

4 工夫したり協力したりしていっしょに活動する保育内容

2018（平成30）年改訂において重視され強調されているのが，集団で共通の見通しや目標をもって活動を行い，やり遂げる楽しさを共有することである。今後小学校から続く生涯にわたる社会生活を送るために，現代の幼児にとって特に育成するべき能力であると考えられている。

では，どのような保育内容を考えることができるだろうか。まず留意しなくてはならないことは，幼児の発達段階である。幼児が持続して楽しく関わるのは，まず2人からである。不特定の一人の幼児と仲よくなることから，コミュニケーションは始まる。3歳児クラスの初めころは，たまたま同じ遊びをしていて関わる。その後，特定の一人の幼児と仲良くなっていっしょに遊び始める。この時期は，共に同じことをして遊ぶことが楽しく，コミュニケーションという視点でいえば，話していることが食い違っていても気にすることなく，それぞれの主張を言い合っている。4歳児ころには3，4人のグループで遊び始める。この時期は群れて遊ぶことが楽しく，ボス的な存在の幼児が中心にいて遊びを支配している。コミュニケーションの視点からは，命令する幼児と従う幼児という関係で対等の話し合いが行われることはないが，共に遊ぶなかで，いっしょに試行錯誤したり，目標をもって協働したり，喜びや悲しみを共感したりという経験をしている。5歳児ころには，自分たちでルールを作って鬼ごっこをしたり，同じイメージを共有し役割分担してままごとをしたりと，6，7人のグループでも遊べるようになる。この段階になると，幼児の善悪の判断基準は社会的な基準に近づき，相手の意見を聞いて自分の意見との違いを理解し，説得しようとするなどの話し合いができるようになる。

保育者は，幼児が自由に遊ぶ時間には，この発達段階を個々の幼児が十分に経験できるように援助する必要があるだろう。同じクラス内でもそれぞれのグループ活動の発達段階は異なる。個々の幼児の発達段階，グループとしての発達段階を見極めつつ，幼児が友だちとともに工夫したり協力したりする楽しさを味わえるよう援助したい。

クラスの設定活動を考えるとき，5歳児クラスにおける2，3人のグループ活動を現在より重視し，工夫して取り入れていく必要があるだろう。設定保育でのグループ活動や話し合いというと，いきなり4，5人のグループで話し合うこと

が多い。この場合，おとなしい幼児は発言の機会がない。それぞれの幼児が自己主張し相手の意見を聞く経験をするためには，2，3人が適度な大きさである。そこでは，自分の意見が何らかの結果に影響をおよぼす経験ができる。また，幼児が自分たちだけで話し合いをある程度持続させる事のできる大きさでもある。このような経験を十分重ねて初めて，4，5人グループでの話し合いが充実したものとなり，個々の幼児にとって協力することを実感できる活動となるだろう。

5 小学校生活へのスムーズな適応と保育内容

　小学校との連携に関しては，「小1プロブレム」の議論とともに重視されるようになってきた。幼小連携においては，幼児と児童の交流という側面と，小学校と幼稚園の教師の交流という側面があることがわかる。

　この流れを受けて2008（平成20）年よりいろいろな幼小連携についての実践研究が行われてきた。それらを「スタートカリキュラム　スタートブック」として国立教育政策研究所教育課程研究センターが2015（平成27）年にまとめた。スタートカリキュラムとは，「小学校に入学した子どもが，幼稚園・保育所・認定こども園などの遊びや生活を通した学びを基礎として，主体的に自己を発揮し，新しい学校生活を作り出していくためのカリキュラム」である。副題には「学びの芽生えから自覚的な学びへ」とあり，幼稚園カリキュラムの基本である「幼児期にふさわしい生活を送り，環境を通して遊ぶ中で心情・意欲・態度」を育成していることが，どのように小学校の学びへと進展するかを小学校教師が理解できるようにカリキュラムとして提示している。入学当初は子どもの「安心」を中心に学校生活をデザインするカリキュラムである。したがって，これまでのように時間割りで区切らずに，登校すると1時間目は幼稚園等で行ってきたような手遊びや歌を取り入れた活動を行い，学校に楽しさを感じることを基本にしている。また，生活科を中心に時間割りにとらわれない2時間続きの学習や子どもの実態に即したモジュール学習*など，子どもの興味・関心や実態に合わせて学校生活を組み立て，徐々に教科等を中心とした自覚的な学びへとつなげていく。

　一方で，幼稚園では就学前の保育を，特に「アプローチカリキュラム」と呼んで，小学校へ円滑な接続を図るカリキュラムを構想している。5歳児の発達段階としては，筋道を立てて考えたり，友だちとともに話し合ったり，共通の目標をもって活動したり，集団の一員として身の周りの整理整頓をしたりする。遊びの中でのこのような活動が，自覚的な学びへとつながることを，幼稚園教諭・小学校教諭がともに，具体的なカリキュラムに基づいて理解することができるカリキュラムである。今津地区幼保小アプローチカリキュラム構想（図3－3）に見られるように，子どもの発達を「生活する力」「聴く力・学ぶ力」「集団の力」と指導の

*10分，15分などの時間を単位として，取り組む学習形態のこと。

柱を立てると，幼稚園生活が小学校生活への基礎となっていることがよくわかる。これらの力を幼児一人ひとりがしっかりと身につけて，安心して小学校に進学できるようにしたいものである。

　このように，幼保小連携の基礎はでき上がりつつあるものの，まだ「スタートカリキュラム」や「アプローチカリキュラム」を取り入れているところは多くない。連続したカリキュラムを共有するには，話し合う時間が必要である。しかし互いになかなか時間が取れないという現状がある。また，双方の教育文化の違いを理解することは容易ではない。いろいろな教科学習へとつながる保育活動があるが，それらは「心情・意欲・態度」を培うものであり，学びの芽生えではあるが総合的な「生きる力」というようなものである。小学校教諭から幼稚園教諭に勤務が変わる経験をした木下[*]によれば，幼稚園での「遊びを創る」「遊びを育てる」という言葉が，自分の25年の小学校教諭経験の中になかったと述懐している。小学校では授業中に「遊んではいけません」というような文脈でしか「遊び」はとらえられていない。この幼稚園と小学校の教育文化の違いを，互いによく理解して連携プログラムを実施する必要があるだろう。

[*] 木下光二『育ちと学びをつなげる幼小連携―小学校教頭が幼稚園へとび込んだ2年間―』チャイルド社，2010

今津地区幼保小アプローチカリキュラムの構想

今津地区幼保小　　　接続期カリキュラム（5歳児9月～1年生1学期）

多数の幼稚園・保育所（園）・認定こども園からの入学がある今津小学校において，就学前と就学後に関わる教育者・保育者が「子どもの発達は連続している」という共通認識のもとに，互いの違いとよさを学び，より一層系統性・関連性のある指導を行えるように接続期のカリキュラムを作成した。接続期に子どもたちを望む姿へと導く指導の柱を『生活する力』『聴く力・学ぶ力』『集団の力』の3点とした。

小学校生活につながる保育・教育活動　　　就学前の経験をいかした教育活動

～　5才9月　→　小学校入学　→　1年生1学期　～

学びの芽生え　　「連続する子どもの発達や学び」を導く手だて　　**自覚的な学び**

生活する力 身の回りの始末　一日の生活過程 コミュニケーション　生活習慣の自立
・着替えや整理整頓を最後まで自分でする経験を増やす。 ・1日の流れを知らせ，おおまかな時間の見通しをもたせる。 ・思いを伝えたり，分からないことを聞いたりする力を養う。 ・基本的な生活習慣の確立のため，家庭との連携を密にする。
・道具や配布物の整理，食事，身支度をする力を養う。 ・時計を活用し，見通しと予測をもって活動させる。 ・困ったときは人の力をかりて乗り越える経験を重ねる。 ・家庭と連携して，規則正しい生活習慣の定着を図る。

聴く力・学ぶ力 聴く力　ことばへの興味関心 ものへの興味関心　表現
・口を閉じ，話す人の方を見て内容を聴きとる経験を重ねる。 ・読み聞かせやことばのやりとりを楽しませる。 ・五感を使った遊びを通して，感じ，考える感覚を磨く。 ・全身をつかって，いろんな表現を楽しむ活動を増やす。
・全身で話を聴き，内容を理解し考える経験を重ねる。 ・読み聞かせを継続し，想像し考える体験を充実させる。 ・体験的な活動を通して，五感で感じ考える習慣を付ける。 ・運動・音楽・創作活動を通して，楽しく自己表現させる。

集団の力 規範意識　目的の共有・協力 友だち関係　自己肯定感の高まり
・生活や遊びの中で，ルールを守る経験を重ねる。 ・目的に向けみんなでやり遂げたという満足感を味わわせる。 ・相談し互いの考えに折り合いを付ける体験を重ねる。 ・遊びや行事の後にシェアリングを行い，思いを共有する。
・学校の約束やルールは必ず守るという意識をもたせる。 ・目的やルールを話し合い，協力する楽しさを味わわせる。 ・折り合いを付ける経験を重ね，友だちの幅を広げる。 ・伝え合いやふりかえりを行い，自分に自信をもたせる。

資料）大分県教育委員会「幼児教育と小学校教育の連携ガイドブック　～アプローチカリキュラム事例集～」より抜粋

図3-3　「中津今津地区全体構想」

【参考文献】

文部科学省「幼稚園教育要領解説」2018

文部科学省「幼児期運動指針」「幼児期運動指針ガイドブック」2012

文部科学省「平成26年度文部科学白書」2014

外務省「児童の権利条約」

井上勝子編著『すこやかな子どもの心と体を育む　運動遊び』建帛社，2006

前橋明『0〜5歳児の運動あそび指導百科』ひかりのくに，2004

森野恵子『食育　保育者はなにをしたらいいの？』チャイルド社，2007

「現代と保育」編集部編『食事で気になる子の指導』ひとなる書房，1991

リタ・デブリーズほか著　玉置哲淳ほか翻訳『子どもたちとつくりだす道徳的なクラス─構成論による保育実践』
　大学教育出版，2002

佐々木宏子・鳴門教育大学学校教育学部付属幼稚園『なめらかな幼小の連携教育─その実践とモデルカリキュラム』
　チャイルド社，2004

滋賀大学教育学部付属幼稚園『学びをつなぐ─幼小連携からみえてきた幼稚園の学び─』明治図書出版，2004

荒井洌　福岡貞子編著『預かり保育・延長保育にもすぐ役立つ！　異年齢児の保育カリキュラム　〜たてわり保育の指
　導計画と実践例』ひかりのくに，2003

国立教育政策研究所教育課程研究センター「スタートカリキュラム　スタートブック」国立教育政策研究所，2015

大分県教育委員会「アプローチカリキュラム全体構想参考例①（今津地区）」2015

木下光二『育ちと学びをつなげる幼小連携─小学校教頭が幼稚園へとび込んだ2年間─』チャイルド社，2010

第**4**章

「保育所保育指針」にみる保育内容

〈学習のポイント〉　① 保育所の役割について理解しよう。
　　　　　　　　　　② 保育所保育の目的，目標，内容の関連性について理解しよう。
　　　　　　　　　　③ 保育の内容における養護と教育について理解しよう。
　　　　　　　　　　④ 保育所の3歳以上児の保育について理解しよう。

1.「保育所保育指針」の改定 ― 新しい保育の始まり

　2017（平成29）年3月に「保育所保育指針」（以下，保育指針と記す）が改定され，2018（平成30）年4月より施行されることになり，新しい保育所保育が始まった。保育指針が厚生省（現，厚生労働省）から初めて刊行されたのは1965（昭和40）年であり，その後1990（平成2）年，1999（平成11）年，2008（平成20）年に改定されている。今回は4回目の改定である。

　今回の改定の背景として以下の3点を挙げることができる。第1に，「量」と「質」の両面から子どもの育ちと子育てを社会全体で支える「子ども・子育て支援新制度」の施行（2015〈平成27〉年4月）である。第2に，0歳児から2歳児を中心とした保育所利用児童数の増加である。第3に，子育て世帯における子育ての負担や孤立感の高まり，児童虐待相談件数の増加である。その結果，保育所に期待される役割が深化・拡大され，質の高い養護や教育の機能，さらに子どもの保育と共に保護者に対する支援を担う役割が求められるようになった。

　今回の保育指針では，保育所ならではの改定と共に，幼稚園や幼保連携型認定こども園と共通の改定（改訂）も伴っている。

2. 保育指針とはなにか

　保育指針「第1章　総則」の冒頭で，保育指針について次のように示されている。

> 　この指針は，児童福祉施設の設備及び運営に関する基準（昭和23年厚生省令第63号。以下「設備運営基準」という。）第35条の規定に基づき，保育所における保育の内容に関する事項及びこれに関連する運営に関する事項を定めるものである。各保育所は，この指針において規定される保育の内容に係る基本原則に関する事項等を踏まえ，各保育所の実情に応じて創意工夫を図り，保育所の機能及び質の向上に努めなければならない。

冒頭の説明から明らかなように，保育指針とは，保育所の「保育の内容に関する事項」と保育内容に関連した「保育所運営に関する事項」を定めたものである。そして保育指針は厚生労働大臣が定める告示であり，すべての保育所が保育指針に従った保育をしなければならない。

　さらに保育指針は「保育の内容の基本原則」を示しており，各保育所がこの基本原則を守りながら，実情をふまえて創意工夫を図り，保育することが求められている。したがって，各保育所は入所する子どもに，一定の水準の保育を保障し，さらにそれぞれの保育所ごとに特色のある保育を保障することができる。

3. 保育所の目的と役割

　保育指針「第1章　総則　1　保育所保育に関する基本原則　（1）保育所の役割」では，保育所の役割について明確に示されており，それをまとめたのが表4－1である。

表4－1　保育所の役割

保育所の目的	保育所は，保育を必要とする子どもの保育を行い，その健全な心身の発達を図ることを目的とする児童福祉施設である。
保育所保育の特性	保育所における環境を通して，養護及び教育を一体的に行うことを特性としている。
保育所の役割	①入所する子どもを保育する。 ②入所する子どもの保護者に対する支援を行う。 ③地域の子育て家庭に対する支援等を行う。
保育士の役割	倫理観に裏付けられた専門的知識，技術及び判断をもって ①子どもを保育する。 ②子どもの保護者に対する保育に関する指導を行う。 ③職務を遂行するための専門性の向上に絶えず努める。

1 保育所の目的

　「保育所の目的」で注目すべきことは，2008（平成20）年版保育指針では保育所保育で対象となる子どもは「保育に欠ける子ども」であったのに対して，2017（平成29）年版保育指針では「保育を必要とする子ども」になったことである。今日では，保育所の役割は保育所に通う子どもだけではなく，「地域の子育て家庭に対する支援」で明らかなように，一般家庭の子どもの保育にもおよんでいる。

　さらに注目すべきことは，保育を必要とする子どもに「その健全な心身の発達を図る」という教育的な目的を加えていることである。言うまでもなく，「保育」

という言葉には「養護」と「教育」の両面が含まれているが，これまでの保育所はどちらかというと「養護」面に主眼がおかれる傾向があった。新保育指針では子どもの健全な心身の発達を図ることを強調しており，保育所も幼稚園と同様に「教育」面での充実を目指している。

② 保育所に求められる３つの役割

表４−１の通り，保育所には３つの役割がある。１つ目は，言うまでもなく，入所する子どもを保育することである。

２つ目は，入所する子どもの保護者（親）を支援することである。入所児の保護者への支援は，日々の保育に深く関連して行われるものである。

３つ目は，地域の子育て家庭に対する支援である。地域の子育て家庭が孤立しないように，安心・安全に親子を温かく受け入れてくれる施設として保育所は大いに期待されている。

③ 保育士の役割

保育士の役割は，保育所に求められる役割と同様に，子どもの保育と保護者の保育に関する指導である。しかしながら，ここで注目すべきことは，保育士には倫理観に裏づけられた専門的知識，技術及び判断が求められることである。

保育士はその言動が子どもや保護者に大きな影響を与える存在であるから，特に高い倫理性が求められる。さらに，2017（平成29）年版保育指針では，職務を遂行するための専門性の向上に絶えず努めることが求められている。

4. 保育所保育の目標

保育所保育の目標は表４−２の通りである。

表４−２　保育所保育の目標

●保育の目的 　保育所は，保育を必要とする子どもの保育を行い，その健全な心身の発達を図ることを目的とする児童福祉施設である。
●保育の目標 　［子どもに対して］ 　子どもが現在を最も良く生き，望ましい未来をつくり出す力の基礎を培う。
●養護の目標 　十分に養護の行き届いた環境の下に，くつろいだ雰囲気の中で子どもの様々な欲求を満たし，生命の保持及び情緒の安定を図ること。

●教育の目標

健　康	健康，安全など生活に必要な基本的な習慣や態度を養い，心身の健康の基礎を培うこと。
人間関係	人との関わりの中で，人に対する愛情と信頼感，そして人権を大切にする心を育てるとともに，自主，自立及び協調の態度を養い，道徳性の芽生えを培うこと。
環　境	生命，自然及び社会の事象についての興味や関心を育て，それらに対する豊かな心情や思考力の芽生えを培うこと。
言　葉	生活の中で，言葉への興味や関心を育て，話したり，聞いたり，相手の話を理解しようとするなど，言葉の豊かさを養うこと。
表　現	様々な体験を通して，豊かな感性や表現力を育み，創造性の芽生えを培うこと。

［保護者に対して］
保育所は，入所する子どもの保護者に対し，その意向を受け止め，子どもと保護者の安定した関係に配慮し，保育所の特性や保育士等の専門性を生かして，その援助に当たらなければならない。

保育所の「目的」については，先に述べたように，保育を必要とする子どもの保育を行い，その健全な心身の発達を図ることである。

言うまでもなく，それぞれの保育所には独自の保育目標があり，保育所の職員は自分の保育所の保育目標の達成に努めなければならない。保育指針で取り上げている保育目標は，すべての保育所に共通する目標である。保育指針の保育目標を基盤にして，各保育所の保育目標が作られているのである。

保育指針の目標として注目されるのは，子どもに対する目標と保護者に対する目標を掲げていることである。

1 子どもに対する保育目標

子どもに対する保育目標として，「子どもが現在を最も良く生き，望ましい未来をつくり出す力の基礎を培う」ことが記されている。この保育目標は1965（昭和40）年に初めて保育指針が刊行されて以来，変わらぬ目標であり，普遍の価値を有するものである。

そしてこの保育目標を実現するための具体的な目標が6つ示されている。最初に「養護」の目標が示されている。養護とは，一言で言えば子どもの「生命の保持及び情緒の安定を図ること」である。保育所の保育は原則として1日8時間を基本としている。1日の生活時間の大半を保育所で過ごす子どもにとって大切なことは，安全に生活できることであり，安心，安定した気持ちで生活できることである。養護の目標は保育所ならではの目標であり，保育士はまず子どもの養護を第一に考えなければならない。

次に「教育」の目標が5つ示されている。これはいわゆる5領域の目標であり，学校教育法第23条（「幼稚園教育要領」にも示されている）の目標と類似している。しかしながら，各領域の目標を比較してみると，微妙に異なっていることがわかる。これは，0歳からの子どもを保育する保育所と，3歳からの子どもを教育する幼稚園との違いによるものと言える。

ここで大切なことは，1つだけの「養護」の目標であるが，5つの「教育」の目標と同じように価値の高い目標であるということである。さらに，保育所保育の目標は「養護」と「教育」という2つの目標に分けられるが，両者は決して別々の目標ではなく，「養護と教育を一体的に行う」ことによって達成されるものであることを忘れてはならない。

② 保護者に対する目標

保護者の援助を目標として示していることは大きな特色である。保護者への援助は，子どもの保育と深く関連して行われるものである。保護者の援助に当たっては，

● 保護者の意向を受け止めること

● 子どもと保護者の安定した関係に配慮すること

● 保育所の特性や保育士の専門性を生かすこと

が大切である。

保育士は常に保護者の声に耳を傾け，その意向をしっかりと受け止めて対応しなければならない。課題を抱えた家庭，保護者が増えつつある。保育士は保護者の問題点をとらえることよりも，保護者の気持ちやなぜそうなったのかを理解することのほうが重要である。

保育士は保護者を援助する際には，保育士の援助が子どもと保護者の安定した関係を保つものであるかどうかを考慮しなければならない。保育士が親切に保護者に助言したつもりであるにもかかわらず，保護者は助言を非難ととらえ，自らの不快感をわが子にぶつけてしまったという話を聞いたことがある。

保育所は，地域における最も身近な児童福祉施設であり，子育ての知識，経験，技術を豊富に蓄積している。保育所には，保育士をはじめとして多くの保育の専門家・関係者がおり，それぞれの職員が連携を取り合って保育に当たっている。このような保育所の特性や保育士の専門性を十分に発揮して，保護者の援助に当たることが大切である。

5. 保育所における保育内容の構成

多少の重複はあるが，保育指針を基に保育の目的，目標，内容の関連性について図4－1に示した。保育所の保育の内容について以下に述べる。

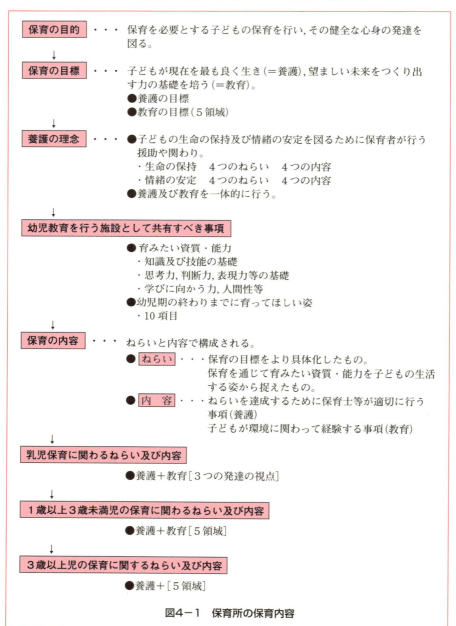

図4－1　保育所の保育内容

1 養護の理念・・・「養護」におけるねらいと内容

すでに述べたように,「養護」とは,「子どもの生命の保持及び情緒の安定を図るために保育士等が行う援助や関わり」である。換言すると,養護は保育士等が積極的に行うべきことである。「生命の保持及び情緒の安定」という養護は,保育士の重要な仕事であり,養護は子どもの主体性に任せておくことではない。たとえば,乳児は,自分で空腹を満たすことも,衣服を着替えることも,排泄の処理をすることもできない。すべて保育士が行わなければならないことである。さらに,5歳児であっても,保育所で一日中安定した生活をするためには,保育士が子どもの心を安定させるための働きかけが必要である。養護は,保育所の保育士ならではの仕事と言ってよい。

保育指針では,「第1章 総則 2 養護に関する基本的事項」で,保育所保育における養護の重要性について詳細に説明している。保育指針では,「生命の保持」「情緒の安定」についてそれぞれ4つのねらいと4つの内容が示されているが,特に「ねらい」の各項目は大変重要である。「生命の保持」として,一人ひとりの子どもが保育所において「快適な生活」「健康で安全に過ごす」「生理的欲求を満たす」「健康増進」が保障されなければならない。これらは,保育士等が積極的に子どものために果たさなければならない事項である。

さらに「情緒の安定」では,一人ひとりの子どもが保育所において,「安定感をもって過ごす」「自分の気持ちを安心して表す」「自分を肯定する気持ちが育まれる」「心身の疲れが癒される」ことが保障されなければならないのである。

保育士はまず子どものために「養護」を充実させ,養護を基盤として「教育」を実践していくことを忘れてはならない。

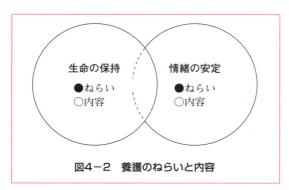

図4-2 養護のねらいと内容

ここで大切なことは,図4-2に示しているように,「生命の保持」のねらいと内容及び「情緒の安定」のねらいと内容はすべて関連性をもち,折り重なりながら一体的に展開されるべきものであるということである。たとえば,食事等の生理的欲求が満たされることが健康生活,健康増進,安定感へとつながるのである。

❷ 幼児教育を行う施設として共有すべき事項 ― 育みたい資質・能力

　保育指針の目標に示されているように，乳幼児期は，生活の中で，自発的，主体的に環境と関わりながら，「生涯にわたる人格形成」の基礎を築いていく重要な時期である。そして保育所では，「子どもが現在を最も良く生き，望ましい未来をつくり出す力の基礎を培う」ために，養護と教育を一体的に行う保育をしている。

　さらに保育所は養護と教育とを一体的に行う保育を基盤としながら，3歳以上の教育については，幼児教育を行う施設として，幼稚園や幼保連携型認定こども園と同様の教育を行うことになっている。具体的には保育指針に示された「保育の目標」をふまえ，次の資質・能力を一体的に育むように努めるものである。

○育みたい資質・能力

> ○豊かな体験を通じて，感じたり，気付いたり，分かったり，できるようになったりする「知識及び技能の基礎」
> ○気付いたことや，できるようになったことなどを使い，考えたり，試したり，工夫したり，表現したりする「思考力，判断力，表現力等の基礎」
> ○心情，意欲，態度が育つ中で，よりよい生活を営もうとする「学びに向かう力，人間性等」

　「知識及び技能の基礎」というのは単に知識・技能を身につけるだけではなく，様々な知識・技能につながる知的な力を獲得することである。「思考力，判断力，表現力の基礎」は，「知識及び技能の基礎」として身につけた力を使って柔軟に思考したり判断したり表現したりするような応用する力である。さらに「学びに向かう力，人間性等」とは，このように学んだことを生活のなかで活かそうとする心情や意欲や態度である。

　この3つの資質・能力は，保育指針「第2章　保育の内容」で，乳児保育，1歳以上3歳未満児の保育，3歳以上児の保育のそれぞれで記されている「ねらい及び内容」に基づく保育活動全体の中で一体的に育むものである。

　この3つの資質・能力は，特に遊びの中で育まれるものである。たとえば子どもの砂遊びを例に考えてみよう。

> ○「知識及び技能の基礎」の育ち
> 　A君が砂場で遊んでいる。初めは砂に指を入れてみたり，砂をすくってみたりして，砂の感触を楽しんでいる。感触を楽しみながら，サラサラした砂，湿った砂があることに気付く。A君なりの砂の理解である。
>
> ○「思考力，判断力，表現力等の基礎」の育ち
> 　やがて，砂をカップに入れては捨ててみることを繰り返すうちに，何となくプリンのような形が出来上がるのに気づく。A君の遊びを見ていた保育士がプリンのお手本を1つ作ってA君に見せる。保育士のプリンを見たA君は，「適度に湿った砂でプリンを作ることがいいのでは？」と考え，試してみる。うまくできたので，何個もプリンを作っていく。作りながら自分の判断の正しさを確認することができる。

4章　「保育所保育指針」にみる保育内容

○「学びに向かう力，人間性等」の育ち
　出来上がったプリンを何個もお盆に載せていると，それを見たB君とCちゃんがやってきて，いっしょに作りたいという。A君は2人を快く受け入れて，プリンの作り方を教えてあげる。たくさんのプリンができたので，プリン屋さんごっこをすることになった。他の子どもたちも興味をもってやってくる。大勢で楽しい遊びに発展していく。

　以上の例のように，子どもが遊びの中で，夢中になって遊ぶ様子を観察すると，子どもは3つの資質・能力を発揮して活動しながら，さらに3つの資質・能力が高まって行く様子を見ることができる。

❸ 幼児期の終わりまでに育ってほしい姿

　具体的な活動や遊びを通して資質・能力が育まれてきた子どもが小学校就学時に獲得されているものが次の内容であり，「幼児期の終わりまでに育ってほしい姿」として示されている。全部で10項目あるが，保育指針ではそれぞれについて説明をしている。

ア 健康な心と体	イ 自立心
ウ 協同性	エ 道徳性・規範意識の芽生え
オ 社会生活との関わり	カ 思考力の芽生え
キ 自然との関わり・生命尊重	ク 数量や図形，標識や文字などへの関心・感覚
ケ 言葉による伝え合い	コ 豊かな感性と表現

　このなかで，たとえば「道徳性・規範意識の芽生え」について考えてみよう。「道徳性・規範意識の芽生え」について，保育指針では次のように説明している。

　友達と様々な体験を重ねる中で，してよいことや悪いことが分かり，自分の行動を振り返ったり，友達の気持ちに共感したりし，相手の立場に立って行動するようになる。また，きまりを守る必要性が分かり，自分の気持ちを調整し，友達と折り合いを付けながら，きまりをつくったり，守ったりするようになる。

　上記のような道徳性・規範意識の芽生えが保育所を卒園する頃に育っていることが望ましい。しかしながら，このような力は，5歳になって急に育つものではなく，幼稚園であれば3歳から，保育所であれば0歳からの教育の積み上げによって育てられるものである。たとえば，「自分の行動を振り返る」「きまりを守る必要性が分かる」「きまりをつくる」などがいつごろからできるようになるのか，そしてどのように育てるのかということを，保育士は子どもの発達過程をふまえて考えていく必要がある。

89

6. 乳幼児保育に関わるねらい及び内容

　保育所における保育は，「保育所における環境を通して，養護及び教育を一体的に行うこと」を特性としている。保育指針「第2章　保育の内容」においては，保育所の保育の内容として主に教育の視点からの「ねらい」と「内容」が示されているが，養護と教育が一体となった保育を行うことが重要である。

　保育所では，表4-3に示しているように，養護と一体となって行われる教育のねらいと内容が乳児保育，1歳以上3歳未満児の保育，3歳以上児の保育に分けて示されている。保育所においては，乳児期からの教育の積み上げを大切にしているのである。

表4-3　保育所の役割

教育・5領域	[3歳以上児] ・健康・人間関係・環境・言葉・表現（幼稚園・幼保連携型認定こども園と同様）	
	[1歳以上3歳未満児] ・健康・人間関係・環境・言葉・表現	
	[乳児] ・身体的発達に関する視点　・社会的発達に関する視点　・精神的発達に関する視点	
養護	[生命の保持] ・4つのねらい　　・4つの内容	[情緒の安定] ・4つのねらい　　・4つの内容

1 乳児保育に関わるねらい及び内容

　乳児期においては，心身両面において，短期間に著しい発育・発達が見られるが，子どもの心身の発達はまだ未分化な状況である。この時期は，生活や遊びが充実することを通して，子どもの身体的・社会的・精神的発達の基盤を培うことが重要である。そこで，保育内容として「健やかにのびのびと育つ」「身近な人と気持ちが通じ合う」「身近なものと関わり感性が育つ」という視点が導かれる。

乳児保育に関わるねらい及び内容

身体的発達に関する視点⇔健やかに伸び伸びと育つ

　健康な心と体を育て，自ら健康で安全な生活をつくり出す力の基盤を培う。
　○3つのねらい　○5つの内容

社会的発達に関する視点⇔身近な人と気持ちが通じ合う

　受容的・応答的な関わりの下で，何かを伝えようとする意欲や身近な大人との信頼関係を育て，人と関わる力の基盤を培う。
　○3つのねらい　○5つの内容

精神的発達に関する視点⇔身近な物と関わり感性が育つ

　身近な環境に興味や好奇心をもって関わり，感じたことや考えたことを表現する力の基盤を培う。
　○3つのねらい　○5つの内容

乳児期は，3つの発達の視点から，9つのねらいと15の内容で教育が行われる。ここで注目すべきことは，保育指針では，乳児の発達のすばらしさと乳児の教育を重視していることである。言うまでもなく，乳児期は養護的な関わりが重要であるが，そこに教育の大きな可能性があることを忘れてはいけない。9つのねらいと15の内容は，子どもを「主語」にした表現であるが，これらは子どもの発達の姿を示している。そしてこれらの発達が満たされることにより，次の段階へとつながっていくのである。

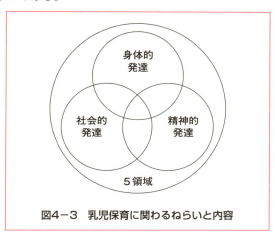

図4-3　乳児保育に関わるねらいと内容

2　1歳以上3歳未満児の保育に関わるねらい及び内容

乳児期に身体的・社会的・精神的発達の基盤が培われた子どもに対して，1歳以上3歳未満児の保育の「ねらい」及び「内容」として「健康」「人間関係」「環境」「言葉」「表現」の5つの領域（5領域）による保育（教育）が行われる。子どもの発達は諸側面が密接に関連し合うものであるため，各領域のねらいは相互に結びついているものであり，内容は子どもの実際の生活と遊びにおいて総合的に展開されていく。

1歳以上3歳未満児の保育に関わるねらい及び内容		
5つの領域に関する学びが大きく重なり合いながら，生活や遊びの中で育まれていく		
健　　康	心身の健康に関する領域	3つのねらい・7の内容
人間関係	人との関わりに関する領域	3つのねらい・6の内容
環　　境	身近な環境との関わりに関する領域	3つのねらい・6の内容
言　　葉	言葉の獲得に関する領域	3つのねらい・7の内容
表　　現	感性と表現に関する領域	3つのねらい・6の内容

この5領域の保育の内容は，乳児保育の3つの視点及び3歳以上児の保育の内容における5領域と連続するものである。「幼稚園教育要領」では，3歳以上児

の保育のねらい及び内容として5領域が示されているが，保育指針では1歳からの5領域のねらい及び内容による保育を実施しているということは注目すべきことである。

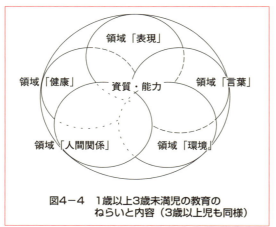

図4－4　1歳以上3歳未満児の教育の
ねらいと内容（3歳以上児も同様）

先に述べたように，保育所保育は養護と教育との一体性が重要である。1歳以上3歳未満児の段階は，発達の未分化な状態からようやく分化・発達していく段階であり，個人差の著しい段階でもあり，保育士の養護的な関わり，仲立ち的な関わりが重要である。

たとえば，領域「人間関係」の内容④「保育士の仲立ちにより，他の子どもとの関わり方を少しずつ身につける。」について考えてみよう。

領域「人間関係」― 子どもの関わり方

1歳以上3歳児未満
④保育士の仲立ちにより，他の子どもとの関わり方を少しずつ身につける。

3歳以上児
⑤友達と積極的に関わりながら喜びや悲しみを共感し合う。
⑦友達のよさに気付き，一緒に活動する楽しさを味わう。
⑧友達と楽しく活動する中で，共通の目的を見いだし，工夫したり，協力したりなどする。
⑩友達との関わりを深め，思いやりをもつ。
※上記の番号は保育指針の番号を使用したものである。

1歳以上3歳未満児の場合は，保育士が子どもと子どもの仲立ちをしながら，子ども同士が自律的な人間関係を形成していけるように手伝うことが重要である。たとえば，保育士は保育所におけるさまざまな遊びや生活の場面で，子ども同士が多様な関わりをもてるような状況を設けることが必要である。また，子どもが自分の思いを相手に伝える際に援助をしてあげることも必要であり，相手にも思いがあることを気づくように援助をすることも必要である。

4章 「保育所保育指針」にみる保育内容

　このような保育士の養護的な関わり，仲立ち的な関わりが十分になされることにより，次の３歳以上児の段階においては，上記の⑤⑦⑧⑩といったようなさらに発達の進んだ関わりが可能となるのである。

　１歳以上３歳未満児の保育においては，５つの発達の視点から15のねらいと32の内容で教育が行われる。32の内容は次の３歳以上児の53の内容へとつながり，発展していくものである。それぞれの内容がどのようにつながり，発展していくかを読み取ることが重要である。

❸ ３歳以上児の保育に関するねらい及び内容

　１歳以上３歳未満児の保育から３歳以上児の保育へと進んでいく。先に述べたように，保育所は「幼児教育を行う施設」であるため，３歳以上児のねらいと内容は「幼稚園教育要領」や「幼保連携型認定こども園教育・保育要領」と同じものとなっている。したがって保育所も幼稚園や幼保連携型認定こども園と同じ３歳以上児の教育を行うのである。

３歳以上児の保育に関わるねらい及び内容

「幼稚園教育要領」及び「幼保連携型認定こども園教育・保育要領」との整合性を図る

健　　康	心身の健康に関する領域	３つのねらい・10の内容
人間関係	人との関わりに関する領域	３つのねらい・13の内容
環　　境	身近な環境との関わりに関する領域	３つのねらい・12の内容
言　　葉	言葉の獲得に関する領域	３つのねらい・10の内容
表　　現	感性と表現に関する領域	３つのねらい・8の内容

　３歳以上児の保育の「ねらい」及び「内容」として「健康」「人間関係」「環境」「言葉」「表現」の５つの領域（５領域）による保育（教育）が行われる。合計15のねらいと53の内容であるが，これらは幼稚園や幼保連携型認定こども園と同じものである。

　「保育所保育指針」のねらい及び内容で注目すべきことは，養護と教育の一体化をふまえながら，乳児期からの教育が発達段階に応じて積み上げられていることである。

　今回の保育指針の改定では，教育要領と教育・保育要領との記述内容を一致させることを目指して，「ねらい」と「内容」だけでなく，これまでの保育指針にはなかった「内容の取扱い」も同じものとして載せられている。なお，この内容の取扱いは，３歳以上児だけでなく，乳児保育や１歳以上３歳未満児の保育でも載せられている。内容の実施に当たっては，内容の取扱いを丁寧に読み理解することが大切である。

93

たとえば，3歳児以上児の保育で，領域「環境」について見てみよう。ねらいの1つに「自然との触れ合い」があるが，それを達成するための内容として主に3つ載せられている。そして保育士がこの内容を実施するに当たっては，以下のような「内容の取扱い」をよく読み理解しなければならない。「内容の取扱い」では，内容を実施する過程において，「豊かな感情，好奇心，思考力，表現力の基礎」といった「資質・能力」が育まれていくことが大切である。

「自然との触れ合い」をどのように育てるか

[ねらい]
○身近な環境に親しみ，<u>自然と触れ合う</u>中で様々な事象に興味や関心をもつ。
⇓
[内容]
○<u>自然</u>に触れて生活し，その大きさ，美しさ，不思議さなどに気付く。
○季節により<u>自然</u>や人間の生活に変化のあることに気付く。
○<u>自然</u>などの身近な事象に関心をもち，取り入れて遊ぶ。
⇓
[内容の取扱い]
○幼児期において自然のもつ意味は大きく，自然の大きさ，美しさ，不思議さなどに直接触れる体験を通して，子どもの心が安らぎ，豊かな感情，好奇心，思考力，表現力の基礎が培われることを踏まえ，子どもが自然との関わりを深めることができるよう工夫すること。

---

④ 保育所と小学校との連携の強化

　保育所は養護と教育との一体化をふまえながら，乳児期から小学校入学時にいたるまで，子どもの発達過程に相応しい保育を行っている。特に3歳以上児の保育においては，幼稚園や認定こども園と同じ教育を行うので，保育所は幼児教育を行う施設として小学校との連携が今まで以上に強化される必要がある。

　小学校との連携については，保育指針に以下のように示されている。

---

①保育所においては，保育所保育が，小学校以降の生活や学習の基盤の育成につながることに配慮し，幼児期にふさわしい生活を通じて，創造的な思考や主体的な生活態度などの基礎を培うようにすること。
②保育所保育において育まれた資質・能力を踏まえ，小学校教育が円滑に行われるよう，小学校教師との意見交換や合同の研究の機会などを設け，第1章の4の（2）に示す「幼児期の終わりまでに育ってほしい姿」を共有するなど連携を図り，保育所保育と小学校教育との円滑な接続を図るよう努めること。
③子どもに関する情報共有に関して，保育所に入所している子どもの就学に際し，市町村の支援の下に，子どもの育ちを支えるための資料が保育所から小学校へ送付されるようにすること。
※番号は筆者がつけたものである。

---

　①は重要であるが，一般論的な指摘である。②では，かなり具体的に小学校との連携のあり方について述べられている。まず教育内容における接続のあり方と

して，幼児期に育まれた資質・能力及び「幼児期の終わりまでに育ってほしい姿（10項目）」が小学校での学習につながることで，保育所と小学校がしっかりと理解し合うことの重要性について述べられている。そのためには，これまで以上に保育士と小学校教諭との意見交換の機会や合同の研究・研修の機会を設ける必要がある。③は，これまでも実施されているが，保育所での一人ひとりの子どもの「育ち」を記した資料として，「保育所児童保育要録」の小学校への提出である。ただし記載に当たっては，資質・能力などの新しい記載内容が求められる。

　以上のように，これからの保育所は，保育所保育の成果と課題を小学校と共有していくことが大切である。

【参考文献】

厚生労働省『保育所保育指針』（平成29年告示）フレーベル館，2017

厚生労働省『保育所保育指針解説』フレーベル館，2018

民秋言編『幼稚園教育要領・保育所保育指針・幼保連携型認定こども園教育・保育要領の成立と変遷の成立と変遷』
　萌文書林，2017

無藤隆，汐見稔幸，砂上史子著『ここがポイント3法令ガイドブック』フレーベル館，2017

「幼保連携型認定こども園教育・保育要領」にみる保育内容

〈学習のポイント〉　① 幼保一体化の意味を知ろう。
　　　　　　　　　② 「子ども・子育て支援新制度」の目的を理解しよう。
　　　　　　　　　③ 「幼保連携型認定こども園教育・保育要領」のポイントを学習しよう。

1. 認定こども園の増加

　認定こども園は，少子化の進行や共働き家庭の増加，待機児童問題や子育ての不安・悩みの深刻化など社会的課題に対する解決策の一環として，2006（平成18）年制定された「認定こども園法」（「就学前の子どもに関する教育，保育等の総合的な提供の推進に関する法律」）によって開設された施設である。地域に住む乳幼児を対象として，幼児教育および保育と共に，子育て支援の機能が期待され，幼保連携型，幼稚園型，保育所型，地方裁量型の4類型が設けられた。
　幼保連携型は，幼稚園（学校）と保育所（児童福祉施設）の双方の機能を持つ施設であり，幼稚園型は，幼稚園が保育所機能を，保育所型は保育所に幼稚園機能を加えた施設であり，地方裁量型は，幼保いずれの認可もない施設から認定こども園を設置する施設である。いずれの4類型も，幼稚園の部分は文部科学省が，保育所の部分は厚生労働省が管轄する2本立ての体系である。
　既存の幼稚園および保育所から認定こども園への移行は義務づけないとされたが，政策的に移行を促進する方向性が示された。このことにより既存の幼稚園，保育園からの認定こども園への移行が促進された。2011（平成23）年から2015（平成27）年の5年間において幼保連携型は4.7倍，幼稚園型は2.3倍，保育所型は3.3倍，地方裁量型は1.7倍の増加が見られた。幼保連携型の保育者は「保育教諭」という固有の呼称が設けられた。

2. 新たな幼保連携型認定こども園の誕生

　その後子ども支援，子育て支援への関心は高まり促進された。2012（平成24）年8月の議会で可決された「子ども・子育て関連3法」に基づき，2015（平成27）年4月から「子ども・子育て支援新制度」が施行され，新たな幼保連携型

認定こども園が誕生した。これは，先の段階で登場した4類型のなかで最も増加数が大きい幼保連携型認定こども園と名称が同じで，設置主体は「自治体，学校法人，社会福祉法人のみ」という点は引き継いでいる。しかし，次のように一本化（単一化）という方向が敷かれたことは大きな変化であった。

　　・改正認定こども園法に基づく単一の認可
　　・指導監督の一本化
　　・財政措置は「施設型給付」で一本化

　他の3類型の認定こども園は，施設体系については「現行通り」としてそのまま引き継がれたが，財政措置は新たな幼保連携型と足並みを揃える形で「施設型給付」で一本化された。

3. 「幼保連携型認定こども園教育・保育要領」の 策定，告示

　2014（平成26）年4月，新たな幼保連携型認定こども園に対して，初めて「要領」が策定，告示された。それが「幼保連携型認定こども園教育・保育要領」（内閣府・文部科学省・厚生労働省。以下「教育・保育要領」）である。基本方針は次のようである。

---

①幼稚園教育要領及び保育所保育指針との整合性の確保
・幼稚園教育要領及び保育所保育指針において，環境を通して行う教育及び保育が基本とされていることを踏まえ，幼保連携型認定こども園においても環境を通して教育及び保育を行うことを基本としたこと
・教育及び保育のねらいや内容については，健康，人間関係，環境，言葉，表現の五つの領域から構成するものとしたこと

②小学校との円満な接続に配慮
・幼保連携型認定こども園における教育及び保育が，小学校以降の生活や学習の基盤の育成につながることに配慮し，乳幼児期にふさわしい生活を通して，創造的な思考や主体的な生活態度などの基礎を培うようにしたこと
・幼保連携型認定こども園の園児と小学校の児童の交流の機会を設けたり，小学校の教師との意見交換や合同の研究の機会を設けたりするなど連携を通じた質の向上を図るものとしたこと

③幼保連携型認定こども園として特に配慮すべき事項の明示
・0歳から小学校就学前までの一貫した教育及び保育を園児の発達の連続性を考慮して展開していくものとしたこと

5章　「幼保連携型認定こども園教育・保育要領」にみる保育内容

・園児の一日の生活の連続性及びリズムの多様性に配慮するとともに，保護者の生活形態を反映した園児の在園時間の長短，入園時期や登園日数の違いを踏まえ，園児一人一人の状況に応じ，教育及び保育の内容やその展開について工夫をするものとしたこと。特に，入園及び年度当初は，生活の仕方やリズムに十分に配慮するものとしたこと
・教育及び保育の環境の構成の工夫について，満3歳未満の園児と満3歳以上の園児それぞれ明示したこと

資料）内閣府，文部科学省，厚生労働省「幼保連携型認定こども園教育・保育要領」

4．「教育・保育要領」における教育および保育の基本と目標

1 教育および保育の基本

　「教育・保育要領」における教育および保育の基本は，第1章総則に述べられ，「認定こども園法」第2条第7項に規定する目的*を達成するために努力するべきことが次のように示されている。
・乳幼児期の特性及び保護者や地域の実態を踏まえる。
・環境を通して行うことを基本とする。
・家庭や地域での生活を含め園児の生活全体を豊かなものにする

　上記のためには，保育教諭等は次の点に努めるよう求められている。
・園児との信頼関係を十分に築く。
・園児が自ら安心して環境にかかわりその活動が豊かに展開されるよう環境を整える。
・園児と共によりよい教育及び保育の環境を創造する。

　さらに，教育および保育において保育教諭等が重視すべき事項が示されている。

（1）乳幼児期は周囲への依存を基盤にしつつ自立に向かうものであることを考慮して，周囲との信頼関係に支えられた生活の中で，園児一人一人が安心感と信頼感を持っていろいろな活動に取り組む体験を十分に積み重ねられるようにすること。

*「認定こども園法」第2条第7項では，次の通り目的を規定している。
「義務教育及びその後の教育の基礎を培うものとしての満三歳以上の子どもに対する教育並びに保育を必要とする子どもに対する保育を一体的に行い，これらの子どもの健やかな成長が図られるよう適当な環境を与えて，その心身の発達を助長するとともに，保護者に対する子育ての支援を行うこと」

（2）乳幼児期においては生命の保持が図られ安定した情緒の下で自己を十分に発揮することにより発達に必要な体験を得ていくものであることを考慮して，園児の主体的な活動を促し，乳幼児期にふさわしい生活が展開されるようにすること。

（3）乳幼児期における自発的な活動としての遊びは，心身の調和のとれた発達の基礎を培う重要な学習であることを考慮して，遊びを通しての指導を中心として第2章の第1に示すねらい*が総合的に達成されるようにすること

（4）乳幼児期における発達は，心身の諸側面が相互に関連し合い，多様な経過をたどって成し遂げられていくものであること，また，園児の生活経験がそれぞれ異なることなどを考慮して，園児一人一人の特性や発達の過程に応じ，発達の課題に即した指導を行うようにすること。

その際，保育教諭等は，園児の主体的な活動が確保されるよう園児一人一人の行動の理解と予想に基づき，計画的に環境を構成しなければならない。この場合において，保育教諭等は，園児と人やものとのかかわりが重要であることを踏まえ，物的・空間的環境を構成しなければならない。また，保育教諭等は，園児一人一人の活動の場面に応じて，様々な役割を果たし，その活動を豊かにしなければならない。

> *「幼保連携型認定こども園教育・保育要領」の第2章ねらい及び内容並びに配慮事項第1「乳児期の園児の保育に関するねらい及び内容」を指す。

　上記（1）〜（4）の内容において重視するべき点について，（1）は「養護」，（2）は「養護」を土台とした十分な自己発揮，（3）は遊びを通しての指導を中心に5領域のねらいの総合的な達成，（4）は園児一人ひとりの特性と発達過程に応じた発達課題に即した指導となっている。

　そして，園児一人ひとりの主体性が確保され一人ひとりの活動が豊かになるために，次の2点について保育教諭等の役割が強調されている。
・園児一人一人に応じた計画的な環境構成
・園児一人一人の活動の場面における保育教諭等の様々な役割

2 教育および保育の内容に関する全体的な計画の作成

　幼保連携型認定こども園においては，教育および保育の内容に関する全体的な計画を作成しなければならない。その際に次の諸事項に配慮して作成することが求められている。

①配慮事項；
・教育及び保育の一体的提供のための創意工夫，園児の心身の発達，こども園や家庭及び地域の実態に即応させる。
・具体的なねらいと内容を組織する。その際，教育期間，園児の生活体験や発達の過程などを考慮する。
・乳幼児期の発達の特性（特に自我の芽生え，他者の存在を意識し自己を抑制しようとする気持ちが生まれるなど）を踏まえる。
・入園から修了までの長期的視野を持つ。
・充実した生活が展開できる。
②学年における教育課程に係る教育時間は，特別な事情がある場合を除き，39週を下ってはならない。
③1日の教育課程に係る教育時間は，4時間を標準とする。
④保育を必要とする園児の教育及び保育の時間は，1日に8時間を原則とする。（ただし，園児の保護者の労働時間その他家庭の状況等も考慮。）

❸ 幼保連携型認定こども園として特に配慮すべき事項

　保育ニーズの多様性や0歳から就学前という年齢の幅があることなどから，特に以下の配慮が必要とされている。

①集団生活の経験年数の違いに配慮し，発達の連続性を考慮して0歳から就学前までの一貫した教育及び保育が展開するようにする。
②園児の1日の生活の連続性及びリズムの多様性への配慮，園児の在園時間の長短，入園時期や登園日数の違いを踏まえた教育及び保育の内容やその展開を工夫する。
③環境を通して行う教育及び保育の充実を図るための環境の構成をする。その際の配慮事項として，
・様々な年齢の園児の発達の特性を踏まえる。（満3歳未満は特に健康，安全や発達の確保，満3歳以上は同年齢集団編成での遊び中心の主体的な活動による。）
・在園時間の違いに配慮する。
・満3歳以上の園児については，同年齢クラスの活動に加え，満3歳未満を含む異年齢でかかわる活動をつくる。
④十分に養護の行き届いた環境にするための配慮をする。
・園児一人一人が快適で健康で安全に過ごし，応答的かかわりによる生理的欲求の充足と健康増進を図る。

・園児一人一人が安定感を持って過ごせるように，自己肯定感を育むようにする。
　（応答的な触れ合いや言葉掛けを行うなど）
⑤園児の健康及び安全への配慮をする。
・健康支援（健康増進　疾病等への対応）
・環境及び衛生管理（施設の衛生管理，事故防止・安全対策）
・食育の推進
⑥保護者の子育て支援について配慮する。
・在園児の保護者に対する子育て支援（様々な機会の活用，保護者との相互理解，
　保護者自らが子育てを実践する力の向上，障害や発達上の課題を持つ園児の保
　護者への個別指導と関係機関との連携の必要，不適切な養育等や虐待が疑われ
　る場合の対応）
・地域における子育て家庭の保護者等に対する支援（園が持つ専門性や地域性を
　考慮する。地域の関係機関との連携の必要）

４ ねらい及び内容並びに配慮事項

　「ねらい及び内容」については，「幼稚園教育要領」と同一であり，「教育」の
内容とねらいとして次のように示されている。

> 幼保連携型認定こども園修了までに育つことが期待される生きる力の基
> 礎となる心情，意欲，態度などであり，内容は，ねらいを達成するため
> に指導する事項である。これらを園児の発達の側面から，心身の健康に
> 関する領域「健康」，人とのかかわりに関する領域「人間関係」，身近な
> 環境とのかかわりに関する領域「環境」，言葉の獲得に関する領域「言葉」
> 及び感性と表現に関する領域「表現」としてまとめ，示したものである。
> （『教育・保育要領』第２章）

5.「幼保連携型認定こども園教育・保育要領」の改訂

　わずか数年の後，「幼稚園教育要領」「保育所保育指針」の改正の内容と共に，
数年間の実践の成果を反映させる形で，「幼保連携型認定こども園教育・保育要
領」が改訂された。2017（平成29）年３月「幼保連携型認定こども園教育・保
育要領」は，「幼稚園教育要領」「保育所保育指針」と並んで，告示され，翌年の
2018（平成30）年４月から施行された*。

＊2018（平成30）年3月
には「幼保連携型認定こ
ども園教育・保育要領解
説」が出された。

1 改訂の課題と内容

この改訂は主に３つの課題がある。

ア．幼児教育の強化──満３歳以上の子どもすべてに共通の幼児教育

イ．幼児教育の質の向上──小学校教育につながる能力の育成

ウ．乳児保育に関する記述の充実

このことを受けて３つの要領および指針にはアとイに関わって共通の内容が盛り込まれており、「幼保連携型認定こども園教育・保育要領」では「育みたい資質・能力」および「幼児期の終わりまでに育ってほしい姿」として次のように述べられている。

３　幼保連携型認定こども園の教育及び保育において育みたい資質・能力及び「幼児期の終わりまでに育ってほしい姿」*

（１）幼保連携型認定こども園においては、生きる力の基礎を育むため、この章の１に示す幼保連携型認定こども園の教育及び保育の基本を踏まえ、次に掲げる資質・能力を一体的に育むよう努めるものとする。

　ア　豊かな体験を通じて、感じたり、気付いたり、分かったり、できるようになったりする「知識及び技能の基礎」

　イ　気付いたことや、できるようになったことなどを使い、考えたり、試したり、工夫したり、表現したりする「思考力、判断力、表現力等の基礎」

　ウ　心情、意欲、態度が育つ中で、よりよい生活を営もうとする「学びに向かう力、人間性等」

（２）（１）に示す資質・能力は、第２章に示すねらい及び内容に基づく活動全体によって育むものである。

（３）次に示す「幼児期の終わりまでに育ってほしい姿」は、第２章に示すねらい及び内容に基づく活動全体を通して資質・能力が育まれている園児の幼保連携型認定こども園修了時の具体的な姿であり、保育教諭等が指導を行う際に考慮するものである。

　ア　健康な心と体

　幼保連携型認定こども園における生活の中で、充実感をもって自分のやりたいことに向かって心と体を十分に働かせ、見通しをもって行動し、自ら健康で安全な生活をつくり出すようになる。

　イ　自立心

　身近な環境に主体的に関わり様々な活動を楽しむ中で、しなければな

---

*「幼保連携型認定こども園教育・保育要領」p.5 − p.7

らないことを自覚し，自分の力で行うために考えたり，工夫したりしながら，諦めずにやり遂げることで達成感を味わい，自信をもって行動するようになる。

ウ　協同性

友達と関わる中で，互いの思いや考えなどを共有し，共通の目的の実現に向けて，考えたり，工夫したり，協力したりし，充実感をもってやり遂げるようになる。

エ　道徳性・規範意識の芽生え

友達と様々な体験を重ねる中で，してよいことや悪いことが分かり，自分の行動を振り返ったり，友達の気持ちに共感したりし，相手の立場に立って行動するようになる。また，きまりを守る必要性が分かり，自分の気持ちを調整し，友達と折り合いを付けながら，きまりをつくったり，守ったりするようになる。

オ　社会生活との関わり

家族を大切にしようとする気持ちをもつとともに，地域の身近な人と触れ合う中で，人との様々な関わり方に気付き，相手の気持ちを考えて関わり，自分が役に立つ喜びを感じ，地域に親しみをもつようになる。また，幼保連携型認定こども園内外の様々な環境に関わる中で，遊びや生活に必要な情報を取り入れ，情報に基づき判断したり，情報を伝え合ったり，活用したりするなど，情報を役立てながら活動するようになるとともに，公共の施設を大切に利用するなどして，社会とのつながりなどを意識するようになる。

カ　思考力の芽生え

身近な事象に積極的に関わる中で，物の性質や仕組みなどを感じ取ったり，気付いたりし，考えたり，予想したり，工夫したりするなど，多様な関わりを楽しむようになる。また，友達の様々な考えに触れる中で，自分と異なる考えがあることに気付き，自ら判断したり，考え直したりするなど，新しい考えを生み出す喜びを味わいながら，自分の考えをよりよいものにするようになる。

キ　自然との関わり・生命尊重

自然に触れて感動する体験を通して，自然の変化などを感じ取り，好奇心や探究心をもって考え言葉などで表現しながら，身近な事象への関心が高まるとともに，自然への愛情や畏敬の念をもつようになる。また，身近な動植物に心を動かされる中で，生命の不思議さや尊さに

気付き，身近な動植物への接し方を考え，命あるものとしていたわり，大切にする気持ちをもって関わるようになる。

ク 数量や図形，標識や文字などへの関心・感覚 遊びや生活の中で，数量や図形，標識や文字などに親しむ体験を重ねたり，標識や文字の役割に気付いたりし，自らの必要感に基づきこれらを活用し，興味や関心，感覚をもつようになる。

ケ 言葉による伝え合い
保育教諭等や友達と心を通わせる中で，絵本や物語などに親しみながら，豊かな言葉や表現を身に付け，経験したことや考えたことなどを言葉で伝えたり，相手の話を注意して聞いたりし，言葉による伝え合いを楽しむようになる。

コ 豊かな感性と表現
心を動かす出来事などに触れ感性を働かせる中で，様々な素材の特徴や表現の仕方などに気付き，感じたことや考えたことを自分で表現したり，友達同士で表現する過程を楽しんだりし，表現する喜びを味わい，意欲をもつようになる。

上記の10の姿を願い，教育・保育の質を向上させるためには，教育課程を含む全体計画をたて，それに基づいて指導計画（長期，短期）を立て，実践し，振り返って，改善をする（PDCAサイクル）ことを継続的に行うこと，つまり「カリキュラム・マネジメント」が重要である。また，学校教育において重視されているアクティブ・ラーニングにつながる「主体的・対話的で深い学び」の提示がなされていることも注目しなければならない。

また，安全・防災，子育ての支援について内容の改善・充実が図られている。

【参考文献】

無藤隆『3法令改訂（定）の要点とこれからの保育』チャイルド本社，2017

汐見稔幸・無藤隆監修『〈平成30年施行〉保育所保育指針 幼稚園教育要領 幼保連携型認定こども園教育・保育要領 解説とポイント』ミネルヴァ書房，2018

秋田喜代美『よくわかる幼保連携型認定こども園教育・保育要領徹底ガイド』チャイルド本社，2015

全国保育団体連絡会・保育研究所『2017 保育白書』ひとなる書房，2017

第**6**章

環境を通して行う教育・保育

〈学習のポイント〉 ① 環境を通して行う教育・保育の意義や特質を理解し，環境と保育内容との関連性について考えてみよう。
② 子どもにとっての遊びの意義をふまえ，子どもが自己の能動性を発揮しながら環境と関わり合うなかで発達を遂げていくことを理解し，保育内容との関係を考えてみよう。
③ 子どもが主体的に活動できる環境の意義を理解し，その環境づくりにおける保育者の役割について考えてみよう。

※表記上の注意
この章の内容については，主に，「幼稚園教育要領」，「保育所保育指針」，「幼保連携型認定こども園教育・保育要領」，並びに各解説による。各要領・指針をふまえた主な文言の表記については，以下のとおりである。

幼稚園教育要領	幼児	教師	幼児期	教育
保育所保育指針	子ども	保育士・保育士等	乳幼児期	保育
幼保連携型認定こども園教育・保育要領	園児	保育教諭等	乳幼児期	教育及び保育
上記三者を含め，この章での表記は右記	子ども	保育者	乳幼児期	教育・保育

但し，「幼稚園教育要領」，「保育所保育指針」，「幼保連携型認定こども園教育・保育要領」個々で述べる場合には，それぞれ固有の表現に従う。また，「内容」については「保育内容」と表記する。

---

1. 環境を通して行う教育・保育の意義

1 環境を通して行う教育・保育とは

　乳幼児期の教育・保育は，生涯にわたる人格形成の基礎を培う重要なものであり，幼稚園教育，保育所保育，幼保連携型認定こども園における教育・保育は，乳幼児期の特性を生かし，環境を通して行うものであることを基本としている。

　本来，人間の生活や発達は，周囲の環境との密接な関わり合いによって行われるものであり，それを切り離して考えることはできない。特に，乳幼児期は心身の成長・発達が著しく，環境からの影響を大きく受ける時期であるため，この時期にどのような環境の下で生活し，その環境にどのように関わったかが将来にわたる成長・発達や人間としての生き方に重要な意味をもつことになる。

　また，乳幼児期は，生活のなかで自分の興味や関心，欲求などに基づいた直接的・具体的な体験を通して，この時期にふさわしい生活を営むために必要な力を培う時期である。したがって，乳幼児期の教育・保育においては，子どもが生活を通して身近なあらゆる環境からの刺激を受け止め，自分から興味や関心をもって環境に主体的に関わりながら，さまざまな活動を展開し，充実感や満足感を味

107

わうという体験が重要である。

　その際，特に幼稚園や幼保連携型認定こども園では，下記のように，幼児・園児が環境との関わりや意味に気づき，これらを取り込もうとして，試行錯誤したり，考えたりするようになる幼児期の教育における見方・考え方が大切なのであり，このような幼児期の教育における見方・考え方を生かしながら，よりよい環境を創造していくことが重要である。

幼稚園教育要領　第1章　総則

第1　幼稚園教育の基本

　幼児期の教育は，生涯にわたる人格形成の基礎を培う重要なものであり，幼稚園教育は，学校教育法に規定する目的及び目標を達成するため，幼児期の特性を踏まえ，環境を通して行うものであることを基本とする。

　このため教師は，幼児との信頼関係を十分に築き，幼児が身近な環境に主体的に関わり，環境との関わり方や意味に気付き，これらを取り込もうとして，試行錯誤したり，考えたりするようになる幼児期の教育における見方・考え方を生かし，幼児と共によりよい教育環境を創造するように努めるものとする。

幼保連携型認定こども園教育・保育要領　第1章　総則

第1　幼保連携型認定こども園における教育及び保育の基本及び目標等

1　幼保連携型認定こども園における教育及び保育の基本

　乳幼児期の教育及び保育は，子どもの健全な心身の発達を図りつつ生涯にわたる人格形成の基礎を培う重要なものであり，幼保連携型認定こども園における教育及び保育は，就学前の子どもに関する教育，保育等の総合的な提供の推進に関する法律（平成18年法律第77号。以下「認定こども園法」という。）第2条第7項に規定する目的及び第9条に掲げる目標を達成するため，乳幼児期全体を通して，その特性及び保護者や地域の実態を踏まえ，環境を通して行うものであることを基本とし，家庭や地域での生活を含めた園児の生活全体が豊かなものとなるように努めなければならない。

　このため保育教諭等は，園児との信頼関係を十分に築き，園児が自ら安心して身近な環境に主体的に関わり，環境との関わり方や意味に気付き，これらを取り込もうとして，試行錯誤したり，考えたりするようになる幼児期の教育における見方・考え方を生かし，その活動が豊かに展開されるよう環境を整え，園児と共によりよい教育及び保育の環境を創造するように努めるものとする。

6章　環境を通して行う教育・保育

こうしたことにより，幼児・園児は，環境との関わり方を見出したり，それを取り込もうとして試行錯誤したり，考えたりして，環境との関わり方を深めるようになっていく。

幼稚園，幼保連携型認定こども園においては，幼児・園児の発達の特性をふまえ，計画性をもった適切な教育，教育および保育が行わなければならない。教育課程に基づいて計画的に環境をつくり出し，その環境に関わって幼児・園児が主体性を十分に発揮することのできる生活を通じて，幼児・園児の発達を望ましい方向に向かって促すようにすることが肝要である。

また，保育所においても，その目的を達成するために，子ども一人ひとりの状況や発達過程をふまえて，保育の方法および環境に関する基本的な考え方に基づき，計画的に保育の環境を整えたり構成したりして，乳幼児期の子どもの健やかな育ちを支え促していくことが重要である。

2 環境を通して行う教育・保育の特質

（1）子どもを取り巻く「環境」の要素

「環境」とは，『広辞苑』（第7版）によれば，「①めぐり囲む区域。②四囲の外界。周囲の事物。特に，人間または生物をとりまき，それと相互作用を及ぼし合うものとして見た外界。自然的環境と社会的環境とがある。[*]」とされる。そこには，人間などを中心にして，その「外」や「周り」，それを「囲む」といった意味が強く，またそこでの関わり合いをも含めて説かれている。

＊新村出編『広辞苑』（第7版）岩波書店, 2018,「環境」の項参照。

ここでは教育・保育という観点から子どもが関わる環境について考えてみよう。子どもが関わる「環境」については，一般に，家庭・園・地域の建物・設備，遊具・教具・玩具など子どもの身近な環境をはじめ，飼育・栽培されている動植物，山，川，池，海，湖沼，雲，太陽，月，星，水，大気，光，気候，季節などの自然環境，絵本，紙芝居，テレビ，ビデオ，ゲーム機，パソコンなどの広く社会文化情報的なものを含めた物的環境としてとらえられている。また，子ども，保育者，友だち，親やきょうだい，近隣の人々や，それらが形成する人間関係・集団，そのなかにおける社会的な役割，またそれらがつくり出す雰囲気や意識，価値観などを含めた人的環境や，時間・空間，さらには，さまざまな環境の要因が絡み合いながらつくられる状況も，保育環境に含めて考えられる[**]。

＊＊「幼稚園教育要領」第1章総則第1幼稚園教育の基本参照。

こうした「環境」の意味や種類について，「幼稚園教育要領」，「幼保連携型認定こども園教育・保育要領」，「保育所保育指針」では以下のように示している。

「幼稚園教育要領」においては，「教師は，幼児と人やものとの関わりが重要であることを踏まえ，教材を工夫し，物的・空間的環境を構成しなければならない[***]」とし，『幼稚園教育要領解説』では，たとえば，「家庭や地域とは異なり，幼稚園に

＊＊＊「幼稚園教育要領」第1章総則第1幼稚園教育の基本参照。

109

おいては，教育的な配慮の下に幼児が友達と関わって活動を展開するのに必要な遊具や用具，素材，十分に活動するための時間や空間はもとより，幼児が生活のなかで触れ合うことができる自然や動植物などの様々な環境が用意されている[*]」，「幼児の発達を促すための環境は，必ずしも幼稚園のなかだけにあるのではない。たとえば，近くにある自然の多い場所や高齢者のための施設への訪問，地域の行事への参加や地域の人々の幼稚園訪問などの機会も，幼児が豊かな人間性の基礎を培う上で貴重な体験を得るための重要な環境である[**]」，「環境とは自然環境に限らず，人を含めた幼児を取り巻く環境の全てを指している」，「環境とは物的な環境だけでなく，教師や友達との関わりを含めた状況全てである[***]」と述べられている。

「幼保連携型認定こども園教育・保育要領」においても，同様に，「保育教諭等は，園児と人やものとの関わりが重要であることを踏まえ，教材を工夫し，物的・空間的環境を構成しなければならない[****]」として，『幼稚園教育要領解説』と同様の立場を示している。

また，「保育所保育指針」では，第1章総則　1保育所保育に関する基本原則（4）保育の環境で，「保育の環境には，保育士等や子どもなどの人的環境，施設や遊具などの物的環境，更には自然や社会の事象などがある。保育所は，こうした人，物，場などの環境が相互に関連し合い，子どもの生活が豊かなものとなるよう，次の事項に留意しつつ，計画的に環境を構成し，工夫して保育しなければならない」とし，『保育所保育指針解説』において，「保育の環境は，設備や遊具などの物的環境，自然や社会の事象だけでなく，保育士等や子どもなどの人的環境も含んでおり，こうした人，物，場が相互に関連し合ってつくり出されていくものである[*****]」などと述べられている。

乳幼児期における「環境」は「子どもを取り巻く全て」を指していることが理解できよう。

（2）教育・保育における子どもの環境

環境が子どもを取り巻く全てのものであるとしても，子どもにとって客体や対象として単に周りにあるだけでは教育・保育における子どもの環境とはならない。教育・保育における子どもの環境は，主体としての子ども一人ひとりによる人やものなどとの関わり合いを前提として，一人ひとりの育ちにとって意味のある，つながりをもった環境のことをいうのである。

そうした「意味ある環境」とは，子ども一人ひとりが興味や関心をもって主体的に関わろうとする環境であり，その育ちが促される環境であれば物理的，身体的に離れていても，また見えないものであっても全て教育・保育における子どもの環境となり得るのである。

[*]文部科学省『幼稚園教育要領解説』フレーベル館，2018，p.19参照。

[**]文部科学省『幼稚園教育要領解説』フレーベル館，2018，p.19参照。

[***]文部科学省『幼稚園教育要領解説』フレーベル館，2018，p.29参照。

[****]「幼保連携型認定こども園教育・保育要領」第1章総則　第1幼保連携型認定こども園における教育及び保育の基本及び目標等　1幼保連携型認定こども園における教育及び保育の基本参照。

[*****]厚生労働省『保育所保育指針解説』フレーベル館，2018，p.24参照。

6章　環境を通して行う教育・保育

　環境を子ども一人ひとりが意味づけるものと考えるならば，ある子どもにとっては意味ある環境であっても，別の子どもには意味がない場合がある。環境のあり方は，子ども一人ひとりにとって異なるものであり，保育者はそれを子ども一人ひとりの側から理解しようとしなければならない。

（3）環境に潜む教育的・保育的な価値の発見と望ましい保育内容

　教育・保育における環境の意義は，それが子ども一人ひとりの興味や関心，可能性を引き出しながら自ら資質・能力を育み，子どもの主体性・自主性・自発性などの形成を図ることにある。そのためには，まず，保育者が，個々の環境の特性や，子どもの発達を保障する環境の教育的・保育的な特性などの検討を通して，環境に潜む教育的・保育的な価値を見いだしたり付与したりしていくことが必要である。これが「望ましい保育内容の創造」へとつながっていくのである。保育内容は環境のなかに隠れているのであり，保育者はそれを見いだす資質・能力が必要なのである。

　保育内容については，『現代保育用語辞典』の「保育内容」の項[*]で，以下のように定義されている。

[*]岡田正章ほか編, p.398
参照。

> 　幼稚園や保育所で乳幼児の保育を行うにあたり，望ましい人間形成という保育の目標を達成するために展開される生活のすべての内容をさす。そして，それは乳幼児が日々を充実して過ごせる，つまり，自己実現していく保育の営みの内容でなければならない。具体的には，子どもたちが豊かな園生活を展開していくために，自分たちで取り組む経験や活動であると同時に，保育者が人間としての発達にぜひとも必要であると考えて組み立てていく経験や活動である。

　保育内容とは人格形成に関わる生活の全てであり，子どもの側から見れば子どもが思いや願いをもって環境に関わり，楽しむことのできる内容全てなのである。言い換えれば，保育内容は子どもが「育ちたい」内容と，保育者が「育てたい」内容が統合されたものとしてとらえることができる。

　また，近年の子どもを取り巻く環境の変化は，子どもの生活や発達などにさまざまな影響をおよぼしている。それは保育内容においても同様であり，環境との関わりや環境の変化によって刻一刻と変化を遂げていくものなのである。たとえば，現代の子どもを取り巻く人的環境について，都市化や核家族化，少子化の進行がもたらす人間関係の希薄化が顕著になってきており，保育内容として人間性を育てるという観点から積極的に人的環境をとらえていくことが重要である。また，物的環境についても，それが人間関係の媒介となることを考慮して，子ども

111

の自発的，自主的，主体的な活動を促すという視点で保育内容をとらえることが大切である。

　さらに，教育的・保育的な価値をとらえる上で重要となることは，そこに子どもの主体性・自主性・自発性など教育的・保育的なものを育てる諸条件が備わっているかどうかということである。それは子どもが自ら関わりたくなるような環境であるか，新たな活動を誘発するような応答性をもった環境であるかどうかである。また，それは変化に富んだ環境なのか，環境と関わるなかで，子ども一人ひとりの興味や関心，資質・能力による個人差に即応できる柔軟性をもった環境なのか，子どもとの関わりが時間的，空間的にも自由であり，子ども一人ひとりが自らの創造性を発揮して関わることができる環境なのかどうかが問われる。これらは結局，子ども一人ひとりの発達にとって「望ましい環境」とは何かを考えることにも通じるし，自ずと「望ましい保育内容」をとらえることにもなる。

（4）環境を通して行う教育・保育の特質

　教育・保育は，子どもの最善の利益を考慮しつつ，子どもの望ましい発達などを期待し，子どものもつ潜在的な可能性に働きかけ，その人格の形成を図る営みであるとともに，人間の文化の継承であるともいわれる。その潜在的な可能性は，日々の生活のなかで出会う環境によって開かれ，環境との関わり合いを通して具現化されていく。子どもは，そうした環境との関わり合いのなかで体験を深め，そのことが子どもの心を揺り動かし次の活動を引き起こしながら新たな体験と出会うことになる。こうした体験の連なりが幾筋も生まれ，子どもの未来へとつながっていく。子ども一人ひとりのなかにある秘められた可能性が活動一つひとつのなかで発現し，未来への自己の可能性へとつながっていく。

　環境を通して行う教育・保育は，保育者が環境のなかに教育的・保育的な価値を見出したり付与したりしながら，その環境に子ども自ら興味や関心をもって関わり，試行錯誤したり，考えたりなどして，環境へのふさわしい見方・考え方，関わり方などを身に付けていくことを意図したものである。また，子どもの環境との主体的な関わりを大切にした教育・保育であることから，子どもの視点から見ると，自由感あふれる教育・保育であるともいえる。

　それゆえに，子どもを取り巻く環境がどのようなものであるかが重要になってくる。環境を通して行う教育・保育は，遊具や用具，素材だけを配置して，後は子どもの動くままに任せるといったものとは本質的に異なるものである。もとより，環境に含まれている教育的・保育的な価値を保育者が取り出し，直接子どもに押しつけたり，詰め込んだりするものでもない。子ども一人ひとりが自らの思いや願いをもち続けながら環境と関わり，そのなかで気づいたり，試行錯誤したり，考えたり，友だちや保育者をモデルにして行ってみたりなどして，自らの世

界を広げていくことの充実感を味わっていくことを大切にしている。

　幼稚園教育，幼保連携型認定こども園教育および保育において，環境を通して行う教育並びに環境を通して行う教育および保育の特質を各要領解説からまとめてみると，以下のとおりである。

○環境を通して行う教育並びに環境を通して行う教育および保育において，幼児・園児が自ら心身を用いて対象に関わっていくことで，対象そのものや対象との関わり方，対象と関わる自分自身について学んでいく。

○幼児・園児の関わりたいという意欲から発してこそ，環境との深い関わりが成り立つのであり，その意味では幼児・園児の主体性・自主性・自発性などが何よりも大切にされる。

○幼児・園児が自分から興味をもって，遊具や用具，素材についてふさわしい関わりができるように，遊具や用具，素材の種類，数量および配置を考えることが必要である。このような環境の構成への取り組みにより，幼児・園児は積極性をもつようになり，活動の充実感や満足感が得られるようになる。

○幼児・園児の周りに意味のある体験ができるような対象を配置することにより，幼児・園児の関わりを通して，その対象の潜在的な学びの価値を引き出すことができる。その意味においては，生活に必要なものや遊具，自然環境，教師間の協力体制など園全体の教育の環境並びに教育および保育の環境が，幼児・園児にとってふさわしいものとなっていることが大切である。

○幼児・園児が環境との関わりを深め，学びを可能にするものが教師・保育教諭等の幼児・園児との関わりである。その関わりは間接的なものを基本としながらも，幼児・園児が環境を通して自ら学ぶべきことを学ぶことができるように援助していくことが重要である。

○幼児・園児の遊びのなかで，やってみたい，やってみようと思えるよう意欲を大切にするとともに，試行錯誤を認め，時間をかけて取り組めるようにすることが重要である。

○教師・保育教諭等も環境の一部である。教師・保育教諭等の動きや態度は幼児・園児の安心感の源であり，幼児・園児の視線は，教師・保育教諭等の意図する，しないに関わらず，教師・保育教諭等の姿に注がれていることが少なくない。物的環境の構成に取り組んでいる教師・保育教諭等の姿や同じ仲間の姿があってこそ，その物的環境への幼児・園児の興味や関心が生み出される。教師・保育教諭等がモデルとして物的環境への関わりを示すことで，充実した環境との関わりが生まれてくる。

　保育所保育においても環境を通して行うことを基本としている。保育所保育における環境を通して行う保育の特質を『保育所保育指針解説』からまとめてみる

と，以下のとおりである。

○乳幼児期は，生活のなかで興味や欲求に基づいて自ら環境に関わることを通して，心身が大きく育っていく時期である。子どもは，環境との相互作用のなかで，身体の諸感覚を通して多様な刺激を受け止め，感じたり新たなことに気づいたりしながら，充実感や満足感を味わうことで，自分から関わろうとする意欲をもってより主体的に環境と関わるようになる。こうした日々の経験の積み重ねによって，健全な心身が育まれていく。

○保育所保育においては，子ども一人ひとりの状況や発達過程をふまえて，計画的に保育の環境を整えたり構成したりしていくことが重要である。

○保育の環境は，子どもからの働きかけに応じて変化したり，周囲の状況によってさまざまに変わっていったりする豊かで応答性のある環境にしていくことが重要である。また，子ども自身の興味や関心が触発され，好奇心をもって自ら関わりたくなるような，子どもにとって魅力ある環境を保育士等が構成したり，工夫したりすることが重要である。その際，子どもがそれまでの経験で得たさまざまな資質・能力が十分に発揮されるよう工夫することが大切である。

○遊びが展開するなかで，子ども自ら環境をつくり替えていくことや，環境の変化を保育士等も子どもたちと共に楽しみ，思いを共有することが大切であり，保育所における自然環境や空間などを生かしながら，多様で豊かな環境を構成し，子どもの経験が偏らないよう配慮することも求められる。

○安心感や信頼感が得られる環境の下で，自己を十分に発揮し，自発的・意欲的に活動が豊かに展開されるなかで，子どもの健康と安全を守ることは，保育所の基本的かつ重大な責任である。また，衛生や安全の管理体制を整えるなど，子どもが安心して過ごせる保育の環境の確保に保育所全体で取り組んでいく必要がある。

○子どもの心身の健康と発達を支える上で，保育所における一日の生活が，発達過程や時期，季節などに即して静と動のバランスのとれたものとなるよう配慮することが重要である。一日のなかで，子どもが保育士等といっしょに落ち着いて過ごしたり，くつろいだりすることのできる時間や空間が保障されることが大切である。それと共に，一人や少人数で遊びに集中したり，友だちといっしょに思い切り体を動かしたりして様々な活動に取り組むことができるなど，子どもの活動が活発かつ豊かに展開するよう配慮や工夫がされている環境であることが求められる。

○子どもは，同年齢の子ども同士の関係，異年齢の子どもとの関係，保育士等との関係や地域のさまざまな人との関わりなど，安心してさまざまな人と関わる状況をつくり出すことが大切である。こうした人との関わりのなかで，子ども

はさまざまな感情や欲求をもち，関わりを深めたり，他の人へ関心を広げたりしながら，人と関わる力を育んでいく。こうしたことをふまえ，保育の環境の構成に当たっては，複数の友だちと遊べる遊具やコーナーなどを設定するとともに，ものの配置や子どもの動静などに配慮することが重要である。

2. 保育内容としての遊び

　子どもはいつでも，どこでも遊んでいる。子どもの日常的な生活世界は遊びによって形成され，その遊びのなかにある教育的・保育的な価値に子どもが触れながら遊びをより面白くし，それによって育っていく。
　以下では，望ましい遊び環境の創造に向けて，遊びの教育・保育的意義を知り，保育内容としての遊びなどについて考えてみよう。

1 遊びの教育的・保育的な意義

　遊びのとらえ方にはさまざまなものがある。共通して見られる遊びの特徴を活動の視点からまとめれば，遊びは子どもがさまざまな環境と関わりながら行う，「自由で，自発的で，自己目的的で，喜びや楽しさ，緊張感などを伴う全人的な自己表出・表現活動」であるといえるであろう。遊びは強制された活動ではなく，子どもが興味や関心をもって環境に主体的，自主的，自発的に関わり，活動を創造し，展開していくような働き全体をいうのである。そして，子どもはそうした遊びのなかでさまざまなことを学び，心身の調和のとれた全体的な発達の基礎を築いていくのである。
　保育者が子どもの遊びを見る視点について，遊びを氷山に例えながら，以下2点から考えてみる。

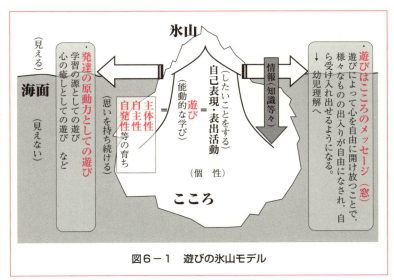

図6-1　遊びの氷山モデル

○自己表出・表現活動しての遊び
　子ども一人ひとりを氷山に例えるならば，他者が見ることのできる子どもの

活動は氷山の一角に過ぎない（図6－1）。そもそも子どもの活動は，子ども一人ひとりの心とつながっており，その子らしさを表出・表現している。言い換えれば，それは子ども一人ひとりが「したいことをする」なかで，自分を表しているものであり，子どもの活動はその内側にあるものを外に現し，他者をつなぐパイプの役割を果たしている。

○「遊びは心のメッセージ」

　このように，外側に見える形で現れた活動と，その内側にある見えないものを合わせた全体が子どもの遊びである。子どもの遊んでいる姿を見ていると，子どもの今の心の状態がそこに現れる。そして，子どもの遊びが活発になればなるほど，子どもの内側にあるものが他者にもはっきりと見えてくる。

　すなわち，保育者にとって子どもの遊びは，子ども一人ひとりからのメッセージであり，子どもの発達の姿をとらえることのできる窓なのである。子どもが何を求めているのか，何をこれからしようとしているのか，何に興味・関心をもっているのかなど，一人ひとりの発達の姿や個性，育ちの方向性などを遊びから理解することができる。

　保育者は子どもの遊ぶ姿から，こうした子どもの心が発するサインを読み取らなくてはならない。保育者の力量とは，遊びという窓を通して，子どもの全体像をどれだけとらえることができるかにかかっているといっても過言ではない。

　いずれにしても，ここで大切なことは，子どもの内側に隠れて見えないものがたくさんあるということであり，それを子どもはさまざまな環境と関わりながら遊びのなかで表している。子どもの側からいえば，発達に必要な体験や経験を得ている。

　『幼稚園教育要領解説』では，子どもの遊びの意義について，次のように述べている。

　遊びは遊ぶこと自体が目的であり，人の役に立つ何らかの成果を生み出すことが目的ではない。しかし，幼児の遊びには幼児の成長や発達にとって重要な体験が多く含まれている。

　遊びにおいて，幼児が周囲の環境に思うがままに多様な仕方で関わるということは，幼児が周囲の環境に様々な意味を発見し，様々な関わり方を発見するということである。…（中略）…これらの意味や関わり方の発見を，幼児は，思考を巡らし，想像力を発揮して行うだけでなく，自分の体を使って，また，友達と共有したり，協力したりすることによって行っていく。さらに，遊びを通じて友達との関わりが深まってくるにつれて，ときには自分の思いや考えを意識して表現し，相手に伝えたり，互いの考

えを出し合ったりするようになっていく。

　そして，このような発見の過程で，幼児は，達成感，充実感，満足感，挫折感，葛藤などを味わい，精神的にも成長する。

　このように，自発的な活動としての遊びにおいて，幼児は心身全体を働かせ，様々な体験を通して心身の調和のとれた全体的な発達の基礎を築いていくのである。その意味で，自発的な活動としての遊びは，幼児期特有の学習なのである。したがって，幼稚園における教育は，遊びを通しての指導を中心に行うことが重要である*。

*文部科学省『幼稚園教育要領解説』フレーベル館，2018，pp.34～35参照。

　子どもは遊びにおいて，直接的，具体的に環境に関わりながら，それらに意味づけを行い，またそのなかでさまざまに学びながら，達成感，充実感，挫折感，葛藤などを味わい，成長・発達していくのである。

　ここでは，遊びの教育的・保育的な意義を，遊びにおける学びの特徴から，もう少し詳しく考えてみよう。

○**自発的な自己活動的な学びである**

　遊びは強制される活動ではないため，そこでの学びは子ども一人ひとりの興味や関心，能力に応じた個性的な学習であって，外部から画一的に，一方的に学習内容を詰め込まれる学びではない。

○**総合的な学びである**

　遊びのなかで社会性や道徳性，知的な能力や運動能力，さらには創造性など，人間にとって必要な諸能力が総合的に学ばれる。しかも１つの遊びのなかで，これらの学びの内容が数多く含まれている。

○**無意図的な潜在的能力として学ばれる**

　遊ぶということは，遊ぶことそれ自体を楽しむという自己目的的な活動であり，学びの目的や内容が最初から決まっている学習とは異なる。楽しく遊ぶ過程やその結果としてさまざまなことが学ばれるのである。

　この時期の子どもの諸能力が個別に発達していくのではなく，相互に関連し合い，総合的に発達していくと考えるならば，教育・保育においては遊びを通しての総合的な指導がふさわしく，遊びは保育内容としても豊かなものをもっている。

② 乳幼児期にふさわしい生活の展開

　「子どもの生活は全て遊びである」と言われる。これは子どもの生活と遊びの関係をよく表している。子どもは何事も知りたがり，やりたがる意欲的な存在であり，主体的，自主的，自発的に周りの環境に関わり，活動を創造し，展開していくことができる。子どもの遊びは，おとなが考える労働や仕事との対比

におけるそれではなく，子どもの主体性，自主性，自発性，創造性などを発揮する，能動的な生活そのものなのである。

こうした生活と遊びの関連性は，乳幼児期にふさわしい生活を子どもに保障することによって，より一層強いものになっていく。そのことについて，「幼稚園教育要領解説」を中心に考えてみよう。

a. 教師との信頼関係に支えられた生活

子どもの生活には，子ども自身やその思いや願いを認め，受け入れてくれる保育者の存在が不可欠である。そうした保育者との関わり合いのなかで，子どもは保育者に信頼感や安心感をもち，自己の世界を広げていけるのであり，その後の一層の発達も期待できる。

b. 興味や関心に基づいた直接的，具体的な体験が得られる生活

近年，子どもの直接的，具体的な体験の不足が指摘されているが，子どもの生活はもともと自己の興味や関心による自発的な活動によって成り立っている。そうした意味では，子どもは体を通してさまざまなことを考えたり，理解したりしながら，充実感や満足感を得ていく存在なのである。

c. 友達と十分に関わって展開する生活

『幼稚園教育要領解説』によれば，「幼児期には，幼児は自分以外の幼児の存在に気付き，友達と遊びたいという気持ちが高まり，友達との関わりが盛んになる。相互に関わることを通して，幼児は自己の存在感を確認し，自己と他者の違いに気付き，他者への思いやりを深め，集団への参加意識を高め，自律性を身に付けていく。このように，幼児期には社会性が著しく発達していく時期であり，友達との関わりの中で，幼児は相互に刺激し合い，さまざまなものや事柄に対する興味や関心を深め，それらに関わる意欲を高めていく。それゆえ，幼稚園生活では，幼児が友達と十分に関わって展開する生活を大切にすることが重要である[*]」。

*文部科学省『幼稚園教育要領解説』フレーベル館，2018，p.34 参照。

このような乳幼児期にふさわしい生活は，まさに遊びを中心とした生活そのものである。乳幼児期にふさわしい生活を保障するということは，遊びそのものを大切にし，子どもの生活の中心に置くことを意味しており，望ましい遊び環境の創造へとつながっていく。

3. 主体的な活動と環境の構成

幼稚園教育・保育所保育・幼保連携型認定こども園教育・保育は，子ども一人ひとりが自らの思いや願いをもって環境に関わるような主体的な活動を通して行

われるものである。そのためには，子どもの主体性の育ちが保障される環境の構成が重要である。

そこで，ここでは，特に『幼稚園教育要領解説』をふまえ[*]，主体的な活動が可能な環境をあげて，その意義について検討した後，保育者の役割に焦点を絞って考えてみよう。

*文部科学省『幼稚園教育要領解説』フレーベル館，2018, pp.248～259 参照。

1 主体的に活動できる環境

（1）子どもが自己を表出・表現できる自由な環境であること

子どもの育ちにとって，何よりもまず大切なことは，子どもが環境に自由に関わって，安心して自己を表出・表現できる生活があることである。

子どもは，もともと，知りたがる，やりたがる，試したがるなど，意欲的な存在であり，面白いと思えるようなことを探し出し，それに目を向けて関わっていくものである。しかし，子ども一人ひとりの環境への自由な関わりが保障されていなければ，子どもの育ちは期待できない。

子どもの能動性は保育者との信頼関係が築き上げられているときに，より一層発揮される。そうした子どもがさまざまな環境に落ち着いて関わり，安心して自己を表出・表現していくことのできる生活があればこそ，主体的な活動が喚起され，子どもの育ちも期待できる。

（2）子どもにとって面白くて，関わりたくなるような魅力ある環境であること

幼稚園，保育所，幼保連携型認定こども園では，面白くて，関わりたくなるような魅力ある環境を構成し，それに子ども一人ひとりが十分に関わることができるようにすることが大切である。

この「面白くて，関わりたくなるような魅力ある保育環境」とは，子ども一人ひとりがさまざまな思いや願いをもって，多様な関わり方ができる環境であるとともに，子どもの働きかけに応じて，さまざまな次元で何らかのものを返してくれる応答的な環境のことである。

その環境のなかには，ある程度，目新しいものだったり，複雑なものだったり，子どもが今，もっている能力よりも高い水準の課題を含んでいるものや，積み木や粘土，砂など構造性が低く，子どもの側からの働きかけに対応して，多様に変化するようなものが望ましい。

2 主体的な活動を支える環境づくり

（1）保育者による環境の構成

保育者は，子どもの周りにあるさまざまな環境を，子ども一人ひとりがどのように受け入れ，またそれらが子どもにとってどのような意味をもっているのかを

理解することが大切である。また，子どもの遊びについて，遊びによって発達の過程でどのような遊び方の違いが現れるのかなども検討しておく必要がある。

「幼稚園教育要領解説」によれば，「その時期の幼児の環境の受け止め方や環境への関わり方，興味や関心の在り方や方向，1日の生活の送り方などを理解し，そこから幼児一人一人にとって必要な経験を考え[*]」ることが必要である

そうしたなかで，保育者は子ども一人ひとりの主体的な活動において自己表出・表現がなされているか，つまり「自分なりの意志をもって行動している」かどうかを見極めていくことが重要となる。

保育者が構成した環境のなかで，子どもは活動を展開していくが，これらの環境が最初に構成されたまま固定されてしまうと，子どもの主体的な活動を生かすことができなくなる。したがって，保育者はこれらの環境が子どもの活動の流れに対応できるように，環境の再構成を試みることが必要である。そのためには，保育者が子どもの主体的な活動に寄り添いながら，その活動の充実感や満足感を丁寧にくみ取っていくことが大切である。

（2）環境の構成と教育・保育の展開

①環境の構成の意味

環境の構成においては，その環境を具体的なねらいや内容にふさわしいものとなるようにすることが大切である。

ある具体的なねらいを目指して指導を進めていくためには，子どもの生活する姿に即して，その時期にどのような経験を積み重ねることが必要なのかを明確にし，そのための状況をものや人，場や時間，保育者の動きなどと関連づけて，子どもが自ら発達に必要な経験が積み重ねていくことができるような環境をつくり出していくことが求められる。

以下では，環境の構成の意味について考えてみよう。

a. 状況をつくる

子どもの活動への意欲や主体的な活動の展開には，まず，子どもが安心して周囲の環境に関われるような雰囲気が大切である。その上で，子どもに興味や関心がわいてきて，関わらずにはいられないように，そして，自ら次々と活動を展開していくことができるように，配慮され，構成された環境が必要である。子どもが主体的に環境に関わり，豊かな体験をしていくことができるためには，それが可能であるような適切な環境を保育者が構成しなければならない。その際必要なことは，子どもの発達だけでなく，子どもの興味や関心の対象，意欲の程度，気分の状態，これまでの経験などを考慮することである。このように，環境を通して教育・保育を行うためには，子どもが興味や関心をもって関わることができる環境条件を整えることが必要である。

*文部科学省前掲書 pp.41 ～42，内閣府前掲書 p.43，同趣旨，厚生労働省前掲書 pp.24 ～26 参照。

また，環境を通して行う教育・保育には，子どもが環境に関わることにより，その発達に必要な重要な価値ある体験をし，望ましい発達を実現していくようになる配慮された環境が必要なのである。それは，意図的な教育・保育にとって，保育者の責任に関わる事柄である。具体的には，保育者が，子ども一人ひとりのなかに今何を育みたいのか，子ども一人ひとりがどのような体験を必要としているのかを明確にし，子どもがどのような活動のなかでどのような体験をしているのかを考慮しながら，保育者としての思いや願いを環境のなかに盛り込んでいかなければならない。子どもの主体的な活動を通しての発達は，保育者が，子どもの周りにあるさまざまなものの教育的・保育的価値を考慮しながら，綿密に配慮し，構成した環境の下で促される。

環境を考えるに当たって，さまざまな事柄が相互に関連して，子どもにとって意味のある一つの状況を形成しており，その状況の下で，主体的な活動が展開する。環境を構成するということは，物的，人的，自然的，社会的など，さまざまな環境条件を相互に関連させながら，子どもが主体的に活動を行い，発達に必要な経験を積んでいくことができるような状況をつくり出すことなのである。

b. 子どもの活動に沿って環境を構成する

保育者は，子どもが自ら環境に関わり，豊かな体験をしていくことができるように環境を構成する際，子どもの活動に沿い，子どもの内面の動きや活動への取り組み方，その取り組みのなかで育ちつつあるものを理解しながら，子どもの視点に立って環境を構成する必要がある。

子どもの活動は，一人ひとりにとってその意味や体験が異なっており，固有の意味をもっている。また，子どもはものと関わることを通して，そのもののもつ性質に応じて関わり方を変えなければならないことを学んでいくが，その学びの過程においても，ものへの関わり方は子ども一人ひとり異なっている。同じものに対してでも，どのように関わるかにより必要となる用具なども異なり，環境の構成を変える必要がある。

子ども一人ひとりの活動の意味や取り組み方，環境への関わり方などを正しく把握するためには，ものの性質をよく知った上で，子どもの活動にいつでも参加しようとする姿勢をもち，子どもの内面の動きに目を向け続けていることが必要である。その上で，保育者は，子どもの発達や興味・関心に応じつつ，発達に必要な経験を満たす可能性をもった環境を構成しなければならない。

子どもの活動に沿って環境を構成することは，保育者が環境を全て準備してしまうことではなく，子どもが活動する際，困難な状況を自分で考え切り開きながら，やり遂げたという充実感や満足感が高まるよう，子どもが自分達の遊びのイメージに合った状況を自分達で考え，つくり出し，遊びを展開していく

ことで，望ましい発達が実現していく場合も想定していくことが大切である。

　子どもが何らかの活動をしているときには，その活動をしていることによって絶えず状況は変わっていくし，遊ぶことによりその遊びの状況を変え，状況を変えつつ遊びを展開させていく。保育者は子どもの遊びに関わるとき，子どもの遊びのイメージや意図が実現するようにアドバイスしたり，手助けしたりして子どもにとって発達に必要な経験が得られるような状況をつくり出すことが大切である。

　このように，保育者は子どもの活動の流れに即して，子どもが実現したいことをとらえ，子どもの思いやイメージを生かしながら環境を構成していくことが大切である。このようにして，子ども自身が自ら学び，自ら考える力の基礎を育むことができ，主体性を育てることができるのである。

② 教育・保育の展開

a. 子どもの生活する姿と指導

　子どもの活動に沿った教育・保育の展開には，子どもの主体性と指導の計画性を関連づけることが重要であり，生活，計画，実践，評価，計画の修正，実践という循環の過程が大切である。教育・保育を展開する際には，保育者が子どもを見守ったり，いっしょに活動したりしながら，子ども一人ひとりに今どのような経験が必要なのか，そのためにはどうしたらよいかを常に考え，必要な援助を続けることが大切である。

b. 活動の理解と援助

　子どもの活動は，保育者の適切な援助の下で，子どもが環境と関わることを通して生み出され，展開されるものである。子どもが環境と関わり，活動を生み出すきっかけはさまざまである。いずれの場合においても，その背景には人やもの，事象などのいくつかの環境の要素が関連しており，その関連のなかで，保育者や他の子どもの動きが大きな意味をもつ。保育者は，常に子どもが具体的な活動を通して発達に必要な経験を積み重ねていくよう必要な援助を重ねていくことが大切である。そのためには活動のきっかけをとらえ，子どもの活動の理解を深めることが大切である。

　保育者は，子どもと活動を共にしながら，子ども一人ひとりが心と体をどのように動かしているのかを感じ取り，それぞれの活動が子どもの発達にとってどのような意味をもつのかを考えつつ，指導を行うことが大切である。保育者は子どもが環境に関わって展開する具体的な活動を通して発達に必要な経験が得られるよう，援助することが重要である。

c. 環境の構成と再構成

　1日の実践が終わった後，保育者は子どもの活動の姿を振り返りながら，

今日から明日への流れをふまえた上で，子どもの活動が充実し，一人ひとりが発達に必要な経験を得られるために指導計画を作成し，ものや空間などの環境を構成し，次の日に子どもを迎える。

実践の場面では，子どもの心を揺り動かす環境は多種多様にあり，子どもの活動は保育者の予想やそれに基づく環境の構成を超えてさまざまに展開し，新たに子どもが自ら発達に必要な経験を得られる状況をつくり直すことが必要となる。その際，保育者が必要と考えて構成した環境のうち子どもに受け入れられないものについては，活動に取り組む子どもの言動に注意し，子どもの活動が充実するよう援助を重ねながら柔軟に対応していくことが求められる。

保育者は，状況の変化を的確に把握し，ものや場といった物的環境をつくり直し，さらに，必要な援助を重ね，子どもの発達にとって意味のある状況をつくり出すことが求められる。この意味で環境の構成は固定的なものではなく，子どもの活動の展開に伴って，常に子どもの発達に意味のあるものとなるように再構成していく必要があるものとしてとらえることが大切である。

③留意事項

a. 環境を構成する視点

環境の構成においては，子どもが自分を取り巻く周囲の環境に意欲的に関わり，主体的に展開する具体的な活動を通してさまざまな体験をし，望ましい発達を遂げていくよう促すようにすることが重要である。そのために，次に示す視点から具体的な環境の構成を考えることが必要である。

（a）発達の時期に即した環境

発達の時期に即した環境を構成するためには，子どもの長期的な生活の視点に立つことが必要である。子どもが生活する姿は，発達のそれぞれの時期によって，子どもの環境への関わり方，環境の受け止め方などに特徴のある様相が見られる。具体的なねらいや内容に基づいた環境を構成する際には，発達の時期のこのような特徴をとらえて，どのようにしたらよいかを十分に考える必要がある。

（b）興味や欲求に応じた環境

子どもが環境に主体的に関わり，生き生きとした活動を展開するためには，その環境が子どもの興味や欲求に即したものでなければならない。また，保育者が子どものなかに育ってほしいと思うことや指導のねらいによって，環境を構成することが重要である。

子どもは，環境と関わることによって自分の興味や欲求を満足させながら，自分で課題を見出して，それを乗り越えることによって充実感や満足感を味わう。子どもが生活のなかで，葛藤，挫折などの体験をしたり，達

成感や満足感を味わったりすることが発達を促す上で大切なことである。子どもが自分の力で乗り越えられるような困難さといった要素も環境の構成のなかに含める必要があろう。

また，具体的な遊具や用具，素材の配置については，子どもが遊びのなかで，実現したいと思っている遊びのイメージや興味などによってそれらは異なってくることを考慮しておくことが大切である。いっしょに遊んでいる人数，仲間関係の育ち，これまでの経験などによっても，遊具や用具，素材，場の構成は異なったものになる。常に，子どもの興味や関心を大切にしながら，活動の充実に向けて子どもと共に環境を構成し，再構成し続けていくことが大切である。

(c) 生活の流れに応じた環境

教育・保育は，1日を単位とした生活の流れを中心に展開される。また，園での遊びや生活は家庭と連続して展開される。

前日から翌日，前週から翌週というように子どもの興味や意識の流れを大切にし，自然な園生活の流れをつくり出していくことが大切である。季節の変化や自然事象と深く関わる子どもの生活を大切にして，自然な生活の流れのなかで子どもがさまざまな自然環境に触れることができるようにすることも必要である。

また，意図性と偶発性，緊張と解放，動と静，室内と屋外，個と集団など，さまざまなものがバランスよく保たれた自然な生活の流れをつくり出すことが必要であり，偏った環境にならないよう配慮していくことが大切である。

b. 教育・保育の展開における保育者の役割

子どもが生き生きと活動を展開し，そのなかで一人ひとりが着実な発達を遂げていくためには，保育者の役割について十分な理解をもつことが大切である。教育・保育の展開において保育者のなすべきことは，子どもの生活する姿のなかから発達の実情を理解し，適切な環境を子どもの生活に沿って構成し，子どもの活動が充実するように援助することである。具体的には，

・子どもの発達を見通し，具体的なねらいと内容を設定すること
・子どもが発達に必要な経験が積み重ねられるような具体的な環境を考えること
・環境と関わって生み出された子どもの活動に沿って子どもの発達を理解すること
・一人ひとりの子どもにとっての活動のもつ意味をとらえ，発達に必要な経験を積み重ねていくことができるように援助をしていくこと

などが挙げられる。

6章　環境を通して行う教育・保育

　このような教育・保育の展開において，子どもが自ら活動に取り組むためには，何よりも子どもがやってみたいと思う活動に出会う機会がなければならない。それが実現の方向に向かっていくためには，その子どもが誰とどのような場でどのような遊具や用具，素材などを用いるかを見守っていく必要がある。

　保育者は，子どもの生活する姿のなかから発達の実情を理解し，適切な環境を子どもの生活に沿って構成し，子どもの活動が充実するように援助することが大切である。そのためには，保育者は，子ども理解とともに，子どもの身の回りの環境がもつ特性や特質について日頃から研究し，その教育的・保育的価値について理解し，実際の指導場面で必要に応じて活用できるようにしておくことも大切である。その際には，それぞれの環境を自由な発想をする子どもの視点に立ってとらえ，子どもがその対象との関わりを通して，どのような潜在的な学びの価値を引き出していくのかを予想し，その可能性を幅広くとらえておくことが大切である。保育者は，環境を見る目を磨いておくことにより，実際の指導場面において，子どもの活動の広がりや深まりに応じて環境を構成することができる。このように，環境のもつ特性や特質について研究を重ねた保育者が，計画的に，あるいはそのときの状況に応じて，子どもが発達に必要な体験ができるよう環境を構成していくことにより，子どもは発達に必要な経験を得ていくことができる。

　さらに，教育・保育の展開において大切なことは環境と関わる保育者の姿勢である。自ら環境に関わる保育者の姿は子どものモデルとして重要な意味をもっている。保育者が他の子どもに関わっている姿を見ることも，子どもにとっては大切な環境としての意味をもつ。また，遊具や用具の使い方，操作のしかたなど，日々の遊びや生活のなかで，保育者の言動をよく見てまね，自分達の遊びに取り入れていく。

　また，子どもは，保育者の触れ方や世話のしかたなどの自然への関わり方から学んでいき，自然に触れて遊んだり，生活のなかで必要感をもって身近な植物や飼育動物の世話をしたりするようになる。保育者が生命を大切にする関わり方をすれば，子どももそのような関わり方を身につけていくだろう。その意味で，保育者は自分自身の自然や生命への関わり方が子どもに大きな影響を及ぼすことを認識する必要がある。

　さらに，保育者が遊びや子どもに関わる姿を見て，子どもは遊びの楽しさを感じ，また，他の子どもへの関わり方を学んでいく。このように，保育者は遊びへの関わり方が重要であることを改めて認識することが大切である。また，保育者間で連携する姿や保護者と関わる姿なども子どもへ影響をおよぼすことになる。

　このように，保育者は子どもにとって人的環境として重要な役割を果たしている。保育者自身がどのように生活し，環境とどのように関わっているかを常に振

り返り，考えながらよりよい方向を目指していくことが大切である。

　保育者は環境を構成し，その環境を子どもと共に再構成していく存在であるとともに，保育者自身も子どもにとって重要な環境の一つである。保育者の身の置き方や行動，ことば，心情，態度をはじめ，保育者の内面にある価値観までも，子どもの行動や心情などに大きな影響を与えている。このことを自覚するためには，主体的な活動である子どもの遊びを展開していく上で，保育者の果たすべき役割の基本を理解する必要がある。また，保育者が子どもにとって，いわば「わたしのせんせい」として身近な環境の一つになるよう，保育者は子ども一人ひとりの特性や発達の課題に，柔軟に関わっていくことが必要である。そうすることが子どもの主体的な活動を保障する基盤を形成していくことにつながっていく。

　これまで環境を通して行う教育・保育についてさまざまな視点から考えてきたが，この教育・保育の最も重要なことは，子ども一人ひとりが自由感をもって，自らの力で主体的，自主的，自発的に環境に関わろうとすることである。また，そうした環境との関わり合いのなかで，子ども自らが育っていくということである。

　このような教育・保育を保障していくためには，子どもがどのような環境に興味や関心を抱くのか，そのような身近な環境はどのような特性をもっているのか，また，そのような環境に子ども自ら関わることによって，子どもの内面に何が育つのかなどを，保育者一人ひとりが検討していくことが必要である。そのなかで，保育者自身のもつ子ども観や教育観・保育観などの価値観を自ら吟味し，また，それらについて保育者同士で話し合う機会をもち，教育・保育や子どもに係るさまざまな価値などに関して深く検討，追究していく姿勢が大切である。

　いずれにしても，環境を通して行う教育・保育は，子ども一人ひとりの思いを大切にする保育者一人ひとりの力量にかかっている。

【参考文献】

文部科学省『幼稚園教育要領解説』フレーベル館，2018

厚生労働省『保育所保育指針解説』フレーベル館，2018

内閣府・文部科学省・厚生労働省『幼保連携型認定こども園教育・保育要領解説』フレーベル館，2018

小田豊・湯川秀樹編著『保育内容環境』北大路書房，2009

三嶋博之『エコロジカル・マインド』(NHK ブックス) 日本放送出版協会，2000

岡田正章ほか編著『現代保育用語辞典』フレーベル館，1997

岡田正章・平井信義ほか編『保育学大事典』(第 1 巻) 第一法規，1983

M.J. エリス著　森楙ほか訳『人間はなぜ遊ぶか』黎明書房，1977

第**7**章

保育内容と計画

〈学習のポイント〉　①子どもが園生活でどのように主体性を発揮していくか，また発揮できるよう保育者はどのように援助しているかを考えてみよう。
　　　　　　　　　②保育者が意図をもって援助に臨むには，子どもの何をとらえる必要があるかを理解しよう。
　　　　　　　　　③保育者の省察は，保育の問題を「自分（保育者）自身を含めた関係性の問題」としてとらえるために必要な行為であることを理解しよう。

　改訂された「幼稚園教育要領」では，幼稚園教育で育みたい資質・能力が以下のように明示された。

（1）豊かな体験を通じて，感じたり，気付いたり，分かったり，できるようになったりする「知識及び技能の基礎」

（2）気付いたことや，できるようになったことなどを使い，考えたり，試したり，工夫したり，表現したりする「思考力，判断力，表現力等の基礎」

（3）心情，意欲，態度が育つ中で，よりよい生活を営もうとする「学びに向かう力，人間性等」

　これらは，日々の保育によって育むものであることは言うまでもない。保・幼・小・中高の教育体系の統一性を意識し，直接的な接続面を有する小学校とのつながりを重要視した「幼稚園教育要領」において，乳幼児の「学び」とそれを援助する教師・保育者の「教育」が特徴的な文言となっているものの，「幼児期にふさわしい生活」の内実がことさら変容するわけではない。保育の営みは，上記の資質，能力を育むにあたり前提とされている「豊かな体験」の，その「豊かさ」を追求する生活そのものである。

　そこで本章では，子どもの園生活でみられる具体的な姿を通して，どのような姿に乳幼児の資質，能力が読み取れるのか，それらをとらえ，伸ばそうとする教師・保育者（以下，保育者と記す）の働きはどのようなものかを解説し，保育の連続性を保つ計画について考えることとする。

1. 子どもが自ら選んだ遊びとしての保育内容

　「子どもの主体性を損なわずに」「子どもの主体性を尊重して」子どもの資質，能力を育むという考え方には異論が出ないと思われるが，何をもって主体性とみ

なすか，どうすることが主体性を尊重することになるかは，とらえ方が一様でない。保育者が保育内容をすべて決定し，園生活のほとんどすべてを保育者に従って過ごす場合にも，「子どもは喜んでいる。それをやりたがっている」ととらえ，主体性を尊重する保育を行っていると思われることもある。しかし子どもの主体性については，「幼児の主体的な活動を促し」ていくことが「幼稚園教育要領」でも総則に掲げられ，それは「幼児の自発的な活動としての遊び」の尊重であること，さらに指導は「遊びを通しての指導」であると，従来からの考えの踏襲が示されている。遊びを通してなされる総合的な指導というのが，乳幼児期にふさわしい生活に含まれる教育と考えてよいだろう。

1 好きな遊びに取り組む保育

　子どもの主体的な園生活とは，「ああしたい」「こういうことがしてみたい」「もっと，こんなふうにしたい」と子ども自らが願望をもち，その願望を実現するための目的にもち替えて，試行錯誤しながら遊びを発展的に深めていく生活と考えるべきだろう。そのように考えると，園生活で子どもの主体性を尊重して資質，能力を育む過程の入り口は，子どもが好きな遊びを自ら選んで取り組むことにほかならない。以下の事例から，子どもが好きな遊びを自ら選んで取り組む生活において，子どもに育まれる資質，能力の内実，さらにその過程で保育者が何をどう援助しているかをみていくことにしよう。場面の記述とあわせて，保育者がその場面について保育後に語った内容も示す。読み比べて，保育者の願いや意図と場面の進行を一体的に学んでもらいたい。

事例7－1　私の遊び，私たちの遊び　　　　　3歳児　11月

　保育室中央に出している模擬店の台で，M子が腕輪をつくった。薄緑色画用紙の輪に，黄色，緑色の薄紙でつくった花を貼り付けたものだ。A子，N子も同様の腕輪をつくっており，3人はそれを店台に飾って，通る人たちに「いらっしゃいませー」と呼びかける。

　Y保育者は材料棚から大きな箱を下ろして，店の横の製作机に置き，中から薄紙を1枚ずつ取り出しては机上のかごに移す。かごに入れた数枚の薄紙を店頭に届けると，Y保育者は3人に「これも使ってくださーい」と言った。

　3人は同じつくり方で今度は冠をつくり始めた。Y保育者は適宜やりとりしながら，必要な材料を提供したり，配色や貼り方，飾り方のアドバイスをしていたが，M子のはめている腕輪に目を留め，「それ，きれーい」とM子に笑顔を向けた。M子は褒められた腕輪を誇らしそうに，保育観察者に見せ，冠にももっとたくさん花がついたらいいのではないかとアドバイスされた。

　M子は自分で材料棚の箱を下ろし，中からピンクとオレンジ色の薄紙を取り出すと，手で丸め始めた。それを見たM美がM子に「それちょうだい」と頼んだが，M

子は「M子ちゃんの！」と拒否した。M美は「みんなのもの！　M子ちゃんにはわからないんだ」と投げつけるような口調で言い放ち，そばにいたC子の肩を抱き込んで「Cちゃん，いっしょにやろう。もうM子ちゃんは入れてあげない」と言った。
　製作机でM子，M美，C子が薄紙の花づくりをしている。突然M子が大きなくしゃみをし，あとの2人は顔をあげて笑った。3人は和やかに話を始め，C子がM子に「M子ちゃん，さっきはごめんね」と小声で耳打ちする。M子は黙ってうなずいた。M美は2人の顔を見ながら「あはははは」と笑った。
　M子はオレンジ色の薄紙の花を仕上げ，冠のピンクの花の横につけると，また冠をかぶってその場を離れた。

　ここでは，女児たちが自分でやりたい遊びを見つけ，それぞれの目的をもって取り組んでいる。自分のやりたい遊びを遂行しているうちに，互いに関わりが生じ，喧嘩にもなっていく。この一場面は連綿と続いてきたこれまでの時間と経験を背景に実現した場面であることを，Y保育者の次の語りから知ることができる。

Y保育者の語り

　あの薄紙は，今日はじめて保育室に出した。朝，「使うならここに置いておくから」と伝え，かごに入れて製作机に置いておいた。
　腕輪や冠をつくるお店屋さんに至るまで，女児たちの遊びには経緯がある。最初はA子が誕生パーティをするため，プレゼントの腕輪をつくった。そこから冠に広がり，M子が本当に頭にのせられる冠をつくりたいと私に言ってきた。
　その後もアイドルの真似やシンデレラなどテーマを変えながら，イメージも変遷してA子とN子がお店屋さんを開いた。今日のM子はあくまでも自分の冠づくりであって，薄紙という一つの新しい素材の魅力で遊んでいたのだと思う。

　事例の3歳児は，入園して半年あまり経っている。入園したての時期は，幼稚園がどのような場所で，自分はどのように過ごすことが求められているのかを探るように，保育者を頼って生活する。次第に興味ひかれる物や年長児の遊ぶ姿に触発されて，自分もあんなふうに遊びたいと思うようになる。保育者に助けられ励まされながら，自分のイメージを実現すべく試行錯誤をし始める。つまり，この半年で子どもたちは，幼稚園という場を，やりたい遊びを見つけて自分なりに遊ぶことが認められている場，むしろそのような過ごし方が前提となっている場であることを，環境から学んできたと言えるだろう。事例のM子はY保育者のすることをよく見ており，薄紙がもっと必要になったときには，自分で棚から箱を下ろし，遊びに必要な材料を手にしている。
　子どもたちが主体的に園生活を送ること，選んだ遊びに取り組む姿に今のそ

の子の伸びようとする力を読み取り，必要に応じて援助すること，子どもの姿からみえてきた課題を保育者が保育の課題とし，計画に盛り込んでいくこと，これらの小過程を繰り返しながら，在園期間を通じて本章冒頭に紹介した資質，能力を育むことが保育である。事例のM子には，今後の園生活で「私の遊び」の充実を図り，それが他児とイメージを共有して「私たちの遊び」に発展させていく道のりが想定されるだろう。

2 子どもが選んで取り組む遊びを組織化する

　子どもが自分の意思で遊びを選択することは，遊びに取り組むモチベーションが高いことを意味する。取り組みのモチベーションが高いほど，直面する困難を乗り越える試行錯誤が生まれる。試行錯誤とは，どうしたらよいか考え，仮説をたてて試すことを粘り強く行うことである。遊びの内容によってはさまざまな素材との出会いや，他児の助けを借りるための交渉が含まれ，結果としてその道のりが乳幼児にとっての学びとなるのである。

　子どもが結果的に何かを学んでいくような遊びは，単に子どもの意思で好きなように遊ぶことを認めるだけでは生じない。保育者が遊びの本質を見抜いて援助し，その子どもの課題が遊びを通して解決に向かうよう願って道のりを同行する必要がある。こうした保育者の重要な役割は，小学校以上の教育と異なる側面であろう。

　以下に紹介する事例は，4歳児が見つけたカエルとの関わりに，保育者が行った異質な援助の2例である。保育者の物事のとらえ方，援助の方向性によって，子どもが学ぶ内容が異なることを感じ取ってもらいたい。

事例7－2　カエルを容器に入れる　　　　　　　　4歳児　4月

　園庭の隅の草むらで，S男とY子がダンゴムシを探していて，大きなカエルを見つけた。2人はしばらくしゃがんでカエルに見入っていたが，Y子が「先生に教えてくるね」と立ち上がると，S男も連れだっていっしょに走り出した。保育室にいたH保育者に「カエルがいたよ。ものすごーく大きいの」と，Y子は両腕を広げて大きさを示す。H保育者は驚いたような表情を見せた後，「よし，捕ろう」と言い，虫の容器を棚から取り出すと先頭に立って園庭に出た。

　ついて来た他児数名も含め，H保育者，Y子，S男らは園庭の草むらで再度カエルを発見し，S男が両手ですくい上げたカエルを持参した容器に入れた。H保育者から容器を受け取ったY子が持ち，皆で各クラスを訪ね，「お庭にいたカエルでーす」と見せて回った。突然容器に入った大きなカエルを見せられて，顔をしかめる5歳女児，「うわ，すげえ」と言う4歳男児など，反応はさまざまであった。

7章　保育内容と計画

事例7−3　カエルをじっと観察し，共に過ごす 4歳児　4月

　園内の畑スペースで，植えたばかりの花につぼみがついたかどうか，K保育者と4歳児3名（男児1名，女児2名）が覗きこんでいる。「葉っぱがでてるね」と保育者が言うと，子どもたちも「ちっちゃい葉っぱあるよ」「蝶々が食べるかな」など，思い思いのことを口にしながら，それぞれ目は花の芽から離れない。

　M子が急に「カエルが（葉っぱを）食べに来た！」と大きな声を上げた。皆，そちらへ移動し，「ほんとだ」「先生，カエル（は葉っぱを）食べる？」と話し始める。K保育者は「カエルは虫を食べるんだよ。ブーンて飛んでる虫もね，ベロが長いからベロン！って」と，下を素早く出してカエルの真似をする。子どもたちの視線がカエルに戻り，「じゃあ，虫を探してるんだ」とO太が言う。カエルはちっとも動く気配がない。O太は自分がカエルの真似をしてぴょんと跳ねてみせたが，M子に「カエルがびっくりしちゃうでしょ」と咎められた。

　子どもたちは「虫を食べるまで見ていよう」ということになり，自分たちをカエル探偵と称して見続けた。途中，5歳児が「何見てんの？」とやって来て加わったり，園庭で遊んでいる他児に「カエル探偵だよ」と誘ってきたりした。20分ほどカエル探偵の"ひたすら見ること"は続いたが，お昼の用意をする時間になり，K保育者が「お腹すいちゃった。カエルくんの食事はまだみたいだから，私たちが先に食べよう」という言葉で，一同立ち上がった。虫を食べる瞬間を見ることはできなかったが，保育室へ戻るときも「虫をとって，食べさせれば？」「早くお弁当食べてさ，また行こう」など，カエルへの関心は尽きなかった。

　上に示した2つの事例は地域も園も異なるのだが，どちらも偶然に4歳児がカエルを見つけ，保育者を含めたカエルとの関わりを記録している。事例7−2では，保育者に知らせに行くほど子どもの心が大きく動いていることから，保育者はカエルを捕獲し，容器に入れて持ち運べるように援助した。子どもたちが各クラスに見せに回ることで，園庭で遊んでいなかった多数の子どもたちもカエルを目にすることができた。保育における自然環境との関わりは，このように自然を人間の生活圏に取り込む方法も一つであろう。それに対し，事例7−3にみられる保育者は，まったく質の異なる自然との関わりを促している。子どもたちといっしょに，地面にいるカエル（おそらくは活動的な状態ではないカエル）をじっと観察し，カエルの生活について思いを馳せたり知っていることを互いに語り合う時間を過ごしている。前者は自然に対する動的な，後者は静的な関わり方である。

　子どもの自然との関わりや，学びを考えるとき，ともすると動的にはたらきかける発想が先行しがちであり，保育内容として評価されやすいが，後者のように自然と共にあるあり方もまた，子どもの学びを喚起することを事例は語っている。カエルのそばに身を置き，さほど動かずに心を開放し，カエルという

対象に想像をめぐらせるあり方は，まさに自然との共生を体現する時間と空間となっているだろう。子どもたちはどちらの場合もカエルに興味をもっているが，自然を変えたり壊したりせずにカエルに寄り添う関わりをもった子どもの方が，カエルという実態により近づけたかもしれない。

　両者を‘子どもの学びについての価値観’の違いで比べてみよう。H保育者（事例7－2）は，子どもにカエルを観察する機会をもたせようとしている。カエルという対象を見ることで理解させたいのである。だから，捕りに出向いた子どもだけでなく，より広く園内の子どもたちに見せて回ることをも促したと考えられる。それに対してK保育者（事例7－3）は，カエルの生息する環境を，子どもが肌で感覚的に体験できることを意図したのではないだろうか。じっと動かないカエルの，動かずに生きている時間をカエルと共有してほしくて，K保育者も‘カエル時間’の流れに子どもといっしょに身を委ねたのだろう。

　保育者のもつ自然観，生活観など，物事を見る眼（価値観）が保育内容の質を決定づけ，学びの方向性を明瞭にするのである。子どもの好きな遊びをどのような保育内容としていくかは，保育内容を自己評価し，常に改善しようとする保育者の資質にかかっているといって過言ではない。

2. 子どもの主体性と保育の計画

　前項で述べたように，子どもが自ら選んで取り組む遊びを保育内容としていくには，子どもが園生活を「意思をもって主体的に遊びを見つけ，本気で取り組む」場所として認識できることが何より重要である。しかし保育には教育の営みが内包される以上，子どもに必要な経験として保育者が提示する遊びも当然盛り込まれていく。この場合も，主体性が尊重されていることを日常感じ取れている子どもは，提示された遊びへの取り組みも，自分なりのイメージをもって自分なりの試行錯誤ができるものである。つまり，保育者の教育的な主体性は，子どもの主体性の発揮と必ずしも拮抗するものではなく，むしろ子どもの主体性に訴えかけるしかたで遊びへの取り組みを誘発し，他児との関わりを促していくことが可能なのである。保育者が一方的に必要と判断した経験内容を押しつけるのではなく，子どもたちの園生活の文脈をそこなわず，自然に取り込まれていくよう，導入や提示のしかたに配慮を要するだろう。

1 願いをもって遊びを提示する

　保育者の願いを子どもの育ちに実現すべく，子どもに必要な経験を考えること

7章　保育内容と計画

は，保育者の最重要な役割である。園全体で行う行事も，子どもの育ちに必要な経験を計画的に保育内容として取り入れている遊びである。

　行事もその一つである。園の行事には製作発表会，音楽会，運動会などさまざまあるが，季節や子どもにしてほしい経験の質を考慮して行事の計画は立てられる。ここでは運動会の一つのあり方を取り上げ，保育者がどのような願いをもって運動会を行っているかについて考えてみることにしよう。

事例7－4　運動会のリレー　　　　　　　　5歳児クラス

　F幼稚園では毎年，運動会で5歳児のリレーが行われる。「やらされるリレーにしない」が保育者たちの共通見解で，やりたい意欲を引き出し，子どもたちがどこまで主体的に取り組めるかがリレーを通じた保育の評価基準ともなっている。年長の組が取り組んだ姿を3歳児と4歳児も見て育つので，5歳児に進級した時点で「今度は自分たちの番だ」という意欲が高まっている。

　夏休み明けから，そろそろ運動会の準備が始まり，リレーの組み分けも子どもたちの相談で行われた。5歳児たちは毎日，組ごとに走る順番を相談しては園庭で走る。誰がスタートを，アンカーを走れば一番速い走りができるかを，子どもたちは考え，行い，また考えて相談する。

　ところで今年の5歳児には，脊髄に損傷箇所のあるA児がおり，彼は白組になった。白組チームはA児が何番目に走るかを考えることになった。練習のとき，A児が走っている姿を見ながら，B児がつぶやいた。「A児がいると勝てないな！」。たまたま後ろにいて聞いていた園長は，B児の横に並び，「そうだねえ…」と言った。

　まず運動会は，春または秋の風が心地よい時期に，身体を動かすことに喜びを感じてほしいという願いが根底にある。動く身体を実感し，運動遊びを通じて季節を味わい，友だちとその感覚や喜びを分かち合ってほしい。また，身体を動かしたことで気持ちが清々しくなる経験をしてほしい。さらに，運動遊びを保護者に見てもらうことで，保護者に子どもの育ちを知ってもらい，子どもの育ちについて保護者と保育者の共通理解も得たいところである。したがって，最終的に保護者との間で子ども理解を確認し合えるような「何を，運動会を通じて育てたいか」を，保育者集団が共通認識としてもつことが重要となる。

　中でもリレーにはいくつかの特徴がある。①勝敗が目に見える形でわかりやすい　②一人ではできない　③一人ひとりの走りが如実にゲームの結果に反映する種目であること，である。このような特徴をもったリレーを，幼児の運動会の種目として位置づける場合，保育者の願いは，おおむね次の4点であろう。①競技性を生かして，力いっぱい走る機会としたい　②友だちとの仲間意識を育てたい　③仲間と協力し，知恵を出し合って一つの競技を成立させたい　④一生懸命に走

133

る他児の姿を見て，他児のいいところを発見してほしい。事例の幼稚園では，年長が行うリレーに憧れて，3，4歳児が育つことも視野に入れている。

　ところで事例のA児は，どう頑張っても早く走ることはできない子どもである。そのため，競技で勝ちたいB児は，何度も練習するうちに，決して勝てないだろうことに気づくことになり，葛藤が生じるのである。本事例から考察したいのは，この状況からどのようなリレーが実現されたかではなく，勝ちたい子どもの葛藤を感じ取った保育者に，どのような葛藤が芽生えたかである。

　「A児がいると勝てないな」というつぶやきを偶然聞いた園長は，その言葉にB児のどのような切なさを感じ取っただろうか。B児は，リレーで力いっぱい走る過年度の年長児を見て，いつかは自分もリレーを走るという期待を胸に成長してきた。年長児が全力を出し切る姿と共に，勝ったチームの喜びにも憧れただろう。だからB児が勝ちたいと思うのは自然なことであり，一つの育ちの結果である。

　だがこの年は，A児の存在がリレーによって実現したい子どもの育ちそのものを複雑にした。勝てないことを認め受け入れること，一方で何とかして勝てないだろうかと諦めずに考え，相談し試行錯誤することが，B児たち白組の子どもたちに必要な経験となったのである。これは，保育者集団が想定していなかったことかもしれない。B児のつぶやきは，園長に想定外の葛藤をもたらしたのである。園長はB児の思いを重く受け止め，簡単に答えを出そうとせずに，B児と同じ思いで「そうだねえ…」とつぶやいた。この瞬間の園長は，主体的に運動会の練習に参加しているB児の思いや願いと，動かしようのない現実の間に立って，B児に寄り添って生きることを引き受けたと考えらえる。運動会のリレーを通して，自分とは違うA児のありようを改めて理解し，仲間としてどう受け入れていけるかをB児と一緒に考え，模索していく道のりが保育者集団の課題となった瞬間でもあるだろう。「そうだねえ…」から始まる「それで，どうしようか」が，保育者が生きる子どもとの生活そのものである。子どもの主体性は，共に生きようとする保育者の覚悟に護られながら，発揮されるものである。

2 計画の見通しと視点

　保育の計画に関しては，「幼保連携型認定こども園教育・保育要領」が，「幼稚園教育要領」と「保育所保育指針」のいずれにもバランスよく準拠しているので，これを参照しつつ，現行保育の計画について考えていくことにする。「幼保連携型認定こども園教育・保育要領」の第1章総則　第2−2（3）では，「指導計画の作成上の留意事項」として「一人一人の遊びや保育教諭等との触れ合いを通して幼保連携型認定こども園の生活に親しみ，安定していく時期から，他の園児との関わりのなかで園児の主体的な活動が深まり，園児が互いに必要

7章　保育内容と計画

な存在であることを認識するようになる。その後，園児同士や学級全体で目的をもって協同して幼保連携型認定こども園の生活を展開し，深めていく時期などに至るまでの過程を様々に経ながら広げられていくものである。これらを考慮し，活動がそれぞれの時期にふさわしく展開されるようにすること」と，保育者がふまえるべき乳児期から幼児期への発達を明文化している。ここに示された子どもの発達の道筋は，次の2点が肝要である。

①最初の社会生活である保育の場で，子どもはまず自分一人の居場所を得て精神的な安定を保障される必要があること
②個の充実から他児との協同，さらに学級集団での活動と自己発揮のスケールを拡大していくためにも，根本に個の充実があることを忘れてはならないこと

これらは，0歳から2歳までの保育ニーズが高まるほど重要性を増す留意事項になるだろう。「幼保連携型認定こども園教育・保育指針」の同項目には，3歳児入園の子どもが園生活に馴染んでいくための保育者の心遣いと並んで，既に乳児期から在園していた子どもに「不安や動揺を与えないようにしつつ，可能な限り個別的に対応」することが述べられている。環境が変わるのは在園児も同様であることに配慮し，安心できる保育者の存在感を示し続けることが，3歳児を一つの区切りとする発達の援助で非常に大切なことなのである。

保育の計画は，全体的な計画と指導計画に大別される。いずれにおいても子どもの育ちの見通しがそのまま計画になる点で違いはない。保育者の学びと経験知による子どもの発達の見通しが計画の視点であり，保育者の願いが実践の要となるのである。事例7－3および事例7－4で，保育者の発達の見通しに違いがなかったからカエルと子どもたちをつなごうという即時の計画が生まれたわけであるが，カエルという環境とどのように出会い，そこから何を学び，いかなる関係を築いてほしいかという保育者の願いの違いが，実践を大きく分けていることは明らかである。

3. 一人ひとりにとっての園生活の意味

これまで事例を通して考えてきたことから，園での子どもの遊び（生活）には，子ども一人ひとりの思い（こうしたいという願いであったり，他者との関係からもたらされた感情であったりする）が，また保育者の行為には，援助しようとしている方向性とその意図が読み取れることがわかった。それはつまり，子どもと

135

保育者をはじめとするさまざまな人間がうごめき，多様な人間関係が交錯する園での生活が，各人各様の意味をもっていることを示している。そして保育者は，子ども一人ひとりが異なる生活の意味を日々積み重ねている現実に，待ったなしで関わっている。

何気ない関わりが，子どもにどのような意味をもたらしたのか，寄せては返す波のように次々と忘却の波に乗せてしまうと，保育や子どもの育ちが，積み重なっていかない。一つひとつの出来事を可能な限り，意識にのぼらせて反芻し，省察を行うことが大切である。

それでは，保育の内容を計画するという本章のテーマに即して，保育者の省察過程をたどってみることにしよう。

1 保育者の省察過程

（1）子どもの育ってきた道筋から現状をとらえる

これまでの子どもの育ちの道筋とは，生育歴を含む長いスパンの道筋と，園生活における育ちの道筋という2つの意味があり，そのどちらをも保育者は念頭において今の子どもと向き合わなくては，適切な援助はできないであろう。とはいえ，長いスパンの道筋まで常に，しかも一人ひとり考え続けることは難しいが，生育歴などを頭の隅において，いつでも必要に応じて引きだせる状態であればよいのではないだろうか。

日々の現状を考えるとき，直接参照するのは，園生活においてさまざまな変化と進歩や後退を繰り返してきたであろう子どもの育ちの道筋である。その道筋の先に今の子どもの姿を想定し，現状の意味をとらえるのである。3歳で入園したてのころには友だちに関心を示さなかった子どもが，4歳の夏ごろには一人でじっくり製作をすることが多い。しかし，他児の遊びに注目する姿も見られるとすれば，一概に「4歳児なのに友だちとの関わりがもちにくい」とも言い切れない。その子どもにとっての現状の意味を保育者はとらえる必要があるからである。

（2）遊ぶ姿をイメージする

保育者は，思い浮かぶ子どもの具体的な今日の姿から，明日の遊びを想定し，自分がそこにどう関わっていこうかということを検討する。この検討が，まさに保育の計画である。なぜそのようなイメージが浮かぶのかや，たとえば数日間似たような遊びが続いているからなど，イメージする主体として自分自身の根拠を明瞭にすると，イメージはより鮮明になり，計画も必然性をもって立ち上がってくる。

また，その遊びに何を求めるのか，その遊びを通してどのような育ちが（個々の子どもにせよ，クラス全体にせよ）期待できるのかを検討しておく必要がある

だろう。「毎年やってきたことだから今年も」とか，「園長に言われたから」だけでは専門家としての保育者の計画とは言えない。

　できれば，一人ひとりの子どもについて，どのような取り組みが予想できるか，どのような展開があり得るか，またクラス全体としてはどのような雰囲気になりそうかなど，まずは自由に思い浮かべてみるところから計画は始まるのである。

　保育計画の書き方などについては，本稿では取り上げていない。計画を含む保育の一連の流れを作業としてではなく，保育者の心の動き，省察に焦点化して追うことを目的としているからである。

（3）保育への導入

　保育中は，子どもたちがどのような遊びを行い，どのように展開したか，または人間関係がどのようであったか，といった子どもたちの現状をとらえ，必要に応じて臨機応変な援助を行うことが求められる。現状に合っていると判断し，選んでおいた素材が子どもにまったく見向きもされなかったり，何かしらの育ちを期待して提案したことが子どもの意欲を減じる結果になったり，あれこれ検討した計画に基づく方向性の援助であっても，実際には期待通りにならない場合もたくさんある。いやむしろ，予想や期待の通りに子どもが遊ぶ（生活する）ことの方が少ないかもしれない。

　活動中，保育者は，一人ひとりの子どものようすやそこで起こっている人間関係，クラス全体の雰囲気などを観察する目ももっていなくてはならない。共に楽しみ，あるいは必要な援助を行いながら，状況をとらえて記憶にとどめておくのである。どこまで客観的にその場の状況を見ることができるかは，保育者によって違いが大きいと思うが，園の外部からやってきた観察者と同じでなくとも，保育を保育者自身の体験として体感に残すことはできるはずである。そして，自分の計画と実際の状況を突き合わせて，ズレがあれば瞬時に援助の方向を転換するなど，臨機応変に動いていくのである。

（4）子どもにとっての意味を考える

　前述したように体感を含む記憶に残った子どものようすから，1日の園生活が子ども（たち）にとってどのような意味があったかを考える。計画時に期待したような育ちにつながりそうなことはあっただろうか，自分の援助の内容や方法は子どもの現状とその場の必要に合致していただろうか，等々を考える。

　この段階では，子どもの問題点や自分の関わりの適否などが見えてきやすい。たとえば，「なぜあの子は人とのコミュニケーションを避けたがるのだろう」「Aちゃんはくんといっしょにやりたがっていたが，私の橋渡しはBくんへの誘い水になっていなかったようだ」といった具合である。こうした小さなとらえを積み重ねていくうちに，「その子（たち）らしさ」や「その子と私の関係」「その子

の人間関係の変遷」など，より大きなとらえが形成されていく。それがやがて，保育者のとらえとしての子どもの育ちの道筋を伸ばすことにつながるのである。繰り返し何度でも思い出しては省察し，思い込みや独善的な要素を修正していくことが，保育者のとらえを子どもの実態に近づけることになるだろう。

2 子どもに還元される保育

保育者の省察は，子どもにだけ目を向けるというよりは，保育者自身の存在や保育者自身の行為を含めて子どもや保育の現状を把握しようとする傾向があるようだ（吉村〈守隨〉ら，1998）[*]。子どもの問題を子どもに帰するのではなく，保育者自身の存在や保育者とその子どもの関係で問題をとらえようとする省察は，子どもの問題を子どもにのみ一方向的に帰するのではなく，子どもと保育者自身の関係のなかに表れた問題として，保育者自身もその責任を負うという構えが前提にある。そうであれば，保育者は，子どもだけでなく，同時に自分自身にも課題を見いだすことになり，結果，保育が変わる。保育が変わることで子どもが変わる素地はできるのである。子どもに還元される保育は，保育者が自分自身をもとらえていこうとする真摯な省察に支えられて初めて成立すると思われる。

吉村（守隨，2001）[**]は，「保育内容というと，活動名を思い浮かべるきらいがありますが，予定された活動は保育のねらいを実現させる手段の一つにすぎません」と述べている。（保育者が計画した）活動だけを保育内容と考えると，「豊かな感性を育む遊びの充実」は，実現の可能性を狭められてしまうが，計画的に提示する活動ですら，保育者が願う育ちの道筋を伸ばしていく一つの手段だと考えたい。計画は，保育者の願いの地図のようなもので，子どもが地図にのっていない道を歩き出したとたん，子どもの選んだ道が保育者の地図に記載され，その道にも保育者の願いやねらいが付与される。

ある子どもに豊かな育ちを感じ取るとき，別の子どもにはまた別な豊かさが育つと考え，それぞれの豊かさを等価に認めていく保育者の存在が，保育には大切なのだと思われる。そして，それぞれの子どもの主体性による活動を育ちの道筋にしっかりと位置づけてとらえていくところに，保育者の主体性の発揮が望まれるのではないだろうか。

[*]吉村（守隨）香ほか「保育者の実態把握における実践構想プロセスの質的検討」『乳幼児教育学研究』第7号，pp.55〜65，1998

[**]吉村真理子『保育者の「出番」を考える』フレーベル館，2001 参照。

【参考文献】

鯨岡峻ほか『保育を支える発達心理学』ミネルヴァ書房，2001

吉村真理子『保育者の「出番」を考える』フレーベル館，2001

守永英子ほか『保育の中の小さなこと大切なこと』フレーベル館，2001

幼稚園における教育課程と指導計画

〈学習のポイント〉　①幼稚園の教育課程は何のためにあるか考えよう。
　　　　　　　　　②教育課程はどのように編成されるのか理解しよう。
　　　　　　　　　③幼稚園の教育課程と指導計画の関係を理解しよう。
　　　　　　　　　④幼児理解に基づいた指導計画の作成について理解しよう。

1. 幼稚園と教育課程

　教育課程って一体なんだろう？　幼児教育についての勉強を始めたばかりのみなさんにとっては，これは当然の疑問といえる。その疑問を2017（平成29）年に改訂された「幼稚園教育要領」（以下「教育要領」と記す）の内容に沿って考えていくことにしたい。

　まず教育課程について。これは幼稚園のような幼児教育の集団施設において，そこでのおおまかな全体の計画といえるもの。その園でなにを大切にして，どのような方法で，どのようなことを，どの時期に行うかを明らかにした全体の計画といったらよいだろうか。

　園には，園長をはじめとする複数の教員や職員がいる。その人々がこの全体の計画を把握しておくのは，とても大切なことである。そうでないと，いったい子どもたちのなかになにを育てたいと思って幼児教育をしているのかというその方向性がバラバラになり，見失われてしまう。また，保護者もわが子が通う幼稚園を選ぶ際に，この教育課程を知ることで，その園がなにを大切に幼児教育を行っているかを知ることができる。この教育課程は入園説明会で説明があるだけでなく，最近ではホームページにも掲載されるなど一般にも公開されていることが多くなってきている。

　こうしてみてくると教育課程は各幼稚園の公約（マニフェスト）ともいえるものであることが理解されたのではないだろうか。

　それではこれからこの教育課程について，その役割や編成について現行の教育要領に沿って少し丁寧にみていくことにしよう。

2. 教育課程の役割

1 教育課程の根拠法令を理解する

2017（平成29）年に告示された教育要領には，第1章総則の第3に「教育課程の役割と編成等」の記述がある。さらにその第3の1に，この教育課程の役割について記載されている。

　各幼稚園においては，教育基本法及び学校教育法その他の法令並びにこの幼稚園教育要領の示すところに従い，創意工夫を生かし，幼児の心身の発達と幼稚園及び地域の実態に即応した適切な教育課程を編成するものとする。

　また，各幼稚園においては，6に示す全体的な計画にも留意しながら，「幼児期の終わりまでに育ってほしい姿」を踏まえ教育課程を編成すること，教育課程の実施状況を評価してその改善を図っていくこと，教育課程の実施に必要な人的又は物的な体制を確保するとともにその改善を図っていくことなどを通して，教育課程に基づき組織的かつ計画的に各幼稚園の教育活動の質の向上を図っていくこと（以下「カリキュラム・マネジメント」という。）に努めるものとする。

「幼稚園教育要領」第1章総則第3の1

これをみると，どの幼稚園も幼稚園教育課程を編成しなければならないことがわかる。その編成の際には，まず幼稚園関係の法令を確認することが求められている。その法令とは「教育基本法」第11条，「学校教育法」第22条および23条と教育要領ということになる。

「教育基本法」の第11条は以下の通りである。

第11条　幼児期の教育は，生涯にわたる人格形成の基礎を培う重要なものであることにかんがみ，国及び地方公共団体は，幼児の健やかな成長に資する良好な環境の整備その他適当な方法によって，その振興に努めなければならない。

また，「学校教育法」においては，第3章（第22条から第28条）に幼稚園に関する条文が並んでおり，第22条，第23条には，幼稚園の目的と目標が載っている。そこには幼稚園教育が義務教育およびその後の教育の基礎を培うものであることが明記されている。

第22条　幼稚園は，義務教育及びその後の教育の基礎を培うものとして，幼児を保育し，幼児の健やかな成長のために適当な環境を与えて，その心身の発達を助長することを目的とする。

第23条 幼稚園における教育は，前条に規定する目的を実現するため，次に掲げる目標を達成するよう行われるものとする。

1　健康，安全で幸福な生活のために必要な基本的な習慣を養い，身体諸機能の調和的発達を図ること。

2　集団生活を通じて，喜んでこれに参加する態度を養うとともに家族や身近な人への信頼感を深め，自主，自律及び協同の精神並びに規範意識の芽生えを養うこと。

3　身近な社会生活，生命及び自然に対する興味を養い，それらに対する正しい理解と態度及び思考力の芽生えを養うこと。

4　日常の会話や，絵本，童話等に親しむことを通じて，言葉の使い方を正しく導くとともに，相手の話を理解しようとする態度を養うこと。

5　音楽，身体による表現，造形等に親しむことを通じて，豊かな感性と表現力の芽生えを養うこと。

　これらの関係法令を理解したうえで，「幼稚園教育要領」に示される教育課程の役割をみて編成していくことになる。

2 幼児期の終わりまでに育ってほしい姿を理解する

　上記の「学校教育法」第22条に「幼稚園は，義務教育及びその後の教育の基礎を培う」とある。幼稚園教育は幼児期の特性をふまえて行うことはいうまでもないが，それが次にくる義務教育やその後の教育の基礎を培うことが求められている。幼稚園教育ではその保育内容として「健康」「人間関係」「環境」「言葉」「表現」といった領域を示し，各々のねらいが遊びの中で総合的に達成されることが掲げられている。幼稚園教育における教育方法は小学校以上の教科中心のものとは異なり，遊びを通して幼児それぞれの興味・関心に基づいて具体的な体験をしていくなかで学んでいく。

　こうして幼児期に遊びを通して，物事に積極的に関わろうとする意欲や態度，さらには学ぶことの楽しさを知ることが，小学校以降への学習意欲にもつながっていくのである。

　2017（平成29）年の教育要領には遊びの中で「幼児期の終わりまでに育ってほしい姿」が10項目示された。この10項目を考慮して編成することが求められている。

　これについて少し説明を加えたい。「幼児期の終わりまでに育ってほしい姿」としては，次の10の姿が挙げられている。それは①健康な心と体，②自立心，③協同性，④道徳性・規範意識の芽生え，⑤社会生活との関わり，⑥思考力の芽生え，⑦自然との関わり・生命尊重，⑧数量や図形，標識や文字などへの関心・感覚，⑨言葉による伝え合い，⑩豊かな感性と表現，である。これらの姿は新しくつけ加えられたのではなく，すでにそれまでの教育要領の保育内容のなかに含

まれているものである。しかしこうして教育要領に記載することで，小学校の教師にも幼稚園教育のなかで育んでいるものがわかりやすくなり，幼稚園教育と小学校教育の円滑な接続に寄与することが期待されているのである。

3 質の高い幼稚園教育を目指して

　教育課程はその園の教育で大切にしていることを掲げた公約（マニュフェスト）ともいえるものだと前にも述べたが，だからこそ園長の指導の下に全職員が協力して編成されなければならない。その際，以下に挙げる点をふまえる必要があるといえよう。まず，第一に幼児の発達の見通しをもって編成すること。第二に園の実態，たとえば規模や教職員の状況，遊具や設備の状況を精査して，それを生かすこと，第三に園の立地している地域の実態を十分考慮すること。都市部と農村部，山村部等では環境や文化に違いがあるし，それぞれが特色をもっている。さらに保護者のみならず地域住民の理解や支援を得ること等を考慮することなどである。第四に幼児の実態をふまえて，園全体で知恵を出し合い，創意工夫を生かしてその園らしい特色を出すことが必要である。

　また，この教育課程は編成しっぱなしにすることなく，以後計画的に改善していくなど，教育活動の質の向上を図るカリキュラム・マネジメントを実施することが求められるようになった。これを行うことで，幼児にとって最適な環境を提供することができるわけである。

3. 教育課程の具体的な編成手順について

　それでは先に述べた編成に必要な基本的事項である関係法令はもちろん，「幼稚園教育要領」，「幼稚園教育要領解説」（以下「教育要領解説」と記す）などの内容について共通理解を図った後，どのように編成を進めていくかを考えていくことにしよう。

1 園の教育目標に関する共通理解を図る

　各幼稚園は，教育要領に準拠した目標と家庭や地域の状況を勘案した教育課程を編成していくが，私立園においては建学の精神という大きな精神的支柱もあり，これを組み込んで編成することになる。さらにどのような幼児を育てたいのかという幼児像や地域の実態等を話し合い，そのうえで「園としてどのような幼児を育てたいのか」「なにを大切にしていかなければならないのか」という教育の目標について，全職員で共通理解を図っていくことが重要となる。

2 幼児の発達の過程を見通す

「幼稚園生活の全体を通して，幼児がどのような発達をするのか，どの時期にどのような生活が展開されるのかなどの発達の節目を探り，長期的に発達を見通す」こと，また「幼児の発達の過程に応じて教育目標がどのように達成されていくかについて，およその予測をする」と教育要領解説には述べられている。幼児が園のなかでどのように育っていくのかを見通していくことは，とても難しいことではある。しかし幼児がどのように幼稚園という集団の場になじみ，自己を発揮していくのかというおおまかなプロセスや発達面の道筋は，それまでの保育実践等から導き出すことが可能であるといえる。

3 具体的なねらいと内容を組織する

具体的なねらいと内容の組織については「幼児の発達の各時期にふさわしい生活が展開されるように適切なねらいと内容を設定する。その際，幼児の生活経験や発達の過程などを考慮して，幼稚園生活全体を通して，幼稚園教育要領の第2章に示す事項が総合的に指導され，達成されるようにする」と教育要領解説にはある。

入園から修了までの間に，幼児がどのような発達をしていくのかはおおまかには共通していても，各園によって異なる事実もある。そこで各園とも自分の園の地域性等を含めた実情を考慮して子どもの発達の時期を押さえる必要がある。

そのうえで各園の教育目標に応じたさまざまな視点から教育課程は編成されていくのである。

4 教育課程を実施した結果を評価し，次の編成に生かす

教育課程は園の全体的な計画である。ところが教育課程が各園で実際どのように機能しているかを園の教師に聞いてみると「その存在は知っているが，日常の保育実践を行うときにはあまりそれを意識していない」という答えが返ってくることも多い。編成しただけでただの飾りになりかねないのである。それゆえ教育課程は編成された後も絶えず改善に向けて努力していくことが大切である。改善の手順としては，「評価の資料を収集し検討すること」「整理した問題点を検討し，原因と背景を明らかにすること」「改善案をつくり，実施すること」などが考えられると教育要領解説にはある。

4. 教育課程編成上の基本的事項と留意事項

1 教育週数と教育時間

　教育課程を編成する場合，幼稚園の１年間の教育週数と教育時間についても忘れてはならない。まず，教育週数については特別な事情のある場合を除き 39 週を下ってはならないことになっている。この特別な事情とは台風，地震，津波，豪雪などの非常変災，その他急迫の事情があるときや伝染病の流行などが生じた場合などである。

　また教育時間については４時間を標準とすると決められている。この教育時間というのは登園時刻から降園時刻までを指す。４時間と決められているのだが，幼児の年齢や教育経験，発達の違いや季節などに適した，あるいは地域の実情に合った教育時間を定めるなど弾力的な運用が求められている。

2 入園当初の配慮

　教育課程編成にあたっては，入園から修了までの幼児の生活の変容について，発達の過程と見通しをもつことが必要である。なかでも入園当初の生活については特別の配慮が必要である。教育要領の文言をみてみよう。

　入園当初，特に，３歳児の入園については，家庭との連携を緊密にし，生活のリズムや安全面に十分配慮すること。また，満３歳児については，学年の途中から入園することを考慮し，幼児が安心して幼稚園生活を過ごすことができるよう配慮すること。

　最近では同じ３歳児でも家庭等での生活経験の差が大きいといわれている。

　また，３歳児でも今まで同様に３歳の月から入園する幼児もいれば，満３歳児保育を利用した３歳児では年度の途中で入園してくる。さらに幼保連携型認定こども園の３歳児を考えてみると，３歳になるまでは保育機能の施設に在籍し，３歳になった時点で幼稚園に入園するなど，一人ひとり事情が異なることがわかる。

　いずれの場合も，一人ひとりの生活のしかたやリズムなどに配慮して，１日の保育を行っていく必要があるといえよう。

3 安全上の配慮

　近年は自然災害の危険性も指摘されたり，不審者の問題等も頻発していることもあり，いままで以上に幼児が健康で安全な生活を送れるように，園の教職員全員が協力して環境の配慮をしたり，幼児に対する指導の工夫が行われたりするこ

とが求められている。教育要領には以下のように記載されている。

> 幼稚園生活が幼児にとって安全なものとなるよう，教職員による協力体制の下，幼児の主体的な活動を大切にしつつ，園庭や園舎などの環境の配慮や指導の工夫を行うこと。

　ここで，幼稚園で安全な生活を送るために留意することを教育要領解説のなかからまとめてみよう。
- 幼児が自分で状況に応じて機敏に体を動かし，危険を回避するようになるために，日常の生活の中で十分に体を動かして遊ぶこと。予想もしない場で思わぬ動き方や遊び方をするので，3歳児の動き方や遊び方に沿った園庭や園舎全体の環境を工夫する。
- 遊具等の安全点検は教職員で協力して，定期的に行う。
- 災害時の行動のしかたや不審者との遭遇などのさまざまな犯罪から身を守るために，家庭，地域社会，関係機関とも連携して幼児の安全を図る。
- 年間計画の中に，火事や地震等の自然災害を想定した避難訓練を位置づける。
- 学校保健安全法に基づく学校安全計画および危険等発生時対処要項（危機管理マニュアル）などを作成し，教職員全員で共通理解を図る。

　現代社会はこのような安全上の配慮が今までになく必要になってきている状況であることを理解して，教育課程を編成していくことが大切であるといえる。

5. 小学校との接続

１ 小学校以降の生活や学習の基盤を育成する

　幼稚園教育は学校教育の一環であり，幼児期にふさわしい教育方法をもって行うものである。ここで教育要領の文言を見てみよう。

> 幼稚園においては，幼稚園教育が，小学校以降の生活や学習の基盤の育成につながることに配慮し，幼児期にふさわしい生活を通して，創造的な思考や主体的な生活態度などの基礎を培うようにするものとする。

　幼児の立場から考えてみれば，幼稚園から小学校に上がるからといって特別に変わることはなにもない。ところが前にも述べたように幼稚園教育と小学校教育にはその教育方法，目的等も異なることが多いことから，幼児が小学校入学にあたって戸惑うことも考えられる。しかし，だからといって幼稚園教育を幼児の発

145

達段階にはまだ合わない小学校教育の方法等を先取りして幼稚園で行うことは避けなければならない。

では，小学校以降の生活や学習の基盤を育成するとはどういう方法，考え方で行ったらいいのだろうか。それは教育要領解説にも述べられているように「幼児が遊び，生活が充実し，発展することを援助していくこと」なのである。そのなかで幼児自身が自分をもっと向上させていきたいという意欲が生まれる。それらが小学校の生活や学習の基盤に結びつく方向に向かっているかどうかは教師がしっかりとらえなければならない。この方向性は小学校教育へとつながっていく。

一方小学校においても，幼児期の教育で身につけたことが生かされるようないわゆるスタートカリキュラムを，特に生活科などに編成していく必要があるといえよう。

いずれにしても幼稚園，小学校ともに子どもが困らないように，その円滑な接続を図ることが大切となってくる。

② 小学校との接続

それでは具体的に幼稚園と小学校がどのように協力していけば，この接続期を子どもが困惑することなく乗り切ることができるのだろうか。

まず第一に「幼児期の終わりまでに育ってほしい姿」を手がかりにして，幼稚園と小学校の教師が，お互いの教育内容や指導方法において異なる点や共通点について理解を深めることである。これには双方が意見交換をできる合同の研究会や研修会，保育参観や授業参観などを企画して交流するなどの方法が考えられる。第二に児童交流の場を設けることである。就学を前にした5歳児が小学校との交流活動に参加することなどが考えられる。いずれにしても幼稚園も小学校もお互いに対する垣根を低くして，子どもがこの接続時期を意味ある接続期として乗り越えられるように知恵を出し合うことが必要である。

最近では，5歳児の教育が幼稚園・保育所だけではなく認定こども園等も加わり，異なる特徴のある場で行われるようになってきている。そのことをふまえると，幼稚園と小学校という組み合わせだけではなく，それぞれの場の教師である幼稚園教師・保育士・保育教諭・小学校教師同士が子どもをめぐって意見交換や見学のできる交流を充実していくことが求められている。

③ 全体的な計画の作成

幼稚園の役割を考えるとき，最近では学校教育という範疇ではおさまらない多様な機能を果たすことが求められている。これまでは教育課程の編成をする場合でも教育課程にかかる教育時間の部分のみを考えて編成すればよかった。しかし，

これからはそれのみではなく，保健管理に必要な学校保健計画，安全管理に必要な学校安全計画を作成することはもとより，教育時間外の活動である預かり保育等も視野に入れた全体的な計画を作成することが求められている。

　具体的には教育課程を中心に，今まで述べた計画と連動させたものを作成する必要があるのである。これがあることで幼稚園全体の教育活動が見渡せることになる。そして，教育の質を担保するために，これらの全体的な計画は，評価を通して改善していかなければならない。

6. 教育課程と指導計画

1 教育課程と指導計画の関係

　幼稚園教育における教育課程というものは，その全体を見通したものであることは，皆さんはもうおわかりであると思う。幼稚園の教育目標に向かってどのような道筋をたどっていくかが明らかにされている計画といえよう。そこにはねらいと内容が記載されている。

　一方指導計画は，この教育課程に基づいて具体的なねらいや内容，環境の構成，教師の援助といった，指導の内容や方法を明らかにしたものである。いってみれば指導計画は教育課程を具現化したものであるといえる。この指導計画には長期の指導計画（年間指導計画や，各期の指導計画，月間指導計画等）と短期の指導計画（週間指導計画，週日案，日案等）がある。

2 指導計画は「仮説」であることを忘れずに

　ところで，指導計画は一つの仮説であるという考え方をもつことが大切である。実際の保育実践は計画通りにいかないことも多い。その場合，計画の方に幼児の活動を引き寄せるのではなく，その実態に応じて改善していくことが必要なのである。これらを積み重ねることで，指導計画がより幼児の実態に近いものになるし，のちには教育課程の見直しにもつながっていく。

　いずれにしても，「計画通り」に保育を進めるというよりは，「このようになるかもしれない」という仮説をもちつつ，実態に合わせて修正していくことを忘れてはならないのである。

　指導計画の考え方を教育要領からみてみよう。

> 　幼稚園教育は，幼児が自ら意欲をもって環境と関わることによりつくり出される具体的な活動を通して，その目標の達成を図るものである。
> 　幼稚園においてはこのことを踏まえ，幼児期にふさわしい生活が展開され，適切な指導が行われるよう，それぞれの幼稚園の教育課程に基づき，調和のとれた組織的，発展的な指導計画を作成し，幼児の活動に沿った柔軟な指導を行わなければならない。

　特に最後に記載されている「幼児の活動に沿った柔軟な指導」という文言が，指導計画が仮説であって，実践のなかでは幼児の活動に沿って指導することが大切であると述べられていると解釈できるのである。

7. 指導計画を作成するために

1 発達を理解する

　指導計画作成の目的を考えてみると，それは教育要領にもあるように「幼児の発達に即して一人一人の幼児が幼児期にふさわしい生活を展開し，必要な体験を得られるようにするため」なのである。つまり，一人ひとりの発達の実情が教師に理解されていないと，指導計画を作成することはできない。

　このように考えていくと，特に個人差が大きい3歳児についてはこれを位置づけた丁寧な指導計画を作成することが必要である。

　また，幼稚園が集団保育の場であることを勘案すると，学級や学年の幼児たちがどの時期にどのような道筋で発達しているかということも押さえなくてはならない。このように発達を理解するということが，指導計画の根本基礎となっているのである。

2 具体的にねらいや内容を設定する

　次にどうやって具体的にねらいや内容を設定していったらよいのだろうか。それは教師が幼児と生活を共にしながら，幼児の生活する姿から，その時期に教師としてどのような育ちを期待しているかということと，そのためには幼児がどのような経験をすることが必要かを，具体的に理解することが必要なのである。

　教育要領解説には生活の実態を理解する視点として「幼児の興味や関心，遊びや生活への取り組み方の変化，教師や友達との人間関係の変化，さらには，自然や季節の変化など，様々なものが考えられる」とある。この基本的な視点に加えて各園の実態を反映した項目も入れていく必要があるだろう。さらには幼稚園生

活と家庭，地域での生活の連続性や連携，また教師間の連携，5歳児にあっては小学校との連携もこれらにあたる。

いずれにしても日々の子どもの姿に即した保育実践を通して教師自身がしっかりと考えたうえで，ねらいや内容を設定していくことが求められるのである。

③ 環境の構成・活動の展開と教師の援助を考える

具体的に「ねらいや内容」の設定の次にくることは，「環境の構成」である。指導計画を作成する際には，保育実践を通して得られた幼児の実態を考慮し，ねらいと内容を具体的に設定する。教師はこれらのことを総合して環境を設定する必要があるので，指導計画の項目のなかには，予想される幼児の姿やそれに対する環境の構成と教師の援助について具体的にイメージできるように環境図*などを入れることが実際の環境を構成する際の大きな手がかりになる。

ところで，教師の周到な環境の構成は欠かせないものであるが，ここで気をつけなくてはならないことは，実際の保育場面では，幼児の発想なども大切にし，教師と子どもが共に環境をつくり出していくという視点をもって保育をすることである。同じ環境に関わっても，それぞれの幼児が生み出す活動は一人ひとり異なる。そのため「幼児のなかに育ったものはなんであるのか」「またどのように活動を展開していきたいと思っているか」などを予想しながら，幼児に必要な援助を考え，次の環境構成の参考にするという姿勢をもつことが大切となる。

実際の保育では教師の予想とは異なる展開になることも多い。幼児をある環境のなかに置いて，幼児のなすがままに放置するのではなく，その際に必要な関わりや援助を行うことも忘れてはならない。教師には状況に応じた多様な関わりが求められるといえよう。

> *人的環境，物的環境，保育者の配慮，幼児の動き等を書き込める図表。

④ 評価し，指導計画を改善する

教育要領には「幼児の実態及び幼児を取り巻く状況の変化などに即して指導の過程についての評価を適切に行い，常に指導計画の改善を図るものとする」と書かれている。この循環を表したものが図8−1である。

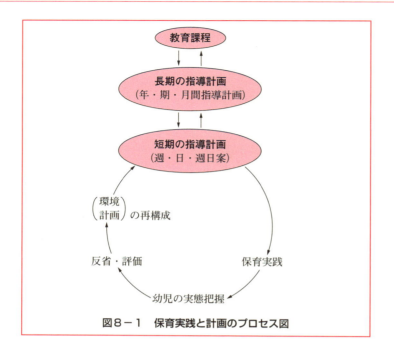

図8−1　保育実践と計画のプロセス図

8. 指導計画作成上の留意事項について

1 長期の指導計画と短期の指導計画

　長期の指導計画の場合，園全体の生活を視野に入れる必要があるので，作成の際は学年やクラスの連携をとりつつ，園全体の教職員が協力していくことが欠かせない。

　短期の指導計画については，長期の指導計画との関連をもたせつつ，より具体的な幼児の生活から一人ひとりの幼児の発達や興味，関心をふまえて作成しなければならない。この作成は主にクラスの担任教師が中心になって行い，それをもとに園全体で必要な討議を重ねることが望ましい。

　これらの指導計画が有効に働くためには，園全体の協力体制が欠かせないのである。なお，本章末に参考として，「期間指導計画」（表8−1），「月間指導計画」（図8−2），「週日案」（図8−3）を掲載した。

8章　幼稚園における教育課程と指導計画

② 幼児の体験の多様性と関連性

　幼稚園生活を通して，その遊びや生活のなかで，幼児はさまざまな環境と関わり，その豊かな体験を通して「知識及び技能の基礎」「思考力，判断力，表現力等の基礎」並びに「学びに向かう力，人間性等」の資質・能力等が育まれていく。

　このような豊かな体験を重ねるためには，教師が常に指導の改善を図ることが欠かせない。特に集団の生活のなかで，幼児たちの関わりが深まるように配慮することが大切である。さらに教師として幼児の体験が主体的・対話的で深い学びが実現するような関連性をもつものにするためには，以下のことを教師が念頭に置いて指導計画を作成しなくてはならない。

　①一人ひとりの幼児の体験を理解しようと努める。

　②幼児の体験を教師が共有するように努め，共感すること。

　③そこからどのような興味，関心をもったかを理解して環境を構成して適切な援助をする。

　④幼児がある体験からなにを学んだかを理解する。

　⑤入園から終了までの幼稚園生活のなかで，どの時期の体験が後の時期のどのような体験とつながりうるのかという関連性をとらえる。

　これらのことに留意することが幼児の体験間につながりをもたせ，その学びがより豊かになる援助につながっていくのである。

③ 言語活動の充実を図る

　言語活動の充実を図ることは2017（平成29）年の改訂で新たに強調された部分でもある。教育要領には「言語に関する能力の発達と思考力等の発達が関連していることを踏まえ，幼稚園生活全体を通して，幼児の発達を踏まえた言語環境を整え，言語活動の充実を図ること」とある。教師にはよりよい言語環境を創造していくことが求められている。たとえば幼児が言葉以外の方法でなにかを表現したときにもそれを丁寧にわかりやすい言葉で言い換えるなどの工夫が教師には求められているのである。さらに，教育要領解説には「遊びの中で，歌や手遊び，絵本や紙芝居の読み聞かせ，しりとりや同じ音から始まる言葉を集める言葉集め，カルタ作りなどといった活動を意図的に取り入れ，幼児が言葉に親しむ環境を工夫し，言語活動を充実させていくことが大切である。」と，かなり具体的に言語活動の充実についての記載がある。つまり，ありとあらゆる機会を利用して，幼児が獲得した言葉を状況に合わせて使いこなせるようになるような教師の働きかけが望まれ，それを指導計画上に反映させる必要があるといえる。

151

4 見通しや振り返りの工夫

　この項目も，2017（平成29）年改訂の教育要領に新たに加わった視点である。教育要領には「幼児が次の活動への期待や意欲をもつことができるよう，幼児の実態を踏まえながら，教師や他の幼児と共に遊びや生活の中で，見通しをもったり，振り返ったりするよう工夫すること。」とある。

　日常の保育のなかでは特に片づけや帰りの会など，園での生活の区切りとなる場面などが見通しをもったり，振り返るチャンスが多い場面と考えられる。特に友だちと共通の目的をもって遊ぶようになる時期にはこの場面を利用して，いろいろな情報の交換や話し合いなどを行うことは有効である。しかしながら，たとえば学級での話し合いのときなど，単に型通りに行うのでは意味がない。幼児がそのことに必要感をもって参加することがポイントとなる。そのための教師の役割としてはまず，これらのことが楽しくできるように配慮し，その輪に入れないという幼児がいる場合にはその気持ちを受け止めながら，ほかの幼児にも伝わる言葉に置き換え，クラス全体で楽しく話し合う雰囲気をつくることが大切になってくる。

　幼児が見通しをもったり振り返ったりするために，最近では園で教師がドキュメンテーションを作成し，それを子どもや時には保護者も巻き込んで共有することで，振り返りや，今後の見通しをもつことの一助とすることも増えてきている。

5 行事について

　行事は，園生活に潤いを与える活動でもある。しかし，時に行事保育という言葉でも表されているように，園によっては，幼児の負担になるほど行事が多いこともある。さらにその行事のできばえに力を入れすぎると，これもまた幼児の負担となっていく。これらのことを避け，行事が真に子どもたちに資する活動となるためには以下のことを考えなくてはならない。

　まず，幼稚園の生活の流れや幼児の発達の過程を見極めて適切なものを精選することが必要であろう。また行事の際に教師は幼児がその行事に期待感をもって主体的に取り組むことができるように配慮し，行事後には達成感を味わえるように援助することが大切である。そうすることで，幼児の活動意欲が高まったり，これをきっかけに幼児同士の交流が深まることも考えられる。また，行事は園だけではなく，地域や家庭の行事もあることから，地域や家庭とも連携をとって幼児にとって楽しみであり，かつ，園生活に潤いをもたらすようなものになるように留意して計画のなかに盛り込んでいくことが求められる。

6 情報機器の活用

　最近では情報機器の利用は家庭でも盛んに行われるようになってきている。テレビ，コンピュータ，スマートフォン，ゲーム機器等これらの情報機器は巷にあふれかえっている。このような状況のなかで，幼稚園もまたそのこととは無縁ではいられない。なかでもコンピュータなどの情報機器を活用する場合，どのようなことに注意を払って指導計画に組み込んだらよいのだろうか。それは一言でいえば，幼児の生活にとっては，直接的な体験が大切な時期であることから，たとえ幼児がこれらのものに大きな興味を示したとしても，直接的な体験をそこなう形で与えることは控え，あくまでもその使用が幼児にとって豊かな生活体験として位置づけられるかどうかを考慮して計画に位置づけていくことが必要であろう。

7 教師の役割

　幼児期の教育において教師の役割はなんであるのか。時に幼児の主体性を重視するあまり「幼児をただ遊ばせている」という状況も出現することがある。けれどもこれでは教育というものは成り立たない。幼稚園での教師の役割は幼児の精神的なよりどころであるとともに，幼児の発達の過程を見通し，具体的なねらいおよび内容を設定して，意図をもって環境を構成して保育を展開しなくてはならない。これが教師の役割の基礎をなす部分である。それに加えて他の主な役割としては以下のものがある。第一は「活動の理解者」としての役割である。第二は「幼児との共同作業者，幼児と共鳴するものとしての役割」，第三に「幼児の憧れを形成するモデルの役割」，第四に「遊びの援助者としての役割」，第五に「規範のモデルとしての役割」等がある。このことに支えられて，幼児は安心して園で自分を出していけるのである。指導計画を作成する場合にはどのような教師の役割が必要かを書き出しておくことが求められるのでる。

8 園全体の教師による協力体制

　幼稚園で幼児の行う活動を見てみると，個人での活動，グループでの活動，学級での活動等多様な形態で展開されている。これらの指導を充実させるためには学級の枠を超えた柔軟な指導方法をとることも時には必要となってくる。つまり幼稚園全体としての協力体制を高めて，チーム保育を導入するなどして，きめの細かい指導上の工夫をすることが求められる。このチーム保育で指導法を工夫することで幼児一人ひとりの特性に応じた指導の充実を図ることができるのである。

9. 幼児理解に基づいた評価の実施

① 評価の実施

　教育要領によれば，幼児の評価はあくまでも「指導の過程を振り返りながら幼児の理解を進め，幼児一人一人のよさや可能性などを把握し，指導の改善に生かすようにすること」とある。評価というと，ほかとの比較や一定の基準に対する達成度についての評定であることが一般的である。しかしながら，幼稚園における評価はそうであってはならない。大切なことは振り返ることで幼児一人ひとりの良さや可能性などを把握し，それらを次の指導の改善に生かすようにすることなのである。教育要領解説には「幼稚園では，行動の仕方や考え方などに表れたその子らしさを大切にして，一人一人の幼児が，そのよさを発揮しつつ，育っていく過程を重視する必要がある。」と記されている。繰り返しになるが，決して比較や一定の基準に対する達成度についての評定でとらえるものではないことに十分留意する必要がある。また，ほかの教師との話し合いを行うことで，評価が教師自身の特徴や傾向に影響されることを極力防ぐということも大切である。

② 評価の妥当性と信頼性の確保

　評価の妥当性や信頼性を高めるということもまた大切なことである。ではどうやってそれらを高めるのか？　教育要領解説には「日々の記録やエピソード，写真など幼児の評価の参考となる情報を生かしながら評価を行ったり，複数の教職員で，それぞれの判断の根拠となっている考え方を突き合わせながら同じ幼児のよさを捉えたりして，より多面的に幼児を捉える工夫をするとともに，評価に関する園内研修を通じて，幼稚園全体で組織的かつ計画的に取り組むことが大切である」と記されている。記録，エピソード，写真など，日ごろ幼児の姿をとらえたものを駆使して，まずは担任として評価を行い，その後に他の教職員と考え方を突き合わせる。幼稚園としては評価の園内研修を行うということが書かれているように，まさに園全体で組織的かつ計画的に取り組むことが求められているのである。これはより多面的に幼児をとらえる工夫であり，これによって評価の妥当性と信頼性を上げることができるのである。

　このような方法で幼児を評価することは，次年度への園内での引き継ぎを容易にする。また，学校教育法施行規則では幼稚園の園長は幼児の指導要録の抄本または写しを作成して小学校の校長に送付しなければならないこととなっている。幼児理解をふまえた幼児の評価を送付することで小学校との情報の共有化も図れることになる。

ところで，文部科学省は今回の改訂に時を合わせて，「幼稚園幼児指導要録」の改善についての通知を行った。その改善の要旨によると，「『指導上参考となる事項』について，これまでの記入の考え方を引き継ぐとともに，最終学年の記入に当たっては，特に小学校等における児童の指導に生かされるよう，『幼児期の終わりまでに育ってほしい姿』を活用して幼児に育まれている資質・能力を捉え，指導の過程と育ちつつある姿を分かりやすく記入することに留意するよう追記したこと。」とある。今回の改訂のポイントが幼児指導要録にも反映されるようにということである。この通知のなかに別添資料1として添付されている様式の参考例のうち，改訂に関わる幼稚園幼児指導要録（最終学年の指導に関する記録）を次ページに掲げておく。

幼稚園幼児指導要録（最終学年の指導に関する記録）　（様式の参考例）

ふりがな		平成　　年度		幼児期の終わりまでに育ってほしい姿	
氏名	指導の重点等	（学年の重点）		「幼児期の終わりまでに育ってほしい姿」は、幼稚園教育要領第2章に示すねらい及び内容に基づいて、各幼稚園で、幼児期にふさわしい遊びや生活を積み重ねることにより、幼稚園教育において育みたい資質・能力が育まれている幼児の具体的な姿であり、特に5歳児後半に見られるようになる姿である。「幼児期の終わりまでに育ってほしい姿」は、とりわけ幼児の自発的な活動としての遊びを通して、一人一人の発達の特性に応じて、これらの姿が育っていくものであり、全ての幼児に同じように見られるものではないことに留意すること。	
平成　年　月　日生					
性別		（個人の重点）			

ねらい（発達を捉える視点）		指導上参考となる事項			
健康	明るく伸び伸びと行動し、充実感を味わう。		心と健康な体	幼稚園生活の中で、充実感をもって自分のやりたいことに向かって心と体を十分に働かせ、見通しをもって行動し、自ら健康で安全な生活をつくり出すようになる。	
	自分の体を十分に動かし、進んで運動しようとする。		自立心	身近な環境に主体的に関わり様々な活動を楽しむ中で、しなければならないことを自覚し、自分の力で行うために考えたり、工夫したりしながら、諦めずにやり遂げることで達成感を味わい、自信をもって行動するようになる。	
	健康、安全な生活に必要な習慣や態度を身に付け、見通しをもって行動する。		協同性	友達と関わる中で、互いの思いや考えなどを共有し、共通の目的の実現に向けて、考えたり、工夫したり、協力したりし、充実感をもってやり遂げるようになる。	
人間関係	幼稚園生活を楽しみ、自分の力で行動することの充実感を味わう。		道徳性・規範意識の芽生え	友達と様々な体験を重ねる中で、してよいことや悪いことが分かり、自分の行動を振り返ったり、友達の気持ちに共感したりし、相手の立場に立って行動するようになる。また、きまりを守る必要性が分かり、自分の気持ちを調整し、友達と折り合いを付けながら、きまりをつくったり、守ったりするようになる。	
	身近な人と親しみ、関わりを深め、工夫したり、協力したりして一緒に活動する楽しさを味わい、愛情や信頼感をもつ。		社会生活との関わり	家族を大切にしようとする気持ちをもつとともに、地域の身近な人と触れ合う中で、人との様々な関わり方に気付き、相手の気持ちを考えて関わり、自分が役に立つ喜びを感じ、地域に親しみをもつようになる。また、幼稚園内外の様々な環境に関わる中で、遊びや生活に必要な情報を取り入れ、情報に基づき判断したり、情報を伝え合ったり、活用したりするなど、情報を役立てながら活動するとともに、公共の施設を大切に利用するなどして、社会とのつながりなどを意識するようになる。	
	社会生活における望ましい習慣や態度を身に付ける。				
環境	身近な環境に親しみ、自然と触れ合う中で様々な事象に興味や関心をもつ。		思考力の芽生え	身近な事象に積極的に関わる中で、物の性質や仕組みなどを感じ取ったり、気付いたり、考えたり、予想したり、工夫したりするなど、多様な関わりを楽しむようになる。また、友達の様々な考えに触れる中で、自分と異なる考えがあることに気付き、自ら判断したり、考え直したりするなど、新しい考えを生み出す喜びを味わいながら、自分の考えをよりよいものにするようになる。	
	身近な環境に自分から関わり、発見を楽しんだり、考えたり、それを生活に取り入れようとする。				
	身近な事象を見たり、考えたり、扱ったりする中で、物の性質や数量、文字などに対する感覚を豊かにする。		自然との関わり・生命尊重	自然に触れて感動する体験を通して、自然の変化などを感じ取り、好奇心や探究心をもって考え言葉などで表現しながら、身近な事象への関心が高まるとともに、自然への愛情や畏敬の念をもつようになる。また、身近な動植物に心を動かされる中で、生命の不思議さや尊さに気付き、身近な動植物への接し方を考え、命あるものとしていたわり、大切にする気持ちをもって関わるようになる。	
言葉	自分の気持ちを言葉で表現する楽しさを味わう。				
	人の言葉や話などをよく聞き、自分の経験したことや考えたことを話し、伝え合う喜びを味わう。		数量や図形、標識や文字などへの関心・感覚	遊びや生活の中で、数量や図形、標識や文字などに親しむ体験を重ねたり、標識や文字の役割に気付いたりし、自らの必要感に基づきこれらを活用し、興味や関心、感覚をもつようになる。	
	日常生活に必要な言葉が分かるようになるとともに、絵本や物語などに親しみ、言葉に対する感覚を豊かにし、先生や友達と心を通わせる。		言葉による伝え合い	先生や友達と心を通わせる中で、絵本や物語などに親しみながら、豊かな言葉や表現を身に付け、経験したことや考えたことなどを言葉で伝えたり、相手の話を注意して聞いたりし、言葉による伝え合いを楽しむようになる。	
表現	いろいろなものの美しさなどに対する豊かな感性をもつ。		豊かな感性と表現	心を動かす出来事などに触れ感性を働かせる中で、様々な素材の特徴や表現の仕方などに気付き、感じたことや考えたことを自分で表現したり、友達同士で表現する過程を楽しんだりし、表現する喜びを味わい、意欲をもつようになる。	
	感じたことや考えたことを自分なりに表現して楽しむ。				
	生活の中でイメージを豊かにし、様々な表現を楽しむ。				

出欠状況		年度	備考
	教育日数		
	出席日数		

学年の重点：年度当初に，教育課程に基づき長期の見通しとして設定したものを記入
個人の重点：１年間を振り返って，当該幼児の指導について特に重視してきた点を記入
指導上参考となる事項：
（１）次の事項について記入すること。
　　①１年間の指導の過程と幼児の発達の姿について以下の事項を踏まえ記入すること。
　　・幼稚園教育要領第２章「ねらい及び内容」に示された各領域のねらいを視点として，当該幼児の発達の実情から向上が著しいと思われるもの。
　　　その際，他の幼児との比較や一定の基準に対する達成度についての評定によって捉えるものではないことに留意すること。
　　・幼稚園生活を通して全体的，総合的に捉えた幼児の発達の姿。
　　②次の年度の指導に必要と考えられる配慮事項等について記入すること。
　　③最終年度の記入に当たっては，特に小学校等における児童の指導に生かされるよう，幼稚園教育要領第１章総則に示された「幼児期の終わりまでに育ってほしい姿」を活用して幼児に育まれている資質・能力を捉え，指導の過程と育ちつつある姿を分かりやすく記入するように留意すること。また，「幼児期の終わりまでに育ってほしい姿」が到達すべき目標ではないことに留意し，項目別に幼児の育ちつつある姿を記入するのではなく，全体的，総合的に捉えて記入すること。
（２）幼児の健康の状況等指導上特に留意する必要がある場合等について記入すること。
備考：教育課程に係る教育時間の終了後等に行う教育活動を行っている場合には，必要に応じて当該教育活動を通した幼児の発達の姿を記入すること。

【参考文献】

文部科学省「幼稚園教育要領」（告示）2017

厚生労働省「保育所保育指針」（告示）2017

内閣府・文部科学省・厚生労働省「幼保連携型認定こども園教育・保育要領」（告示）2017

文部科学省「幼稚園教育要領解説」2018

表8－1　4歳児期間指導計画（例）

4歳児　Ⅳ期

	10月　中旬　～　12月　下旬
実態	○自分のやりたいことを見付けて遊びに必要なものを用意したり場を作ったりして遊ぶ。 ○友達と誘い合って簡単なルールの鬼遊びや，ボール遊びなどをして楽しむ。 ○一緒に遊びたい友達と思いを伝えたり，部分的に受け入れ合ったりしながら遊びを進めるが，思いの違いを言葉で伝えきれずにトラブルになり，遊びが中断することもある。 ○今まで自分を出せなかった幼児も自分を出せるようになり，友達関係に変化が見られる。 ○登り棒などの固定遊具，一輪車など自分なりのめあてをもって挑戦しようとする。 ○身の回りの環境，教師の用意した環境に進んで関わり，試しながら自分なりの工夫をしたり，最後までがんばろうとしたりする。 ○学級のみんなで取り組んだ遊びを，自分たちの遊びに取り入れて楽しむ。 ○当番の順番を楽しみに待ち，友達と誘い合って自分から取り組もうとする。 ○自分たちがまいた種や球根に興味をもち，発芽を楽しみに世話をする。
ねらい	○自分なりのイメージを表現したり，友達の思いを部分的に受け入れたりしながら遊ぶ楽しさを感じる。 ○特別に設定された環境に自分なりの目的をもって取り組み，できた喜びを感じる。 ○学級のみんなで遊ぶことを楽しみ，相手の動きを意識して動こうとする。 ○寒さに向かう生活に必要なことがわかり，自分から気をつけて行動する。 ○秋から冬への自然の変化に気付き，身近な自然を遊びの中に取り入れて楽しむ。
内容　みんなが・みんなで・生活を通して・自然との関わりの中で	○自分なりの目的をもって繰り返し取り組み，やり遂げようとする気持ちをもつ。 ○遊びに必要なものを作るために，材料や用具を自分たちで考えたり先生に要求したりする。 ○身近な材料を使い，イメージしたことを工夫しながら作る楽しさを感じる。 ○年長児と一緒に遊んだり，教えてもらったことを刺激として遊びの中に取り入れる。 ○友達に自分の思いを伝え，受け入れられる喜びを感じる。 ○友達の動きや言葉，イメージに気付き，部分的に受け止めようとする気持ちをもつ。 ○友達と体を十分に動かし，自分なりのめあてをもっていろいろなことに挑戦していく。 ○文化の日や勤労感謝の日の意味を知り，身の回りの環境を大切にする気持ちや感謝の気持ちをもつ。 ○遠足で経験したことを絵や身体で表現する楽しさを味わう。 ○展覧会で"わくわくギャラリー"や，ごっこ遊び"わくわくランド"に向けて，自分で作り上げる喜びや，作ったものを遊びに生かしていく楽しさを感じる。 ○展覧会やごっこ遊びを通して，みんなでひとつのことをやり遂げたいという気持ちをもつ。 ○親子で色々な素材に触れ，工夫しながら一緒に作品を作ることを楽しむ。 ○みんなの作品を構成して壁面を作り，工夫したり考えたりしたものが飾られる喜びを感じる。 ○学級のみんなでルールのある遊びをする中で，友達の動きを意識しながら動く楽しさを感じる。 ○季節感やイメージを膨らませる楽しさを感じることのできる絵本をみんなで楽しむ。 ○学級のみんなで声を合わせて歌ったり，部分的にそろえながら合奏したりする楽しさを感じる。 ○1日の生活の大まかな流れがわかり，見通しをもって動こうとする。 ○弁当の準備や小動物の世話の仕方がわかり，できるところは自分たちでしようとする。 ○手洗い，うがい，薄着などの必要性に気付き自分から取り組む。 ○園庭や毎月行く隅田川テラスの遠足で，秋から冬への自然の変化に気付く。 ○感じたり気付いたりした自然の変化を言葉にしたり，表現したりする。 ○自然物を遊びの中に取り入れたり，世話をしたり触れたりすることを楽しむ。 ○球根植えや種蒔き，水栽培などをして，植物の生長に関心をもち，春を期待して待つ。 ○移動動物園では，日頃関われない動物に触れて，温かさや柔らかさを感じたり，動物の気持ちになって大切に扱ったりする。
小学校・家庭との連携	○秋の自然に親しみながら，学級の親睦を図る。（親子徒歩遠足） ○幼児の作品から成長を感じられるようにすると共に，色々な素材を使って親子で一緒に作ったり，ごっこ遊びをしたりする楽しさも味わえるようにしていく。

8章　幼稚園における教育課程と指導計画

環境の構成と　◆教師の援助

<自分なりの目的をもち，やり遂げていく喜びを感じていけるように>
- 個々に目的をもって取り組んだり，友達の動きに気付いたりできる場や遊具を用意しておく。
（鉄棒，登り棒，うんてい，跳び縄など）
- 自分のイメージが実現できるような材料を用意しておいたり，教師と共に探したりする。（空き箱，カラービニール袋，面バンド，リボン，いろいろな材質の紙など）
- 表現の幅を広げたり自分の思いを表現できるような材料や用具を用意しておく。（絵本作り用の紙，ホチキス，功技台，ペープサートの棒，OHP機器，OHPシート，スクリーンなど）
◆個々の幼児の姿を認め励ましながら個々の目的を明確にし自信をもって取り組めるようにする。
◆できるようになったことを共に喜び，やり遂げようとする気持ちを育てていく。
◆友達の動きが刺激になるように，周りの幼児の姿を知らせていく。

<友だちとの遊びに必要なものを考えたり工夫して作ったりできる楽しさを感じていけるように>
- 友だちとの関わりを楽しみながら，自分の思いやイメージを出したり，友達の動きや言葉を意識したりできるような場が作れるように遊具や材料を用意し，必要なときは教師と共に探す。（中形積み木，ゲームボックス，ダンボール，功技台，マット，広告の紙，折り紙など）
- 友達とイメージが共通になるような音楽テープを用意しておく。（運動会で使った曲など）
- 友達との遊びが翌日も続けられるような片付け方を工夫する。
（遊びに使うために作ったもの，材料を入れておく箱やかご，表示など）
◆友達との遊びの中で，それぞれが思いを伝えたり，相手の思いに気付かせたり，部分的に相手を受け入れる楽しさを感じていけるように援助していく。

<友達と十分に体を動かして遊ぶ楽しさを味わえるように>
- 友達と簡単なルールのある遊びを楽しむ中で自分の力を出していけるよう，遊びの場を確保したり，用具を準備したりする。（サッカーのコート，ゴール，紅白のゼッケン，紅白帽子，点数用の紅白玉，ドンジャンケンのライン，功技台のふた，チョークなど）
◆広さや距離などに配慮しながら場を確保したり，教師も一緒に動いたりしながら，場やものの準備の仕方や，遊びの楽しさを伝えていく。

<教師が設定した環境に自分から関わり，できたという満足感や工夫したり考えたりする楽しさが味わえるように>
- 展覧会“わくわくギャラリー”や，ごっこ遊び“わくわくランド”に向けて，自分のイメージを実現していける材料や道具などを用意する。（絵の具，筆，画用紙，段ボール紙，カラータイル，ボンド，紙粘土，ピカピカ絵の具，マカロニ，木の実，豆，スパンコールなど）
◆それぞれの幼児の取り組みを認め，できないところは教師が手伝ったり，友達と教え合うよう促したりしながらやり遂げた満足感が味わえるようにしていく。

<みんなと動く楽しさを味わい，学級としてのつながりが感じられるように>
- 相手の動きを見て自分の動きができる鬼遊びを取り入れる。（ラインサッカーなど）
- 相手の動きを意識したり，友達の動きに合わせていけるような歌やダンスをする。
（『アイアイ』『カレーライス』など掛け合いの歌，『キンダーポルカ』『ヤンチャリカ』など二人組のダンス，『焼き芋グーチーパー』などジャンケンの歌遊びなど）
- リズムに合わせて相手の楽器と打つところが分担しやすい曲を取り入れる。（『キラキラ星』『ことりのうた』などを，鈴，カスタネット，トライアングル，タンブリンで演奏する）
- イメージがふくらむような，話の展開が幼児にわかりやすくおもしろい絵本や紙芝居，ペープサートを見る機会を作り遊びに生かしていけるようにする。
（『てぶくろ』『あかずきん』『ともだちほしいなおおかみくん』『どうぞのいす』など）
◆学級のみんなで動く中で，周りの幼児の動きを伝えたり，友達と対応する楽しさが感じられる言葉を掛けたりしていく。

<生活の中で見通しがもてるように>
- 飼育物の世話や，牛乳の当番に交代で取り組める機会を作る。
- 冬に向かって生活の仕方を知らせていく。（温飯機の使い方，衣服の調整など）
◆片づけの時間や次の活動を知らせておくなど，自分たちで見通しがもてるようにしていく。

<季節の変化を感じ，遊びの中に取り入れていけるように>
- 身近な所に晩秋の自然物を用意し，遊びの中に取り入れていく。（落ち葉，木の実など）
- 花壇の水やり用のジョーロや水栽培の絵本などを用意し，球根の根や芽などに興味・関心をもったり発芽や開花を楽しみに世話をしていけるようにする。
- 冬に向けての，季節の変化を感じる機会を大切にする。（息の白さ，手や水の冷たさなど）
- 移動動物園では，いろいろな動物とのふれあいができるようにする。
- みんなで同じ場所に出かけ，共通の経験がもてる機会を作る。（親子遠足，電車の遠足など）
- 自然の変化を教師が感じとり，幼児に知らせたり一緒に見たり触れたりしていく。

東京都区立幼稚園
嶺村法子教諭の提供資料より引用

20××年度

5歳12月の生活　　ねらい・友達と共通のイメージをもち，思いや考えを出し合いながら遊ぶ楽しさを味わう。
　　　　　　　　　　　　　・園生活への見通しをもち，自分たちで生活を進めていこうとする。

行　事	体位測定（10），お誕生会・お楽しみ昼食会（12），午前保育開始（13〜），親子餅つき大会（14），
環境構成	自分たちで遊びを進めていけるように　　クリスマスが楽しめるように（友だちといっしょに）　　クリスマス飾りの材料　クリスマスカードの材料　ツリー・リース　　・サッカーボール，サッカーゴール，六角・フープ　・積み木，ブロック　・スカート，ドレス，タキシード，ネクタイなど衣裳　・あやとりの糸・色セロファン・スクリーン・型紙　　目標をもってがんばり，やりぬこうとするように
幼児の生活	いろいろな人のおはなしをきこう！　はつげんしよう！　　クリスマスたのしみ♥　　友だちと誘い合ってみんなで遊ぶとたのしいな　　帰りの集いなどで　絵本，かもくちょうゲーム　○のつくものなーんだ？　ことばあそび　　製作面では　じっくりとりくもう!!　マフラー編み，ゆきのけっしょうづくり　ゆび編み，マスコットづくり　　・集団で行うゲーム　かんけり，どろけい，ドッヂボール，オセロゲーム，鬼ごっこ，花いちもんめ，サッカー（まとあてサッカー）　目標をもって取り組もう　・積み木をつかって　・リズムにのってゲーム　基地づくり　　プレゼントおに　カミナリおに　体を動かすってきもちいい　・衣裳をつけてごっこあそび　・影絵で遊ぶ　運動面では　なわとび，マラソン，竹馬　とび箱，マット（前・後転）
援　助	・寒くなり室内での遊びが多くなる中で，鬼ごっこ，ドッヂボールなど戸外で体を使って遊べるように誘いかけ，一緒に遊んだりする。　・ルールがわからない子がいるゲームでは，自分たちでやさしく教え合ったり，やって見せたりと，一緒に楽しめるように。　・思いどおりに活動が進まない，友だち関係でのトラブル　自分たちで解決していけるように言葉かけ。　　　・帰りの集いの充実　時間をできるだけゆったりととって，人の話をじっくりと聞く姿勢がとれるように，また，人の前で発言するよろこびを知らせていく。　・できるようになったことを一緒に喜んだり，がんばっている姿を周囲に知らせたりする。友だち同士喜び合ったり，認め合ったりする気持ちが育てていけるように。
内　容	● ストーリーのあるものを身体で表現，楽器をつかって，衣裳をつけてのごっこ遊びなど様々な表現活動を通して，表現する楽しさを味わったり，イメージを豊かにしたりする。　● 自分たちで協力したり，考えを出し合いながら，集団でルールのある遊びを楽しむ。　→　そこで生じたトラブルを自分たちで解決したり，乗り越えたりして，保育者の介入なしでも遊びが持続していく。　● 避難訓練での経験を通し，災害時の行動の仕方がわかり，より安全に気をつけて行動する。　● 自分なりの目標・課題をもって活動に取り組む。

図8-2　5歳児12月の月間指導計画（例）

8章　幼稚園における教育課程と指導計画

立案者　　　　印　　園長印

お楽しみ会＜クリスマス＞（18），終業式（19）

布，フェルト，まつぼっくり
金，銀紙，クレパス，毛糸，モール
折り紙，型紙，画用紙
綿，ペットボトル，すずらんテープ
ダンボールなど

正月飾り，門松づくりの
材料

身体をつかって
楽器をつかって
　表現あそびが楽しめる
　　　ように

お正月が楽しみに
待てるように…

（運動）とび箱，マット
　　　なわとび（マラソン）グラウンド
　　　竹馬，長縄，短縄

（製作）ペットボトル，わりばし（編み機）
　　　フェルト，竹ひご，紙粘土，毛糸

ピアノ・ハーモニカ
絵本
（本物のおとを聞く）
たいこ

ぞうきん・スポンジ・ほうき
洗剤など掃除用具

クリスマスの飾りづくり
クリスマスカード
大きなクリスマスツリーをつくろう
みんなでクリスマス会

親子
おもちつき大会

楽器って楽しいね！
身体をつかって表現しよう

まちにまった
冬休み
お正月を迎える
準備をしよう

３学期も
たのしみ!!
お正月の飾り
一緒に飾る
つくる

生活発表会
どんなことをしようかな？

共通の目的に
向かって…

大掃除
個人のもの，クラスのもの，その他園のものの片づけ
整理整頓

新春コンサートに向けて
手話ソング♪

ハーモニカに挑戦
物語を読んで身体で表現

リズムに合わせて
身体で音を出そう
タップダンス（たいこ）

オリヅルラン
ちゅーりっぷ　水やり

・充分な素材・材料の準備（イメージを実現できるように，考えたり，試したりできるものを用意）
・一緒に飾り付けをしたり，いろいろな飾りをつくったりしながら，クリスマスを楽しみに待つように。
・一人ひとりの発想を大切にし，表現する楽しさが味わえるように認めていく。個々の考えを引き出して，動きのよい子に注目。
他の子を意識しながら活動にとりくめるように。

・親子で一緒におもちつき（伝統行事）を楽しめるように。
・正月を迎える気持ちを味わえるように。
・オリヅルラン・ちゅーりっぷの水やり，冬から来春に向け，開花を楽しみに世話できるように，植物の生長に気付けるように。

● 帰りの集いなどじっくりと人の話を聞いたり，また人の前で発言することから，生活発表会への意識・期待をもっていく。園生活の流れへの見通しをもっていく。
● もちつき，園内の大掃除，お正月を迎える準備，生活発表会を視野に入れた活動などを通し，新年を迎えることに期待をもっていく。
● 様々な材料を用いてイメージをふくらませ，工夫したり，特徴を生かしながら遊ぶ。
● 冬をむかえ，寒さが厳しくなっていく中で，健康・安全な生活をするために必要なことに気付き自分から行う。

K女子大学幼稚部　上田陽子教諭の提供資料より引用

161

| | 週日案 | | 年長 | クラス |

先週の幼児の姿

- ルールのある遊び（鬼ごっこ，ドッヂボール等）を友だちと話し合いながら自分たちで進めていこうとする姿がみられはじめた。（→保育者，最初のきっかけをつくることが多い。途中でぬけて遊びが続かないから少し続くように）
- マフラー編み，ゆび編み，雪の結晶づくりなど，じっくりと１つのことに集中して取り組む姿勢がみられた。　　　　　　　　　　　　　　　　　　　　　　　　　（友だちとの会話を楽しみながら）
- パンダルームでは（ひまわりでも），入試の影響もあってか，机，イスをつかっておべんきょうごっこ（たし算・数字・ひらがな・英語，たんじょうび，名前をかく）が展開していた。
- 誕生会の衣裳の影響を受け，お気に入りの衣裳を身につけ，ごっこ遊びをする姿（普段運動的な遊びが中心の子も仲間に加わり）がみられた。　　　　とり合いでのトラブルも…
- 帰りの集いなどでは，少し難しいゲーム（花木鳥ゲーム）の内容を理解し進んで挑戦したいという意欲が感じられた。（理解力の差が大きい）　　家でも聞いてきたり，朝から求めたり，興味を示す。
- 避難訓練では，園全体での練習がしっかりと身についていた。学校全体になるとスムーズに頭巾をかぶり整列（園全体で休みの子と差あり），先生の表情の変化に自分たちもしっかりとという意識が感じられた。こわがる子も数名みられた。

予想される子どもの姿	環境の構成と保育者の援助
・多くの友だちを誘い合いながら，集団でルールのある遊びを自分達で進めていこうとする。 　その中でトラブルが生じたり（負けたらすぐに抜ける。自分の思いどおりではないとおこるなど）泣いたりなど保育者を求める場面もみられる。 ・目標をもって，自分が苦手と思っていること，困難なことへ挑戦する。逆に言い訳を言ったりして，すぐにあきらめてしまう子もいる。 ・お話の内容や友だちとの会話などから想像をめぐらせ，イメージをふくらませていく。身体をつかって表現したり。 ・自分のイメージに合った素材や材料を選び，工夫して作る。 　クリスマスツリー（まつぼっくり，紙ねんどをつかって） 　クリスマスカード，毛糸のマスコット，雪のけっしょう， 　ゆび編み，マフラーetc. ・友だちと話し合い，楽しみながらクリスマスツリーをつくり上げていく。 　様々な意見，イメージを出し合い，共同製作。 ・おべんきょうごっこ，衣裳をつけてのおひめさまごっこなど想像的・現実的ないろいろなごっこ遊びが展開していく。 ・帰りの集いでは，友だちの話に耳を傾けたり（興味をもって，集中して聞く），いろいろなことを発言する喜びを知る。ゲームなどでは，頭を悩ませながら，答えられたときの喜びの共有。	・思いどおりに活動が進まなかったり，友だち関係にトラブルが生じたとき，自分たちで解決できるように言葉をかけ，援助していく。 ・できるようになったことをいっしょに喜んだり，がんばっている姿を周囲に知らせたりする。友だち同士喜び合ったり，認めあったりする気持ちが育てていけるよう。 ・１人ひとりの発想を大切にし，表現する楽しさが味わえるよう認めていく。個々の考えを引き出していく。動きのよい子に注目，他の子の動きを意識できるように。 ・充分な素材・材料の準備。（特に毛糸，わりばし，編み機） 　　　　　　（モール，型紙，フェルトなど） ・保育者が介入しながら，子どもの思いをよりリアルに，本物らしく表現できるように，すすめていく。 ・時間をゆっくりとって，園生活への見通しがつけるように，友だちの話に耳を傾ける。 **他の保育者との連携**　・Ｙ Ⓣ ミーティング・Ｍ先生へ ・預り　Ｕ・Ｉ　　　　　・おもちつき大会　詳細について ・バス乗車　　　　　　　・12月生まれの誕生会打ち合わせ 　（席について注意）　　　　　　　　（担当：Ｉ・Ｕ） 　　　　日にち相談　　　・朝・夕ミーティング Ⓗ園庭整備チェック　　　・Ｍ君宅へ（予定月曜日，研修後） ・クリスマスに向けて　　・実習生反省会（６日） 　各クラスの飾りつけ，　・実習生との話し合い 　全体でのパーティー　　　Ａさんと 　打ち合わせ。 　　　　　　　　　　　Ｓ Ⓗ，Ｋ Ⓚ，Ｕ Ⓚ，統合保育

		2 日（月）　☀ ときどき ☁　16/9	3 日（火）　☁　15/9　預 Ⓤ
行事		・園内研修	
一日の流れ		自由な遊びの展開 　集団でルールのある遊び（ドッヂボール，氷おに等） 　　製作活動　毛糸をつかってマフラーあみ，雪のけっしょうづくり 　　　ペットボトル　わりばしの量をふやして 　　　牛乳パック　　マスコット，入れ物づくり 子どもの遊びの様子をみて 　片付け　10：40 　リズム室にて 　　オセロゲーム，トンネルあそび， 　　プレゼントおにごっこ 　　（リズムにのっておにごっこ） 絵本『ヘンゼルとグレーテル』　本のかし出し ・Ｂさん宅へ　PM5：00以降	自由な遊びの中で 　ペットボトル，カラーすずらんテープ，ダンボール等をつかって特大クリ 製作 クリスマスカードづくり おりがみで サンタさん，ツリーをつくろう‼ 台紙へ貼り付け （黒・紺など準備） 10：40　片づけ 11：00　表現あそ 　　　　"ヘンゼ 　　　　ものが 　　　　身体をつ 絵本「ぼくのだ！ 絵本『ヘンゼルとグレーテル』 帰りの集いでは…手話ソング♪『はじめのいっぽ』 ことばあそび絵本　かもくちょう

図8-3　5歳児12月第1週の週日案（例）

8章　幼稚園における教育課程と指導計画

200×年12月2日　〜　12月6日

週のねらいと内容

⊙友だちと十分に体を動かし，協力したり考えを出し合いながら遊びを進めていく。
　ドッヂボール，サッカーや鬼ごっこ，ゲームなどを（保育者が介入しながらも）チームを組んで友だちの意見も受け入れながら遊んでいく。
⊙イメージをふくらませ，工夫して作ったり表現したりする楽しさを味わう。
　絵本・ストーリーをもとに身体（音）をつかって表現していく。
　クリスマスの飾り（ペットボトルツリー，布などでリース）や，クリスマスカードの作成

環境図（人的環境・物的環境・配慮・子どもの動き…）

〈園庭〉　フープ　　　　　　　子から出たあそび
六角をつかって
サッカーボールによる
まとあて
T・S1・S2・K

砂場
ほりおこし
おとし穴づくり
山・川づくり
（水をつかって）
Ⓢ・Ⓒとの
関わり

〈室内〉　さくらぐみで　さくらぐみさん
結婚式　　　観客として一緒に
Y・Y・M　いわってくれる
K・S

オセロゲーム
勝負にこだわる
Y・T・S

竹馬　S・R・Y・M
今までとは違うメンバー
できない子，にがてな子
も挑戦しはじめてきた。
R・S・Y
家でひそかに　乗るがすぐに
練習　T　やめる　Y

小アスレチック横で
どろパック
S・T
保育者の言葉かけにより
Ⓡが入っていける
その後遊びがつづく
幼稚園たのしい
の言葉が

みんなのへや
基地，家づくり，積み木をつかって
お昼後の近い時間でも作成
Y・S1・S2・T・S3
誕生会の影響をうけて，
影絵あそび→S・Cとの関わり

みどり祭での
宇宙船づくり
の影響大

タップダンス
音楽に合わせて
手や足など
身体をつかって
音を出す

ひまわり製作活動
・身近なものをつかって
　しんぶんし，紙テープ，わごむ，
　ヨーヨーづくり
何回できるかな？　数にこだわる子も
　　　　　　　　　　　　　挑戦!!
・クレパスで　　　　・ペットボトル
お絵かき　　　　　　牛乳パックで
テラスにて　　　　　マフラーづくり
A・S・K　　　　　　雪のけっしょうづくり
・てがみかき・おべんきょうごっこ
S・A・K（入試の影響，兄弟の影響）

Y・N・S
誕生会をうけて
衣裳をつけての
ごっこあそびの展開
着たい服をめぐっての
トラブル　K・S
ごっこあそび
表現あそびにつなげて
いけるように…

鬼ごっこ　みんなで　集団でルールのあるあそび
ドッヂボール　多くの人数で楽しむ
ルールのわかる子が教え役になって子どもたちで
遊びが少し持続するようになってきたが…
保育者　最初のきっかけとなる
ちょっとしたトラブルで終結してしまうことが多い

Ⓟに助けを求める
・クリスマスカード
づくり
・クリスマスかざり
ツリーづくり
ペットボトル・すずらん
テープ・ダンボール等を
つかって

数字・英語・
たし算
たんじょうびや
名前を紙に

みんなの
へやも
利用して

普段，運動あそび
中心の子も参加し
はじめ　R

パンダルーム
机，イスをつかって
隠れ家，おうちごっこ
おべんきょうごっこ
Ⓡ　遊びきれていない
S・K　それぞれの
トラブル　思いぶつかる

アスレチック
Y　積極的に
挑戦
サッカー
先生を強く
求める
S

その他
危険なところから
挑戦する子増えて
きている→安全面！

花壇の変化に
気づき
チューリップ
新たなものを
うえたい!!
育てたい!!

4日（水）	☁ いちじ ☂	5日（木）	☁ ときどき ☀	6日（金）	☁ ときどき ☀
16/9	NT，ST出張（国立音大） ・A下書き提出　Ⓛ	17/11	・実習生反省会　16：00〜 （Iさん・Mさん）Ⓛ	12/18	Ⓘ

プ，
スマスツリーづくり

リースづくり　しんぶんし・布みつあみ
かれ枝をつかってマツボックリ
部屋をクリスマスにむけ飾りつけ

みんなの
へやも
利用して

11：00　リズム室
マット運動　前転→後転への挑戦!!
とび箱

び
ルとグレーテル"
たりを表現しよう
かってリズムあそび

いれかえる
場合も

サンタさんへのメッセージ
カードの飾り付け
モール，色がみ，綿等を
つかって

わたしのよ！」
　－3びきのけんかずきのかえるのはなし－

本のかし出し

荷物もちかえり

『ともだちになるために』，『大きな古時計』，『クリスマスソング』　　K女子大学幼稚部　上田陽子教諭の提供資料より引用
ゲーム　○のつくものなーんだ？

第**9**章

保育所における保育の全体的な計画と指導計画

〈学習のポイント〉 ① 「全体的な計画」と「指導計画」に位置づけを理解しよう。
② 養護と教育のそれぞれの意義，および両者の関連性について理解しよう。
③ 乳児の保育について，具体例をもとに多くの配慮を学び，理解しよう。
④ 長時間保育ではなにを配慮すべきか，さまざまな視点から理解を深めよう。
⑤ 評価を踏まえた計画の改善について理解しよう。

1. 保育の計画

「保育所保育指針」（以下「保育指針」と記す）は，1990（平成 2）年，1999（平成 11）年と改定され，2008（平成 20）年では改定に際して告示化された。少子化や核家族化，地域におけるつながりの希薄化，倫理観の劣化が子育ての環境を大きく変え，子どもの虐待・親子関係づくりの困難・子育ての孤立などが社会問題となっている。これらの諸課題に対応すべく，2008 年までの改訂がなされてきたのだが，状況はさらに進行し，さまざまな課題が拡大・顕在化している。

その一方で，乳幼児期の経験・育ちのあり方が，乳幼児期以降の長期にわたって子どもの社会生活に大きな影響を与えるとの認識が高まり，乳幼児期の生活や教育の重要性が一層叫ばれている。

これらを背景として，2017（平成 29）年の改定がなされた。今回の改定では，いままで保育指針で使われていた「保育課程」という言葉の代わりに「全体的な計画」が使われることになった。

今回の改定の基本的な方向性は次の通りである。

①乳児・1 歳以上 3 歳未満児の保育に関する記載の充実

②保育所保育における幼児教育の積極的な位置づけ

③子どもの育ちをめぐる環境の変化を踏まえた健康および安全の記載の見直し

④保護者・家庭および地域と連携した子育て支援の必要性

⑤職員の資質・専門性の向上

これらは，新しい保育指針に生かされており，保育の計画においても，反映されていくものである。

保育所は，子どもがよりよく生きられるように，そして，一人ひとりの子どもの生活が保障されるように，子どもの最善の利益を考慮し，その福祉を積極的に増進することを第一に保育を行う場所である。そのためには，見通しをもって保育を行う計画が必要である。

保育の計画は「全体的な計画」と「指導計画」がある。保育所は「全体的な計画」を作成し，その「全体的な計画」に基づき，具体的な保育が適切に展開されるよう「指導計画」を作成する。

　「全体的な計画」は保育の目標・保育所の基本方針・保育の内容・保育時間などを明記する，いうなればその保育所のマニフェストであり，幼稚園でいえば「教育課程」にあたる。また，幼保連携型認定こども園でいえば，「教育及び保育の内容並びに子育ての支援等に関する全体的な計画」にあたる。

１ 全体的な計画

　保育所は，保育指針の第１章１の（２）に示されている「保育の目標」を達成するために，各保育所の保育の方針や目標に基づいて「全体的な計画」を作成する。

　「全体的な計画」は，その保育所に在籍している子どもの発達・保護者の労働時間，家庭の状況，地域の実態などを考慮し，保育の目標や保育の方針，保育の内容が組織的に構成されている。そして，入所してから就学まで在籍期間の全体にわたって，育ちの長期的な見通しをもって，子どもの発達や生活の連続性を配慮して計画的に保育を進めていくために作成される。

　「全体的な計画」の作成にあたっては，さまざまな記録（子どものようす・保育の振り返り）等を生かし，子どもの発達の過程や実態を理解するとともに，保護者の意向や家庭での過ごし方について把握しながら，家庭と保育所の生活の連続性を配慮していくことが大切である。

　入所している子どもの発達の過程や実態，保護者の意向や家庭での過ごし方を十分理解し，その保育所の目標や保育方針に生かして作成される「全体的な計画」は，保育所がそれぞれの特色を生かし，各々の実態に即して工夫して作成することが望ましい。地域の環境・特色・文化や近隣の関係機関や施設および人材等の実態などをふまえて，それらを生かして取り入れたり，計画に組み込んだりして，「全体的な計画」を作成し，特色あるものとしていくことが求められている。

　保育所の保育時間は１日につき８時間を原則としているが，保護者の労働時間や家庭の状況等を考慮して，各保育所において保育時間を定めることになっている。

　延長保育・夜間保育・休日保育などを実施している場合には，それらも含めて子どもの生活全体としてとらえ「全体的な計画」を作成する。「全体的な計画」に基づいて，「指導計画」はもちろん，子どもの健康に関する「保健計画」，乳幼児期にふさわしい食生活が展開され，適切な援助が行われるよう，食事の提供を含む「食育計画」などを作成する。「全体的な計画」は，保育所の保育の全体像

9章　保育所における保育の全体的な計画と指導計画

を包括的に示すものであり，指導計画，保育計画，食育計画などを通じて，それぞれの保育所が創意工夫して保育ができるように作成されることが望ましい。「全体的な計画」は，施設長の責任で編成されるが，全職員が参画し，共通理解と協力体制のもとに作成する。

「全体的な計画」作成の手順（参考例）

1：保育所保育の基本について，職員間の共通理解を図る
　　・児童福祉法，児童の権利に関する条約など関係法令の理解
　　・保育所保育指針，保育所保育指針解説の内容理解
2：乳幼児期の発達および子ども，家庭，地域の実態，保育所に対する社会の要請，保護者の意向などを把握する
　　　→「全体的な計画」に，地域の実態など記す
3：当保育所の保育の理念，目標，方針などについて職員間の共通理解を図る
　　　→「全体的な計画」に，保育の理念，目標，方針など記す
4：子どもの発達過程を見通し，それぞれの時期にふさわしい具体的なねらいと内容を，一貫性をもって組織する
　　　→「全体的な計画」に，子どもの発達の見通し，それぞれの時期のふさわしい具体的なねらいと内容など記す
5：保育時間の長短，在籍の長短，その他子どもの発達や心身の状況および家庭の状況に配慮して，それぞれにふさわしい生活の中で保育目標が達成されるようにする
6：全体的な計画に基づく保育の経過や結果を省察，評価し，次の作成に生かす

---

2 指導計画

　指導計画は，全体的な計画に基づいて保育を実施するときの，より具体的な方向性を示すものである。指導計画には，年・数か月単位の期・月など長期的に子どもの生活や発達を見通す指導計画と，それに関連しながら，より具体的な子どもの生活に即し，多様な活動が総合的にかつ調和的に組み込まれるよう配慮された週・日などの短期的な指導計画とがある。

　指導計画の種類（記載の形式）はさまざまあり，たとえば，ある保育所では，各歳児の年間指導計画と3歳児以上の生活クラス（異年齢で構成されるグループ）別年間指導計画，および，各歳児や3歳児以上の生活クラス別の月間指導計画（月案）・週間指導計画（週案），さらに3歳未満児の年間指導計画・月間指導計画・週間指導計画を作成している。また，0歳児・1歳児・2歳児のデイリープログラムや3歳児以上のデイリープログラム，個別の指導計画，あるいは小グループ別の指導計画，健康管理年間計画や年間行事計画，年間食事指導計画も作成している。さらに入所当初では，よりきめ細やかな指導計画立てるなど必要に応じて作成している保育所もある。

167

保育指針では，指導計画作成にあたって，特に３歳未満児については，一人ひとりの子どもの生育歴・心身の発達・活動の実態等に即して，個別的な計画を作成することが明記されている。３歳以上児については，個の成長と，子ども相互の関係や協同的な活動が促されるように，また，異年齢で構成されている組やグループでの保育においては，一人ひとりの子どもの生活や経験，発達過程などを把握し，適切な援助や環境構成ができるよう配慮することが明記されている。

３歳未満児の指導計画のポイント

・心身の発育・発達が顕著な時期で，個人差も大きいので，個別の指導計画を作成する
・１日の生活全体の連続性をふまえて，家庭との連携を指導計画に盛り込む
・担当する保育者同士の連携，保育者・看護師・栄養士・調理員等との緊密な協力体制のもと，保健および安全面に配慮した指導計画を作成する
・特定の保育者等が子どもと情緒的な絆を深め，子どもが不安なときや悲しいときに心のよりどころをもてる指導計画を作成する
・興味をもった好きな遊びが安全にできる環境を配慮する
・一人ひとりに細やかに対応できる環境・温かな雰囲気のなかでゆったりと過ごす環境のある指導計画を作成する

３歳以上児の指導計画のポイント

・一人ひとりの子どもが，集団において安心して自己発揮できるようにする
・友だちといっしょに活動する楽しさを味わい，協同して遊びを展開していく経験ができる指導計画を作成する
・友だちと気持ちを通じ合わせ，仲間意識をもつ援助を配慮する
・一人ひとりの子どもの主体性が育つ環境・援助を配慮する
・「幼児期の終わりまでに育ってほしい姿」が育まれる経験ができる指導計画を作成する

異年齢の編成による保育の指導計画のポイント

・年下の子どもへのいたわりや思いやりの気持ち，年上の子どもに対しての憧れの気持ちなどをもち，互いに育ち合うことができる指導計画を作成する
・異なる子どもの状態を把握したうえで，それぞれに保育のねらいや内容をもち，適切な環境構成や援助ができる指導計画を作成する
・異年齢の子ども達が関わりあうことで，遊びや活動の展開が多様なものになり，充実した生活ができるよう配慮する

各々の指導計画では，子どもの実態・状況の把握と理解を十分にし，「子ども
の姿」「発達の現れ」「予想される子どもの活動」など，各保育所での表現は異な
るものの，その時期における子どもの姿を載せ，この姿をもとに，保育所での一
人ひとりの生活を見通し，発達や生活の状況に応じた「ねらいと内容」を設定す
る。設定にあたっては，保育指針第2章保育の内容に示されている各視点・基本
的事項やねらいや内容，保育指針第1章4－（2）に示す「幼児期の終わりまで
に育ってほしい姿」との関連を考慮して，それぞれの時期の生活に応じて，適切
に具体化していく。また養護と教育の視点からも，子どもの心情・意欲・態度の
育ちを重視して，体験する内容を具体的に「ねらいと内容」に記入する。家庭生
活との連続性や季節の変化，行事・地域との関連性なども配慮し，体験する内容
を選択する。

　そして，具体的なねらいが達成できるように適切な環境の構成をしたり，援助
をしたりする。指導計画には，「環境構成（環境の構成）」「保育者の関わりと援助」
「環境構成と援助のポイント」「家庭との連携」などの欄を設け，環境を通して保
育することを大切にする。

　保育所における保育の基本は，子どもの主体性を尊重し，子ども自ら環境に関
わり，環境との相互作用を通して多様な体験をすることで，心身ともに健やかに
育つことである。子どもの主体性を尊重することは，決して子どもの好き勝手，
気ままにさせることではない。保育者が，一人ひとりの育ちを見通し，発達過程
を押さえながら，いま伸びようとしている子どもの力が発揮できるように，また
子どもが自主的に関われるよう，育ちへの願いを込めて計画的に環境を構成し，
総合的に展開できる保育を組み立てていくことが大切である。そして保育では，
子ども自らが考え，試行錯誤して活動することが重要であり，このことが子ども
の自主性を尊重し，主体性を育てることにつながるのである。

　子どもは，保育者も含めた人・おもちゃや遊具だけでなく，身近にあるいろい
ろなもの・時間・空間・自然事象・部屋の気温・湿度・採光・流れている音楽・
そばにいる人のかもし出す雰囲気にいたるまで，身のまわりのすべてを「環境」
として受け入れ，その「環境」のなかで生活している。そのため，それらを総合
的にとらえて環境を構成することが望ましい。いろいろなものが単にあるだけで
は，子どもにとって興味・関心は薄く，さほど大きな意味ももたないが，身近な
親しい人（親・家族・保育者など）がそれに関わっているようすを見ることによっ
て存在感が増し，そして自ら関わって（関係を求めて・携って）初めて「環境」
はその子どもの生活に意味のある存在となる。だからこそ，子どもが主体的に活
動を生み出したくなるような魅力ある環境，関わりやすい環境，そして子どもが
関わりたくなる気持ちをもたせる人の存在などを考慮した環境の構成が大切であ

る。また，子どもが関わっていくうちに生じてくる偶発的な出来事や子どもの気づき・発想・工夫などを大切にしながら，さらに子どもと共に環境を変えていく環境の再構成も大切である。

「その時期における子どもの姿」「ねらいと内容」「環境構成（環境の構成）」「保育者等の援助」「保育者同士の協力体制」「配慮すべき事項」「家庭との連携」などを指導計画に位置づけることで，保育の方向性が見えてくる。時によっては，ねらいや内容も子どもの発達の状況によっては，変更していくことも必要である。保育実践を通して得た反省・変更は，指導計画の改善につながり，よりよい保育へとつながるはずである。

このように保育の計画は，子どもの生活や発達を見通した計画性のあるもので

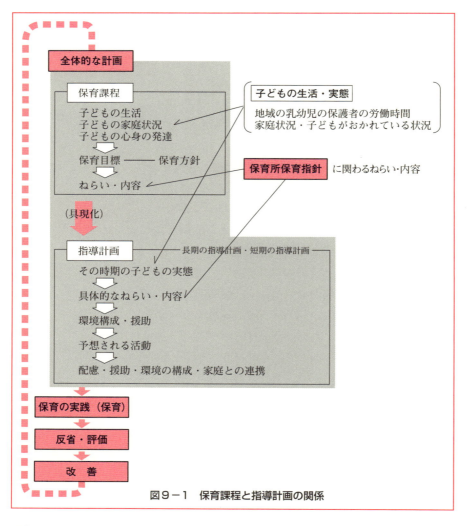

図9－1　保育課程と指導計画の関係

あり，しかも，一貫性と連続性と柔軟性のあるものでなければならない。

　保育は，子どもを集団のなかの一員としつつ，個性ある一人の人間として尊重し，行われるものである。だからこそ，一人ひとりの子どもの育ちを均一的な発達の基準で縛ることなく，その時期の子ども一人ひとりを今ある姿として受け止め，育とうとしている心情や意欲や態度を理解し，保育することを指導計画のなかに位置づけたい。

　さまざまな配慮をして子どもの生活がよりよいものとなるよう，各保育所が書式や年齢・期の分け方も含め，独自に創意工夫して作成される指導計画は，施設長はじめ保育者などすべての職員によって適切な役割分担と協力がなされて，展開されるものである。そこで，指導計画に職員相互の連携についての事項を盛り込み，子どもへの理解・援助を共通理解できるようにし，そのうえで職員一人ひとりの個性が発揮でき，また組織の一員としての自覚がもてるようにすることも大切である。

2. 教育と養護の視点から

　幼稚園の３歳児の保育を参観していたとき，保育所の先生が「幼稚園は子どもの手洗い・用便ではどのようなことに心を砕いているのでしょう？　私は手洗いも用便も衛生面にとても気をつけています。手洗い・用便は養護の範疇に入っていると思っていました。でも幼稚園では教育の範疇なのですね」と話しているのが聞こえた。「養護」「教育」とはどのようなことなのだろう。

　保育指針(保育所の役割)では，「保育所は，児童福祉法(昭和22年法律第164号)第39条の規定に基づき，保育を必要とする子どもの保育を行い，その健全な心身の発達を図ることを目的とする児童福祉施設であり，入所する子どもの最善の利益を考慮し，その福祉を積極的に増進することに最もふさわしい生活の場でなければならない。」「保育所は，その目的を達成するために，保育に関する専門性を有する職員が，家庭との緊密な連携の下に，子どもの状況や発達過程を踏まえ，保育所における環境を通して，養護及び教育を一体的に行うことを特性としている。」と明記してある。

　幼児を育てることを「保育」という言葉で表すが，保育に与えられた任務は，子どもが住んでいる社会のもつ文化を知り，身につけ，そしてその社会に適応し，溶け込むように育むことである。

1 養護

　養護とは保護し養育することであり，保育所の保育の基盤となるものである。具体的にはどのようなことなのだろうか。

　乳児のことを考えてみよう。乳幼児には，生命や身体の安全と健康を守るおとなの存在が必要である。お腹がすいたとき，泣いて訴えると食物が食べられる。のどが渇いたときには，水分が補給される。汚れたときには，世話をしてくれる人が取り除いてくれ，心地よくなる。寒いときは暖かく過ごせる工夫をしてくれるなど，生理的身体的な欲求を満たしてくれる人，つまり保護してくれる人がいると生命が保持され，健康・安全が守られる。

　子どもを養護するとは，このように生命を保持し，生理的身体的な欲求を満たすことである。お腹が満たされていてもぐずっている乳児が，抱かれて，その人と目を合わせているうちに，安心したように寝入っていくことも多い。また，情緒を安定させることでもある。保護され，世話をしてもらう生活を通して，情緒を安定させ精神的な欲求も充足される。不安なときそばにいてほしい気持ち，頼りたい気持ち，もっと多く関わりたい気持ちなど，依存の欲求，認められたい欲求など子どもがもつさまざまな欲求が満たされることで，「子どもは自分が守られている」「大切にされている」と感じ，安心感・安定感・存在感をもつ。つまり，精神的な欲求，依存の欲求などを満たすことも養護である。そして養護してくれる人に信頼感をもつのである。乳幼児は，信頼関係を基盤にして，身近な環境への興味や関心を高めたり，自己肯定感をもちながら活動を広げたりしていく。この時期に人への信頼感が育つ意味はたいへん大きく，おとなになったときにもその人の価値観などを左右するといわれている。

　生命が保持され，健康・安全が守られ，心身ともに安定した状態を基盤にして，子どもは積極性，自発性，主体性などを発揮し，物事に取り組む。言葉を換えて言うならば，保育者が，子ども（行動・存在そのもの）を受容し養護することを通して，子どもが望ましく発達していくための基盤をつくるのである。

　子どもを木にたとえるならば，養護するとは，木の根の部分に栄養分をあげることであろう。栄養分をもらい，根が太く広範囲に張れば，幹や枝はどんどん成長し，木は大きくなる。木が高く大きくなり葉が茂っても，それを支えるだけの根が張っていれば，倒れる心配はない。

　乳幼児期は，生理的欲求を満たしながら望ましい生活リズム（食事・排泄・睡眠など）を整えつつ，社会的行動のしかた，生活様式などを身につける時期なので，養護の果たす役割はとても大切である。特に乳児の場合は，生命が保持され，健康，安全が守られることの比重は大きい。幼児の場合は，安心感・安定感・存在感・自己肯定感などをもつことで，自己を十分に発揮しながら活動できるよう

になり，心身の健全な発達が促進される。保育所の特徴は，養護と教育が一体となって，豊かな人間性をもった子どもを育成するところにある。

保育所も幼稚園も養護を基盤にして教育の目的は達成される。学校に養護教諭が配属されていることや小学校低学年対象に学童保育・児童クラブがあることも，養護の基盤に立って教育の目的は達成されるとの考えからであろう。保育所においても，ところによっては看護師を配属し，その専門性を生かした対応が図られている。

2 教育

2017（平成29）年改定の保育指針の基本的な方向性として，本章冒頭の5つが示されたが，そのなかで，「②保育所保育における幼児教育の積極的な位置づけ」が示されている。

保育所保育においては，子どもの最善の利益を第一に考え，子どもの健やかな成長のために，幼保連携型認定こども園や幼稚園とともに，幼児教育の一翼を担う施設として，教育に関わる側面のねらいおよび内容に関して，「幼保連携型認定こども園教育・保育要領」や「幼稚園教育要領」とのさらなる整合性が図られている。

（1）保育所と幼稚園との関係について

保育所と幼稚園との関係については，1963（昭和38）年（各都道府県知事宛　文部省初等中等教育局長　厚生省児童局長　通知）において，「幼稚園は幼児に対し，学校教育を施すことを目的とし，保育所は『保育に欠ける児童』の保育（この場合，幼児の保育については教育に関する事項を含み保育と分離することはできない。）を行うことを，その目的とする…中略…保育所のもつ機能のうち，教育に関するものは，幼稚園教育要領に準ずることが望ましいこと。このことは，保育所に収容する幼児のうち幼稚園該当年齢の幼児のみを対象とすること」と示された。さらに，3歳児以上の子どもに対する保育所のもつ機能のうち，教育に関する部分は，「幼稚園教育要領」に準じるよう明記され，整合性が図られていた。

また，「子どもと家庭を支援するための文部省・厚生省共同行動計画」（1998〈平成10〉年）のなかで，

（Ⅲ）連携施策
　　3　幼稚園と保育所の連携の促進
　（1）教育内容・保育内容の整合性の確保
　（2）幼稚園教諭と保育士の研修の合同開催
　（3）幼稚園教諭と保育士の人的交流の推進
　（4）幼稚園教諭と保育士の養成における履修科目の共通化
　（5）幼稚園と保育所の子育て支援に係る事業の連携実施

などが載せてある（原文は保育士→保母）。

　学校である幼稚園と児童福祉施設である保育所，そして幼保連携型認定こども園は，その目的や機能において違いはあるが，どの施設も小学校就学前の子どもを対象に教育・保育を行う施設である。幼稚園も保育所も幼保連携型認定こども園も教育に関する部分は，ほぼ同質と考えてよい。子どもの生活の連続性および発達や学びの連続性をふまえた幼児教育を充実させ，保育所・幼稚園・幼保連携型認定こども園等どこに通っていても，ほぼ同質の幼児教育を受けて，小学校に進学することが望ましい。

（2）幼児期の教育

1）環境を通して行われる教育

　幼児期の教育は，子どもの理解に基づき，計画的に構成した環境を通して行われる教育である。遊びをつくり出す遊具，用具，素材などの種類を選択したり，配置を工夫したり，数量を調整したりして，幼児期にふさわしい生活ができるように子どもが主体的に取り組む場や機会をつくり出すことが重要であり，このことを「環境の構成」という。環境には，時間的な配慮やその環境に関わる子どもや保育者の行動・言動などから生まれる雰囲気も含まれる。時には，計画的に構成した環境を，子どもと保育者がつくり変えながら，新しく環境を再構成していくこともある。このように，環境は保育者と子どもが互いに創造し合い，つくり出すものである。

　また，保育所や幼稚園のなかだけでなく，子どもやおとなの生活範囲である地域も環境の一つである。高齢者・障がいのある人などを含む地域の人たち，公共の諸施設・学校の人たちと交流しながら，子どもは多くのことを体験し，発達に必要な経験をする。そして，環境を通して，子どもの選択性・自由性と保育者の意図性とが絡み合い，融合し合って，子どもに身につけてほしいこと（ねらい）が達成されていく。

2）遊びを中心にした生活のなかで，心身の発達と知的な発達を促す教育

　遊びでは，子どもは動機や興味・関心をもって行動し，楽しみながらさらに興味・関心を広げ，深めていく。たとえば「おもしろそう」「もっとやってみよう」「ふしぎだな」「考えたらできたぞ」「いっしょにしたら，うまくいった」「くやしいなあ」と心のなかで葛藤し，頭のなかで試行錯誤しながら遊ぶ。そのなかで，自発性・主体性・社会性・適応性・創造性などが育つ。遊びながら学び，発達に必要な経験をするのである。しかし，同じ遊びを体験していても，発達に必要な経験をして身につけていく（学ぶ）ことは，同じとは限らない。遊びを中心にした生活のなかのさまざまな場面で，一人ひとりそれぞれ異なる学びをしながら，心情・意欲・態度が育まれ，道徳性や心身の発達，知的な発達が培われる。

3）生きる力の基礎を身につける教育

　文部科学省は，2008（平成 20）年 3 月，小・中学校の「学習指導要領」および「幼稚園教育要領」を，2009（平成 21）年 3 月，高等学校・特別支援学校の「学習指導要領」を改訂した。変化の激しいこれからの社会を生きるために，確かな学力，豊かな心，健やかな体の知・徳・体をバランスよく育てることが大切とし，「生きる力」（＝知・徳・体）という理念を入れ，「生きる力」を育むことの必要性やその内容を示した。

　幼稚園・保育所・幼保連携型認定こども園においては，生活の全体を通して，子どもに生きる力の基礎を培うことが求められている。

　2017（平成 29）年，「幼稚園教育要領」の改訂で，第 1 章総則の第 2 において，幼稚園教育において育みたい資質・能力及び「幼児期の終わりまでに育ってほしい姿」を示した。そして，保育指針では，第 1 章総則の 4 で「幼児教育を行う施設として共有すべき事項」（1）育みたい資質・能力，（2）幼児期の終わりまでに育ってほしい姿が示された。

　保育所でも，保育の目標をふまえ，小学校以降のこどもの発達を見通しながら保育活動を展開し，「育みたい資質・能力」を育てることが大切である。

　「育みたい資質・能力」とは，「知識及び技能の基礎」「思考力，判断力，表現力等の基礎」「学びに向かう力，人間性等」である。

　「知識及び技能の基礎」は，豊かな体験を通じて，子どもが自ら感じたり，気づいたり，分かったり，できるようになったりすることであり，「思考力，判断力，表現力等の基礎」は，気づいたことや，できるようになったことなどを使い，考えたり，試したり，工夫したり，表現したりすることであり，「学びに向かう力，人間性等」は，心情，意欲，態度が育つなかで，よりよい生活を営もうとすることである。これらは，遊びを通した総合的な指導のなかで，一体的に育まれるよう，全体的な計画の作成等をすることが求められている。

　また，「幼児期の終わりまでに育ってほしい姿」は，第 2 章に示す「ねらい及び内容」に基づいて，各保育所で，乳幼児期にふさわしい生活や遊びを積み重ねることによって，「育みたい資質・能力」が育まれている子どもの具体的な姿で，特に卒園を迎える年度の後半に見られるようになる姿である。保育者は，生活や遊びのなかで子どもが発達していく姿を「幼児期の終わりまでに育ってほしい姿」を念頭に置いてとらえ，一人ひとりの発達に必要な体験が得られるような状況をつくったり，必要な援助を行ったりするなど，指導を行う際に考慮することが求められる。ただ，「幼児期の終わりまでに育ってほしい姿」は到達すべき目標ではなく，すべての子どもに同じように見られるものではないことや，個別に取り出されて指導されるものではないことに留意する必要がある。

「幼児期の終わりまでに育ってほしい姿」*

*詳細は p.7 を参照のこと。

    ア：健康な心と体

    イ：自立心

    ウ：協同性

    エ：道徳性・規範意識の芽生え

    オ：社会生活との関わり

    カ：思考力の芽生え

    キ：自然との関わり・生命尊重

    ク：数量や図形，標識や文字などへの関心・感覚

    ケ：言葉による伝え合い

    コ：豊かな感性と表現

4）一人ひとり「自分なり」の発達を支える教育

　同じ体験をしても，発達に必要な経験として身につけていくことは，一人ひとり異なる。また，発達の道筋は似ていても，世の中に一人として同じの人がいないように，同じ発達をする子どもはいない。このかけがえのない一人ひとりの発達を尊重したい。しかし，「一人ひとりの発達を支える教育」＝「個性尊重」＝「自由放任」になってしまう危険は避けるべきである。「一人ひとりの発達を支える教育」の裏に隠れているキーワードは「集団の教育」である。一人ひとりの発達を支える教育とは，集団のなかで一人ひとりのよさを認め，支え，育てる教育であり，自分以外の一人ひとりのよさに気づき，互いに育ち合う教育でもある。

　幼児期の教育を行うにあたり，保育者はさまざまな役割を果たすことが求められている。役割はいろいろあるが，不可欠なものは，子どもを見る目（教育的視点）・看る目（養護的視点）と保育を診る目（評価改善の視点）である。一人ひとりに応じた各場面に即して，子どもに「手をかけ」「声をかけ」そして「目をかけ」「心をかけ」していきたいものである。

3 指導計画における養護と教育

　保育所における保育は，養護および教育を一体的に行うことをその特性とするものである。2017（平成 29）年改定の保育指針第 2 章　保育の内容で，下記の目次のように，乳児保育・1 歳以上 3 歳未満児の保育・3 歳未満児の保育に分けて，ねらい及び内容を明記し，全体的な計画や指導計画の作成に，養護および教育を一体的に展開することを示している。

第2章　保育の内容

1　乳児保育に関わるねらい及び内容

（1）基本的事項

（2）ねらい及び内容

　ア　健やかに伸び伸びと育つ

　イ　身近な人と気持ちが通じ合う

　ウ　身近なものと関わり感性が育つ

（3）保育の実施に関わる配慮事項

2　1歳以上3歳未満児の保育に関わるねらい及び内容

（1）基本的事項

（2）ねらい及び内容

　ア　健康

　イ　人間関係

　ウ　環境

　エ　言葉

　オ　表現

（3）保育の実施に関わる配慮事項

3　3歳未満児の保育に関わるねらい及び内容

（1）基本的事項

（2）ねらい及び内容

　ア　健康

　イ　人間関係

　ウ　環境

　エ　言葉

　オ　表現

（3）保育の実施に関わる配慮事項

4　保育の実施に関して留意すべき事項

（1）保育全般に関わる配慮事項

（2）小学校との連携

（3）家庭及び地域社会との連携

　乳児期は，生理的欲求を満たしながら望ましい生活リズム（食事・排泄・睡眠など）を整える時期であり，養護の果たす役割は大きい。この時期，健やかに伸び伸びと育つとともに，身近な人やものと関わることが大切である。生命が保持され，健康・安全が守られ，心身ともに安定した状態を基盤にして，幼児期では，安心感・安定感・存在感・自己肯定感などをもつことで，自己を十分に発揮しながら活動できるようになり，心身の健全な発達が促進され，教育の目的は達成される。これらをふまえて，保育所の指導計画は，養護と教育が一体となって，豊

かな人間性をもった子どもを育成できるよう作成されることが重要である。

4 障がいのある子どもの保育と支援

　近年，みんなで共に暮らし学んでいくという「インクルーシブによる保育」をめざす方向へと変わりつつあるなか，障がいのある子どもが保育所や幼稚園，幼保連携型認定こども園に小さいうちから通うようになった。多様化している障がいの知識の基本を学び，子どもやその家族への支援体制づくりを心がけ，保育現場では，さまざまな障がいのある子どもの保育にできるかぎりの対応をしている。

　障がいがあってもなくても，一人ひとりが安定した生活を送るうえでは，子どもの実態を的確に把握して個別の指導計画を作成することは大切であるが，特に，障がいのある子どもの保育については，一人ひとりの子どもの発達過程や障がいの状態を把握し，それぞれの障がいの理解をより深め，適切な保育を展開するためにも，個別の指導計画と支援計画がとても重要になってくる。個別の指導計画と支援計画をクラス等の指導計画とどのように関連づけていくか，また長期的にどのように方向づけていくかを考慮しながら，障がいのある子どもとほかの子どもとが互いによい関わりをもち，ともに成長できる保育環境をつくることが大事である。障がいのある子どもがいる保育所に対して，地方自治体などによっては，より保育を充実させるよう職員の加配を行うなど支援体制もあるが，体制は決して十分とはいえず，各保育所ではおかれている状況のなかで精一杯の工夫をして障がいのある子どもの保育を行っている。

　学校教育においては，障がいのある子どもに対し，幼児期から各学校卒業まで一貫した支援を行うよう個別の教育支援計画の作成が進められている。特別支援学校においては，個別の教育支援計画に加え，個別の移行支援計画も作成され，学校卒業後社会に出ても安心できるような，またスムーズに移行できるような支援を模索している。また特別支援学校では，地域支援室開設や乳幼児教育相談，専門相談員派遣などを行い，障がいのある子どもや保護者への支援についてのアドバイスをし，児童相談所や諸々の専門機関とともに支援センター的役割を果たしている。2013（平成25）年より「障害者総合支援法」ができて，障害児支援の体系が整い，児童発達支援が充実してきており，児童発達支援センターでは，保育所等訪問支援など行っている。

　保育所・保育者はこのような専門機関と連携し，多様になってきている障がいへの理解を深めるとともに，専門的な対応についての情報を家庭と共有して，ともに手を携えて子どもを育てることを心がけたい。それには，保育所と家庭との生活の状況を伝え合うことや，保護者の不安や悩みを理解し支えていくこと，地域の専門機関とのネットワークをつくり，適切なアドバイスを受けることなどを

9章　保育所における保育の全体的な計画と指導計画

積極的に行い，それらを反映させた個別の指導計画と支援計画を作成していくことが望ましい。このような計画は，保育の方向性を確認でき，子どもの育ちに見通しをもつものである。

5 保育所児童保育要録

　保育指針では，保育の実施に関して留意すべき事項の（2）小学校との連携で，保育所に入所している子どもの就学に際し，市町村の支援のもとに，子どもの育ちを支えるための資料（「保育所児童保育要録」〈様式の参考例を表9−1に示す〉など）が，保育所から小学校へ送付され，子どもに関する情報を共有することが示されている。

　「保育所児童保育要録」（以下「保育要録」と記す）は，保育における養護および教育に関わる5領域の視点から，保育所での生活を通して子どもが育ってきた過程を振り返り，子どもの姿や発達の状況を的確に記録し，その子どものよさや全体像が伝わるように作成する。それは小学校において，就学した子どもの理解を助け，育ちを支えるための資料となる。保育要録を作成し，小学校へ送付することは，保育所での子どもの育ちをそれ以降の生活や学びへつなげていくことであり，保育所の重要な役割の一つである。

　幼稚園や幼保連携型認定こども園においても，同様な資料を作成し，小学校へ送付し，小学校との連携を図っている。小学校が，それぞれ受け取った育ちを支えるための資料をどのように今後の教育に生かしていくかは今後の課題であろう。

3. 乳児の保育

　D保育所では乳児の保育室は2階にある。そこに，保育者の背中で安心しきったようにすやすやと眠っている子ども，ベビーベットのなかでご機嫌なようすの子どもがいる。保育者からミルクをもらった後なのだろうか。カーペットの上で保育者相手に遊んでいる子どももおり，アットホームな環境で，子どもたちはゆったりと過ごしている。

　このように乳児の保育室は，活動的な2〜3歳児以上の子どもの保育室からは離し，階を変えたり，距離をおいたりして，落ち着いて過ごせる乳児の保育状態を確保する工夫をしている保育所が多い。

　以前は子どもができたら女性は仕事をやめることが多かった。ところが就労状況の変化，女性のめざましい社会進出などで，子どもが生まれても働き続ける女

179

表9－1　保育所児童保育要録

（様式の参考例）

保育所児童保育要録（保育に関する記録）

本資料は、就学に際して保育所と小学校（義務教育学校の前期課程及び特別支援学校の小学部を含む。）が子どもに関する情報を共有し、子どもの育ちを支えるための資料である。

ふりがな 氏名		保育の過程と子どもの育ちに関する事項	最終年度に至るまでの育ちに関する事項
		（最終年度の重点）	
生年月日	年　月　日		
性別		（個人の重点）	

ねらい（発達を捉える視点）		（保育の展開と子どもの育ち）
健康	明るく伸び伸びと行動し、充実感を味わう。	
	自分の体を十分に動かし、進んで運動しようとする。	
	健康、安全な生活に必要な習慣や態度を身に付け、見通しをもって行動する。	
人間関係	保育所の生活を楽しみ、自分の力で行動することの充実感を味わう。	
	身近な人と親しみ、関わりを深め、工夫したり、協力したりして一緒に活動する楽しさを味わい、愛情や信頼感をもつ。	
	社会生活における望ましい習慣や態度を身に付ける。	
環境	身近な環境に親しみ、自然と触れ合う中で様々な事象に興味や関心をもつ。	
	身近な環境に自分から関わり、発見を楽しんだり、考えたりし、それを生活に取り入れようとする。	
	身近な事象を見たり、考えたり、扱ったりする中で、物の性質や数量、文字などに対する感覚を豊かにする。	
言葉	自分の気持ちを言葉で表現する楽しさを味わう。	
	人の言葉や話などをよく聞き、自分の経験したことや考えたことを話し、伝え合う喜びを味わう。	
	日常生活に必要な言葉が分かるようになるとともに、絵本や物語などに親しみ、言葉に対する感覚を豊かにし、保育士等や友達と心を通わせる。	
表現	いろいろなものの美しさなどに対する豊かな感性をもつ。	
	感じたことや考えたことを自分なりに表現して楽しむ。	（特に配慮すべき事項）
	生活の中でイメージを豊かにし、様々な表現を楽しむ。	

幼児期の終わりまでに育ってほしい姿

※各項目の内容等については、別紙に示す「幼児期の終わりまでに育ってほしい姿について」を参照すること。

健康な心と体
自立心
協同性
道徳性・規範意識の芽生え
社会生活との関わり
思考力の芽生え
自然との関わり・生命尊重
数量や図形、標識や文字などへの関心・感覚
言葉による伝え合い
豊かな感性と表現

保育所における保育は、養護及び教育を一体的に行うことをその特性とするものであり、保育所における保育全体を通じて、養護に関するねらい及び内容を踏まえた保育が展開されることを念頭に置き、次の各事項を記入すること。
○保育の過程と子どもの育ちに関する事項
＊最終年度の重点：年度当初に、全体的な計画に基づき長期の見通しとして設定したものを記入すること。
＊個人の重点：１年間を振り返って、子どもの指導について特に重視してきた点を記入すること。
＊保育の展開と子どもの育ち：最終年度の１年間の生活における指導の過程と子どもの発達の姿（保育所保育指針第２章「保育の内容」に示された各領域のねらいを視点として、子どもの発達の実情から向上が著しいと思われるもの）を、保育所の生活を通して全体的、総合的に捉えて記入すること。その際、他の子どもとの比較や一定の基準に対する達成度についての評定によって捉えるものではないことに留意すること。あわせて、就学後の指導に必要と考えられる配慮事項等について記入すること。別紙を参照し、「幼児期の終わりまでに育ってほしい姿」を活用して子どもに育まれている資質・能力を捉え、指導の過程と育ちつつある姿をわかりやすく記入するように留意すること。
＊特に配慮すべき事項：子どもの健康の状況等、就学後の指導において配慮が必要なこととして、特記すべき事項がある場合に記入すること。
○最終年度に至るまでの育ちに関する事項
子どもの入所時から最終年度に至るまでの育ちに関し、最終年度における保育の過程と子どもの育ちの姿を理解する上で、特に重要と考えられることを記入すること。

出典）厚生労働省「保育所保育指針の適用に際しての留意事項について」（平成30年3月30日）別紙資料より

性が増えてきた。しかも核家族化・都市集中化が一段と進み，子どもを見る祖父母がいない家庭が多い。働く女性にとっては，０歳児から預かってくれる保育所の存在は，ほんとうに心強い。近年，育児について一人で悩んで，子育てに負担感・不安感・嫌悪感をもつ母親が多い。子育て中の母親のストレス解消・リフレッシュも考慮し，０歳児からの保育を望む家庭も少なくない。また，ある時期に子どもをまとめて生み育てて，早く育児から開放されて自分の人生も楽しみたいという，そんな思いをもつ女性も増えてきた。年の近い複数の子どもたちの子育てにも，保育所はなくてはならない存在である。理由はさまざまだが，保育所などでの乳児保育へのニーズは高まってきている。

　各保育所では，それぞれの特徴を生かし，工夫して乳児の保育を行っているが，具体的にどのような配慮が必要なのだろうか。

1 乳児の保育で配慮したいこと

　2017（平成29）年の保育指針の改定では，第２章「保育の内容」を，「１　乳児保育に関わるねらい及び内容」「２　１歳以上３歳未満児の保育に関わるねらい及び内容」「３　３歳以上児の保育に関するねらい及び内容」に分けて，記載した。

　そして，視覚，聴覚などの感覚や，座る，はう，歩くなどの運動機能が著しく発達し，情緒的な絆が形成される乳児期の特徴をふまえて

　　ア　健やかに伸び伸びと育つ　　　　（身体的発達に関する視点）

　　イ　身近な人と気持ちが通じ合う　　（社会的発達に関する視点）

　　ウ　身近なものと関わり感性が育つ　（精神的発達に関する視点）

として乳児の保育の「ねらい」と「内容」をまとめている。

（1）健康の維持と増進

　乳児は，疾病に対して抵抗力が弱く，免疫力が十分でないので，容易に病気や感染症にかかりやすい。保育所は初めての集団生活の場であり，感染症などに対する配慮が重要である。登園したとき，子どもの表情や発疹・病気の症状の有無・外傷・内出血の有無などの観察をしたり，家庭から排泄状況・家でのようすなどを聞いたり，食欲・機嫌に心を配ったりし，早めに異常に気づいて，適切な判断ができる保健的な関わりを十分にしたい。保育のなかで子どもの健康を維持するため，たとえば，

・保育者は乳児の保育室へ入るときは必ず手洗いをする

・保育室の温度・湿度に気を配り，適宜換気をする

・採光や音についても適切な状態を保持する

・天気のよい日には，外気浴を心がける

・薄着の習慣なども身につけさせ，健康の増進を図る

・体調不良やなんらかの疾病の疑いがあれば，家庭に連絡する
・かかりつけ医や保育所の嘱託医の指導を得て，伝染する病気に十分配慮する
など心がけたい

　また，日ごろから保護者から情報を得たり，母子手帳等を参考にして，予防接種歴・感染症歴を把握したりしておくのもよい。ただ，情報の取り扱いにあたっては，秘密保持義務があることを留意したい。その子の平熱・平常の食事量などを知っておくことも大切である。保育者は，病気の知識をもち，適切な対処を心がけるようにしたい。そして，年齢に応じた計画的な接種を保護者に勧奨することも時には必要である。また，嘱託医等によって行われる定期的健康診断結果記録を保育に活用して，子どもの状態を十分理解しておくことも大切である。

　保育中に体調不良や傷害が生じた場合，状態に応じて，保護者に連絡し，適宜，嘱託医や子どものかかりつけ医と相談し，適切な対応・処置を行うとともに，体調不良の子どもが，安静を保ち，安心して過ごせ，他児への感染防止を図る医務室等環境を整備することも必要である。

　保育所は，常に嘱託医，地域の医療・保健機関，市町村などとの連携をしていることが大切である。そして，清潔な環境が保てるよう清掃・消毒などに関するマニュアルや関係機関への伝達・連携マニュアルなどをつくり，基本的な対応の手順や内容を明確にし，職員全員がこれらを共有して，いつでも活用できるようにしたい。また，職員全員が適切に対応できるよう常備品の使用法を習熟したうえで，預かった薬の管理徹底や医師の指示に基づいた内服方法等での正確な与薬をすることが大切である。重複与薬，人違い，与薬忘れなどには，特に気をつけるようにしたい。

　医療的ケアを必要とする乳幼児を受け入れる場合，主治医・嘱託医・看護師などと十分協議し，協力医療機関との連携を密にした体制を整えたい。そのうえで一方では，限界と困難があることを保護者にきちんと説明し，理解してもらうことも大事である。病児・病後児保育事業についても，専従看護師等の配置，連携医療機関との密接な連携，通常保育室とは分離された専用室の整備，迅速な対応など，十分かつ安全な環境が整ったうえでの実施を考えることが望ましい。

　保育所では，子どもの健康増進にあたり，一人ひとりの子どもの生活のリズムや食生活なども把握して，保健計画を作成することが望ましい。全体的な計画に基づいて，年間の保健計画を作成し，子どもたちが発育・発達に適した生活を送ることができるように，また，健康に関心をもち，健康の保持や増進のための適切な行動がとれるように配慮することが大切である。食事，排泄，睡眠，休息などの生理的機能が著しく発達する乳児期においても，年間の保健計画は，大きな意味をもっている。

（2）安全の確保

厚生労働省の 2011（平成 23）年度人口動態統計によれば，乳幼児の死因で，0 歳では，不慮の事故が 3 位，乳幼児突然死症候群が 4 位，1 〜 4 歳，5 〜 9 歳では，不慮の事故が 1 位を占めている。

特に，乳児期の死因として乳幼児突発死症候群*（SIDS）が注目されている。首のすわりが十分でない時期は，うつぶせ寝による窒息事故に注意したい。うつぶせにする際は子どものそばを離れないようにし，もし離れる場合は仰向けにして安全な姿勢にしたり，ほかの保育者に見守りを頼んだりして，睡眠中の観察も十分な配慮をし，事故防止を心がけるようにしたい。また，睡眠前には，口の中に異物がないかを確認し，柔らかい布団やぬいぐるみなどを使用しない。また，ひもおよびひも状のものをそばに置かないなど安全な午睡環境を整えたい。

寝返りができるころから，子どもへの安全配慮はさらに重要となる。目を離した一瞬に寝返りをして，ベットから落ちる事故も多い。

おすわりができ，手が使えるようになると周囲のものを口に入れたりするので，おもちゃ・用具・遊具の精選，配置，収納にも工夫が必要である。常に保育室の清潔を保ち，誤飲事故を防ぐように配慮することが重要である。

はいはい・つかまり立ちができる時期は，転倒によるケガが心配である。活動の禁止ではなく，育ちに合った運動や遊びを適度に取り入れたり，安全な環境をつくったりして，十分体を動かせるようにすることも大切である。

水遊びなどを行う場合は，保育者の役割分担を明確にし，十分な人数で安全監視体制をとるようにする。日常の遊びはもちろん，水遊び，食事，午睡等の場面で，重大な事故が発生しやすいので，より細やかな注意を心がけたい。

事故発生の防止や事故発生時の対応に関しては，「教育・保育施設等における事故防止及び事故発生時の対応のためのガイドライン」が策定されている。

近年，東日本大震災や想定外の急激な気象変化による水害・竜巻などの災害が発生していることで，安全に対する社会的意識も高まっている。危機管理体制づくり等を地域の関係機関と連携しながらすすめ，日ごろから災害への備えをし，避難緊急時の対応のマニュアルを作成しておくことが大切である。避難訓練を実施したり，研修を行ったりして，職員全体で対応体制の確認をしておくことも重要である。災害発生時の対応を保護者と共有し，特に乳児へは，特別の対処・迅速な対応を心がけ，安全の確保を配慮したい。

また，近年虐待を受けている乳幼児が急増している。子どもの顔面をはじめ，体に殴られたり，蹴られたりした痕がないか，保護者が不審な行動をしていない

----

*乳幼児突然死症候群
（SIDS：Sudden
Infant Death Syndrome）：
それまでの健康状態および既往歴からその死亡が予測できず，しかも死亡状況調査および解剖検査によってもその原因が同定されない，原則として 1 歳未満の乳児に突然の死をもたらす症候群のこと。

か，不適切な養育の兆候はないかなどの観察を行い，虐待の早期発見や予防に努めることも必要である。保護者や子どものプライバシーの保護や知り得た事柄の秘密保持は，必ず遵守しなければならないが，子どもが虐待を受けている状況など，秘密を保持することが，子どもの福祉を侵害する場合は，守秘義務違反にはあたらない。保護者に不適切な養育等や虐待が疑われる場合，保護者と子どもの関係に気を配り，保護者と十分話し合うことが望ましい。しかし，保育所や保育者等による対応では不十分，あるいは限界があると考えられるときには，速やかに市町村または児童相談所などの関係機関へ通告し，子どもの最善の利益を考慮して，安全を確保することが大切である。

（3）生活リズム

　授乳・食事，排泄，睡眠，休息などに生理的な周期が見られる乳幼児に，子どもが必要としている規則的な生活リズムづくりを心がけたい。0歳児前半では，健康な子どもには正常な生理的生活リズムが見られるが，しだいに家庭の事情や育て方などから夜型になったり，不規則になったりと，生活のリズムに望ましくない傾向が生じてくる場合が多く見られる。それぞれの家庭の状況を十分考慮したうえで，保育所と家庭との生活が24時間連続性をもって送れるようにしたい。保育所と家庭の生活リズムの違いが大きいようであるならば，たとえば午睡時間の長短を個別に配慮するなどして，一人ひとりの子どもに対して無理なく徐々に規則的な生活を整えたい。安全で落ち着いた環境・保育者等による愛情豊かな応答のなかで，一人ひとりの授乳をはじめ，おむつ交換，衣服の着脱，午睡など生理的なリズムが尊重され，十分に寝て，よく飲み，食べ，起きている時間が充実したものになることが重要である。安全に守られ，愛情のこもった応答的な関わりによって，心身とも満たされ，快適な環境に心地よさを感じる体験は，幼児期の豊かな育ちへとつながる。そして，年齢が高くなるに従い，徐々に，子どもに主体性・自発性・自主性が芽生える配慮をしながら，歯磨き，衣服の着脱，身のまわりを清潔にすること，体力づくりなどの生活習慣・健康習慣を身につけていけるようにすることが望ましい。

（4）食育の基礎づくり

　安全な環境で，子どもが小さいうちから食に関わる体験を広げ，食べる意欲の基礎をつくることができるよう心がけることが大切である。保育者等授乳や食事に関わる人の和やかなで応答のある温かな雰囲気のなかで，食事をしたり，気持ちを共有したりすることを大切にしたい。保育者が，子どもの欲求を見てとり，タイミングよく応え受け止めていくことによって，子どもは満たされ，安心感をもつとともに，保育者と信頼関係を築いていく。身近な人と気持ちを通わせて食事をする時間は，意欲をもって食に関わり，会話を楽しみながら食事をすること

へとつながり，健康な食生活をしていくことが期待される。食事は，単に生命維持のためにするのではなく，いっしょに食事の時間を過ごす人との関わりや食物を大切に思う気持ちを育むことが大切である。

授乳・離乳期においては，入所前の生育歴や記録から，子どもの発育・発達状態（咀嚼や嚥下機能を含む発達や喫食の状況，食行動の特徴など）・健康状態・栄養状態・生活状況などを把握し，それぞれに応じた必要な栄養量確保や食事の時間や調理方法，子どもの咀嚼や嚥下機能等の発達に応じて食品の種類・量・大きさ・固さ・食具など個人的な配慮をすることが大切である。一人ひとりの子どもとの関わりを大切にしながら，当日の健康状態をよく把握して食事をすることも忘れてはならない。乳児の場合，調乳や冷凍母乳の取り扱いや食事の介助の際には，衛生に十分配慮し，食中毒に気をつけ，食の安全にも細心の注意を払いたい。また，食中毒の予防に向けて，日ごろから，子どもの清潔はもちろん全職員は，自身の清潔，感染症および衛生管理に関する知識と適切な対応方法を身につけておくことが必要である。

最近，食物アレルギー等のアレルギー疾患を有する子どもが増えてきているので，その配慮も必要である。

乳幼児期は，どのようなものにアレルギーを示すかわからない時期でもあるので，摂食にあたっては慎重にしていくことが大切である。また，食物アレルギーのある子どもには，食器の色を変える，座席を固定するなどの工夫をして，人為的な間違いの起きないような対策が必要で，食物アレルギーの頻度の多い食材（鶏肉・牛乳・小麦など）を使用しない献立を作成したりする。また，食物アレルギーについて，家庭との連携を十分に行い，「生活管理指導表」などで細心の注意を払いたい。「生活管理指導表」が提出された場合，アレルギー対応について，必ず施設長，調理員や栄養士等の専門職，保育者等が保護者と面談を行い，子どもの情報を把握し，相互の共通理解および連携を図る。看護師，栄養士等がいる場合は，専門性を生かした対応を図ることや，関係機関と連携して，万一の場合の連携マニュアルなどをつくり，医師の指示に基づき，全職員が適切な対応ができるよう，手順や内容を明確にしておくことが大切である。

食物アレルギー，障がいのある子どもなど，一人ひとりの子どもの状態に応じた，献立の作成，食材料の選定，調理方法，摂取方法，摂取量加減などの配慮をし，食育の推進をはかりたい。

毎日の送迎時や連絡帳のやりとりなどを通して，保護者と，保育所と家庭での状況を伝え合うことも必要である。保育所の食事のサンプルを展示したり，試食会を開いたりして，保護者に子どもの食に対する関心を促すことや安心感をもっ

てもらうことも大切である。地域の子育て家庭においては，子どもの食に関する悩みも少なくない。食の観点から，保護者が子どもについての理解を深め，子育ての不安を軽減して，子どもと共に食を楽しめるよう支援していくことも，保育所の役割の一つである。

　保育所では，子どもの食に関する営みを豊かにするために，食育計画が作成されている。全体的な計画に基づいた食育計画は，指導計画とも関連づけて，子どもの日々の主体的な生活や遊びのなかで食育が展開されるよう作成する。たとえば，ある保育所では，サツマイモ掘り遠足に出かけ掘ってきた5歳児が，分けてくれたサツマイモをスープにして，離乳食児に配る活動などが食育計画に盛り込まれており，食を通じた人間性の形成を願った特色ある食育を行っている。

（5）心理的な安定

　乳幼児期の身体的な発達，知的な発達，心の発達は著しいものがある。たとえば，抱っこのしすぎ，反対にしない行為一つにしても，家庭と保育所の子どもへの接し方の違いが，すぐに子どもの安定に影響する。そして，子どもの心の健康を左右する。心の健康を保つには，よい人間関係，つまり親や保育者など身近な人との間に信頼関係が築かれていくことが不可欠である。少人数で落ち着いた環境を準備し，安心して遊びに熱中できるよう，また，音の大きさや採光なども配慮することはもちろん，保育者の笑顔，明るい声，笑い声，ゆとり，なごみのある雰囲気などが大切で，いつも子どもときちんと向き合う姿勢を心がけたい。このような，子どもとの関わりあいを大事にする環境と関係を整えることで，虐待の疑いのある子どもの早期発見，家庭に対する適切な対応もできる。

（6）家庭的な環境

　子どもは，ゆったりとした雰囲気のなかで生活することによって心理的に安定する。保育所で生活する際にも家庭と共通の機能をもつ環境で，保育者の愛情を受けて子どもが育つことが望ましい。また，時に乳児は，子ども自身が自覚しない体の調子や思いを，表情や反応などでサインとして出している。そのサインを保育者が，積極的かつ的確に理解できるのは，家庭的な関わりのなかからである。このような家庭的な雰囲気のなかで，ゆったりと生活できる環境をつくる工夫を心がけたい。

2 保育形態

　保育形態としては，年月齢が同じか，または，月齢や年齢による一律の区分だけでなく，それぞれの発達の状況に応じ構成されている少人数による保育であり，かつ，できるだけ同じ保育者が個別的に関わり，子どもの個人差に即した保育をすることが望ましい。しかしながら，同じ保育者がずっと関わることは，現実と

9章　保育所における保育の全体的な計画と指導計画

して困難であり，また弊害が出てくる可能性もある。そこで，保育所全体で一貫性のある保育をする工夫が大切となる。

　実際の保育は，複数担任制，ローテーション勤務体制，保育者間の綿密な引き継ぎ・コミュニケーション，適切な役割分担など，さまざまな工夫がなされている。たとえば

・複数担任制のとき，どの場面ではどの保育者がどのような援助を心がけるかなど職員の協力体制を指導計画作成に盛り込む。

・一人ひとりの子どもが保育所でも家庭でも同じような生活リズムを保てるように家庭との連携を密にし，職員間で共通認識する。

・保護者の相談に応じて適切なアドバイスができるよう，指導計画に位置づける。

などの工夫がされている。

　限られた時間のなかではあるが，園内研修や積極的な研修会参加を活発に行うことも必要である。指導計画作成や研修の場で，園長や主任保育士が十分にリーダーシップを発揮し，それぞれの保育者が園組織の一員としての自覚をもち自己発揮できることが，保育に反映される。

　厚生労働省は，乳児の入所については，年間を通じた入所児童数の変動があることから，各々の保育所において安定的に乳児保育を実施できるよう，乳児保育を担当する保育士を確保しやすくすることにより，年度途中入所の需要などに対応し，乳児の受け入れのための環境整備を行い，乳児保育の一層の推進を図ること等を目的とした「保育対策等促進事業」*を2000（平成12）年4月から実施できるよう定めた。

　0歳〜2歳までの子どもたちについては，小規模保育等の地域型保育事業が設けられているが，乳児保育のニーズは，今後さらに増えてくると予想される。

3 個別の指導計画

　指導計画の延長線上に，一人ひとりの子どもの生育歴，心身の発達，活動の実態などに即した日々の個別の計画を立てることが，より細やかな保育をすることにつながる。特に乳児の場合，先に述べた保育形態のうえからも，日々の個別の指導計画を保育者同士で共有することは大切である。そこで保育所では，デイリープログラム（保育所によっては，異なる名前もある）などを作成している。デイリープログラムは，食事・排便・睡眠・休息・遊びなどの生理的周期を軸にして，生活の流れを時間的に位置づけたものであり，その年月齢の健康生活の基本を示すものである。そして，日々繰り返される生活の基盤となるものでもある。デイリープログラムは，主に子どもの活動とそれに対する保育

* 「保育対策等促進事業」：地域における保育需要に対応するため，必要なときに利用できる多様な保育サービスの整備および在宅の乳幼児も含めた子育て支援の充実等の施策の総合的な展開をはかるため，「保育対策等促進事業実施要綱」が定められ，2000（平成12）年4月から実施されているもの。

者の活動の2側面から構成されて、3歳児未満児では特に必要視されている。各保育所でさまざまに形式を工夫し、保育に使いやすいように作成されることが望ましい。

（1）個人別デイリープログラム

　子どもたちは、家庭と保育所の2つの生活の場で過ごす。保育所での生活が年月齢に適した健康生活リズムであっても、それが家庭での生活とあまりにかけ離れていたものであってはいけない。そして、保育所の生活に子どもを無理に適応させようとすれば、子どもは不安になる。まず、一人ひとりの家庭での生活リズムをありのままに受容し、その子なりの安定性・規則性をもたせ、徐々に望ましい生活リズムに整えていくことが大切である。

　そのため、一人ひとりのデイリープログラムが必要となる。個人のデイリープログラムを、家庭と保育所の生活リズムが無理なく調和したものになるよう作成したい。この作成によって、保育者が、一人ひとりの個性を確認し、共通理解をもつことで、さらに子どもの日々の生活が安定すると思われる。

（2）グループ別デイリープログラム

　一人ひとりの生活リズムに共通性が出てくれば、たとえば、離乳食の段階が同じような子どもの場合では、ひとつの共通のデイリープログラムを考えることができる。しかし、子どもの成長発達や季節に応じて、また、その日の体調に応じて、どのくらい食事・休息の時間をとるか、遊びの時間帯を多く設定するかなど考えて変更することも必要であり、常に子どものようすを見てとり、一人ひとりへの配慮を心がけたい。

　デイリープログラムは、子どもを管理し、拘束するという批判があるが、むしろ活動に幅をもった時間帯を確保し、生活リズムの目安となるものでもある。見方を変えると、デイリープログラムは、複数担任制やローテーションによる保育を支える役割をもつ。そして、一人ひとりに対して弾力的な対応ができるものである。子どもはいろいろなことに影響され、日によって異なった姿を見せる。子どもをデイリープログラムに合わせるのではなく、デイリープログラムを子どもの生活に沿うように、変更したり修正したりしていく柔軟さが大切である。

4. 長時間保育

　夜の11時まで営業している大手スーパー閉店間近の時間でも、子連れで買い物をしている人がいる。24時間営業のコンビニエンスストアに、深夜から早朝

にかけても買い物をしに客が入ってくる。どのような時間帯でも人は働いていることを感じさせる光景である。職種や就労形態によって，仕事の時間帯も多様化してきた。このような状況のなか，延長保育や夜間保育，長時間保育を希望する家庭が増えてきている。

1 長時間保育で配慮したいこと

（1）子どもの理解

　乳幼児は，長時間にわたる集団保育でどのような心理状態になるのだろうか？

　長時間保育があまりよい影響を与えないということは，感覚的に理解できる。おとなでも，社会という大きな集団のなかでは緊張状態が続く。しかし，少人数の集団であり，自由に過ごせ，しかも心が安定できる家庭ではリラックスする。家庭で自分の時間を過ごし，リフレッシュして，また社会でいろいろな活動に意欲をもって取り組める。

　子どもにとって，保育所は大きな集団の場であり，たとえそこが家庭的な雰囲気のところであっても，緊張する生活の場所であることには変わりはない。長時間保育では，その緊張する状態が，長く続くことになる。他人のなかで緊張して過ごす，家庭のような自由度が少ない，親と触れ合う時間が少ない，ほかの子どもと異なり保育所に残る，保育所と家庭との生活リズムが違うなどにより，子どもにさまざまな欲求不満が生じてくる。

　子どもが延長保育をいやがらずに受けていると思っていた親が，あるとき保育所で使っている布団カバーの四隅が不自然に尖っていたのに気づき，子どもに聞くと，寂しくてずっとカバーの隅をこよりのようにしていた，という話を聞いたことがある。環境に早く適応できる子どももいれば，一見環境に適応できたかに見えても，おとなが考える以上に，見えないところでストレスを感じている子どももいる。子どもなりに社会のなかで精一杯頑張っている気持ちをくみ取りながら，健康状態，生活習慣，生活リズム，情緒の安定などに個別の配慮をしたい。長時間におよぶ集団保育の環境では，子どもの健全な成長を考えるうえで，きわめて細やかな配慮と柔軟な対応が必要である。

（2）保育者と子どもの関係

　保育所で保育を長時間すればするほど，子どもは家族と過ごすより，保育者と過ごす時間が多くなる。いっしょに過ごす時間の長い保育者は，子どもの価値観や人格形成などに，大きな影響を与えるといっても過言ではないだろう。保育者は，親にはかなわずとも，それに近い愛情を抱き，子どもを育てるプロとしての自覚をもち，自己を高める努力をしたいものである。

　くつろげる環境提供を心がけ，より個別的な関わりをもち，1日の疲れを受け

止め，リラックスできるよう，ゆったりとした気持ちで，子どもとよい人間関係を築くよう心がけたい。幼児期に人への信頼感をもつことはとても大切で，保育者の果たす役割は重要である。幼児期によい保育者と出会えたならば，子どもは幸せである。

（3）子ども同士の関係

長時間保育では，降園後，地域の子どもたちと遊んだり，保育所と離れて活動したりする時間を保育所で過ごすことになる。そこで，保育所は友だちの広がりや経験の多様性を配慮した保育を，模索していくことが望まれる。長時間，同じ友だちと過ごすメリットもあるが，同じ集団で行動を共にするデメリットもある。健全な仲間づくりができるように，時には保育者自らモデルになったり，リーダーシップをとったりすることも，子ども同士の関係づくりには大切である。

また，長時間いっしょにいることで子ども同士のトラブルも増えてくる。トラブルの場面は育ちの場ととらえ，保育者はトラブルに対してよりよい解決を学ぶ援助を心がけたい。特に，5歳児や小学校を間近にした子どもたちには，「幼児期の終わりまでに育ってほしい姿」を意識した援助が望ましい。そして，子ども同士の人間関係・友だち関係の広がりにつなげたい。

（4）生活の時間配分と環境の工夫

表9-2　保育所の1日の過ごし方　例

0・1・2歳児	早朝保育	おむつ交換・遊び・排泄	おやつ・おむつ交換	遊び・おむつ交換	散歩	食事・おむつ交換	排泄	午睡・おむつ交換	めざめ・排泄	おやつ・おむつ交換	随時降園・時間外保育	延長保育
時間	7時15分～	9時00分	9時30分	10時00分	11時00分	12時30分	13時00分		15時00分	16時00分	18時00分	19時00分
3・4・5歳児	早朝保育	所持品始末	遊び	排泄・片づけ	年齢別・興味別の活動	食事の準備・食事	排泄	遊び	遊び	おやつ	随時降園・時間外保育	延長保育

長時間保育を希望する家庭が増えつつある現在，延長保育を単に8時間保育のおまけの保育としてとらえるのではなく，子どもの生活の流れにきちんと位置づけ，充実を図ることが必要である。

たとえば，

・延長保育時間帯に外国の人に来てもらい，遊びながら外国語に親しみ異文化に触れる機会をつくる

9章　保育所における保育の全体的な計画と指導計画

・地域の高齢者や専門的なことに秀でている人などに来てもらい，日本の伝統文
　化や趣味につながることなどに触れ，いっしょに活動する
・延長保育の5歳児が保育者の手伝いをしていっしょに部屋の整理整頓をした
　り，保育者と簡単な手づくりおやつをつくって年下の子どもと共に食べたりす
　る時間をもつ

　このように，保育所で行う保育ではあっても，もっと生活感のある，生活のに
おいのする保育をしてもいいのではないだろうか。いろいろな工夫をすることで，
家庭での生活の代わりをしたり補ったりする延長保育になる。

　また，通常保育の子どもの迎えや帰りのとき，保育所の中はあわただしい。そ
の時間帯でも，延長保育の子どもが，ゆっくり過ごせるようにしたい。延長保育
の保育室が，普段より家庭的な雰囲気であるならば，より望ましい。ただ現実と
して，このような保育室の余裕はないかもしれない。たとえ，そのようななかでも，
通常保育と異なる環境の工夫をしたり，違う遊具を準備したりして，変化をもた
せる工夫を心がけ，延長保育時間へと気持ちを切り替えられるようにし，家庭的
な親しみのあるくつろぎの場となる保育室で，子どもがいきいきと過ごせるよう
に配慮したい。

　長時間保育の生活の時間配分・環境の工夫は，夜間保育，休日保育，一時保育，
さらには病児保育など多様な保育のニーズに対しても，求められている。これら
は，子どもの生活の連続性を十分考慮していくことが重要である。

（5）家庭との連携，子育て支援

　保育所に子どもを通わせている保護者は，いろいろな理由で仕事をし，その仕
事の状況によっては，夜間保育や長時間保育を利用せざるを得ない。そのような
家庭は，年々増えている。家庭で子どもと過ごす時間が少なかったり，気持ちの
余裕もなかったりして，子どもにうまく接することができず，子育ての負担・不
安・孤立感をもっている親もいる。また，ほとんどの親は子どもを愛し大事に思っ
ているが，現代社会では，親になる準備ともいえるような経験や心がまえなしに
いきなり親になっていることも多い。そのため，具体的にどのように子どもに接
したらよいか，どう関わることが大事にすることなのかわからない，もしくは悩
んでいる親も少なくない。

　一方で，祖父母からの知恵の伝達・伝授よりも，テレビ・インターネットな
どを利用して育児等について知識を得て，頭では理解できていると思い込み，
必ずしも子どもにとってよい接し方をしているとはいえない対応をしている親
もいる。

　このような家庭の事情・保護者の状況を十分理解し，保育所は，子どもが乳幼
児期にふさわしい生活を送ることができる環境を整えていくとともに，保護者に

191

保育所での生活のようすを知らせて，安心してもらうことや，子どもを育てるなかで，保護者が「育児はそんなに大変ではない」「子どもの成長を見るのは楽しい」と思うようになることを願って，家庭との連携や子育て支援に，さまざまな工夫をしている。

たとえば，
・保育所と家庭がそれぞれ子どものようすを連絡帳に記載して，情報を共有し，双方の生活の連続性も図る
・玄関に給食の献立表だけでなく，クラス別に，どのような料理状態で，どれくらいの量を出しているか，実際に食したものを提示する
・保育所の生活のようすの写真をコメントつきで提示する
・保育参観だけでなく，家族で参加する「遠足」「夏祭り」などの開催をする
・父母や祖父母に「1日先生」として，自分の子どもや孫だけでなく，いろいろな子どもと触れ親しむ保育参加を企画する

など，保育所は，情報交換や提示を通して，保護者との共通の話題で会話したり，育児の悩みを共有したりして，保護者が保育者への信頼を深めていくよう，心がけている。また，運動会・クリスマス・ひなまつりなど季節の節目に行う表現会などの開催を通じて，保護者が，子どもの成長を実感したり，保育所での子どもの生活をより身近に感じたりできるように，そして，子どもの気持ちをより細やかに理解できるように，さまざまな機会を設けている。

保育所は，保護者のそのときどきの気持ちを受け止め，相互の信頼関係を築きながら，連携して，よりよく子どもが育っていくようにしていくことが大切である。そして，保育所は，楽しみながら育児をする親になるよう，保護者をサポートする役割も担っている。

保育や子育てに関する知識や技術などの専門性を発揮し，子育て支援をするなかで，子どもの利益に反しない限りにおいて，保護者や子どものプライバシーを保護していくことや，保護者自身の主体性や自己決定を尊重した支援を行うことも忘れてはならない。

（6）保育者のチームワーク

子どもが小さければ小さいほど，一人の保育者が長く関わることで，子どもの心の安定は保たれる。長時間専任の保育者の配置が望ましいが，現状での勤務体制などを考えると，難しい面もある。そこで，日案など指導計画をわかりやすく書き，引き継ぎをするときは，興味・関心や遊びのようす・健康状態・情緒の安定・生活リズムなどいくつかのポイントを設けて伝えるなどの工夫をして，どの保育者も子どもに対して共通理解をもつことが必要である。正確な情報の伝達を心がけ，協力して子どもや保護者の不安を除くようにしたい。保育者のチームワーク

9章　保育所における保育の全体的な計画と指導計画

は，とても大切である。チームワークのよさは，保育者同士のよい人間関係から生まれる。日ごろから保育者自身，よい人間関係をつくる努力をしたいものである。保育者同士のよい関係は，保育をスムーズにするとともに，子どもによいモデルを示し，協同性の芽生えを培う保育にもなるはずである。

2 指導計画と長時間保育

　保育現場からよく聞かれることは，「指導計画を立て，月案・週案・日案を作成していきたいが，時間的に余裕がない」という声である。朝早くから遅くまで子どもを保育することに追われ，保育の計画を立て，反省・評価をする時間を設けにくい。特に日案の作成は，長時間保育を実施する保育所では，実際問題としてきわめて困難である。また週案・日案を作成しても，朝登園した子どものようすや保護者から受けた連絡（家庭でのようすなど）から，延長保育の指導計画を

図9-2　長時間保育の指導計画例

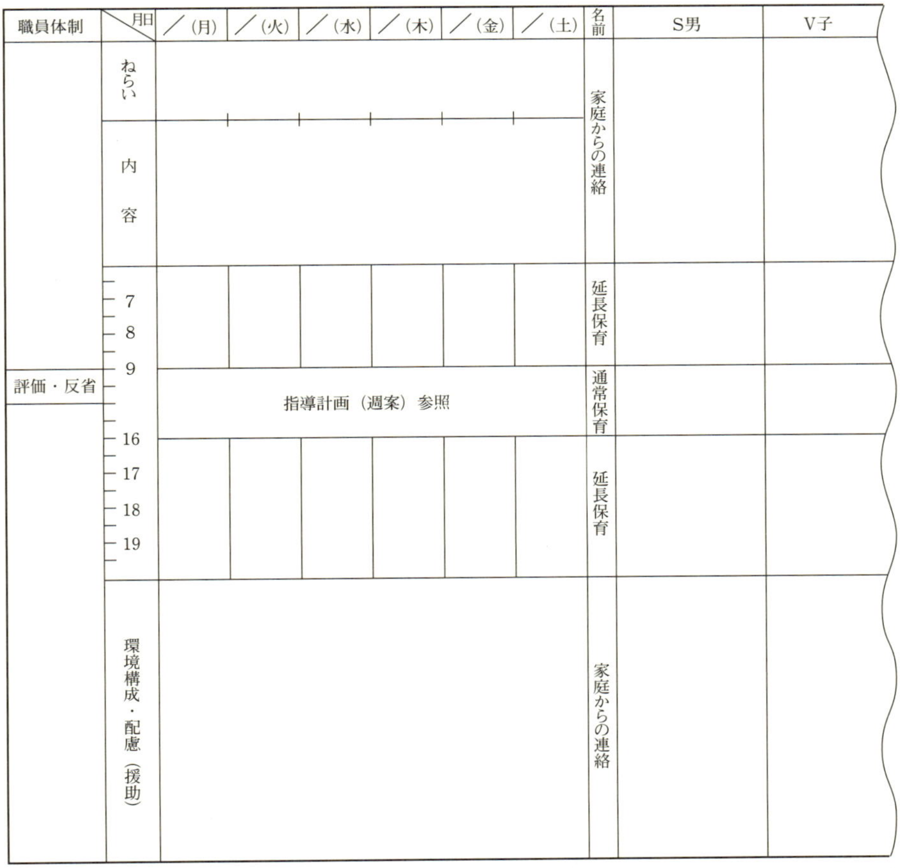

職員体制	月日	/(月)	/(火)	/(水)	/(木)	/(金)	/(土)	名前	S男	V子
	ねらい							家庭からの連絡		
	内容									
	7 8 9							延長保育		
評価・反省	16	指導計画（週案）参照						通常保育		
	17 18 19							延長保育		
	環境構成・配慮（援助）							家庭からの連絡		

193

変更せざるを得ない場合もある。

　時間保育の指導計画（図9－2）は，通常保育との連続性を考慮しつつ，子どもの共通理解・保育の連続性や職員間の協力体制などがわかりやすく盛り込まれている。長時間保育の指導計画に限らず，指導計画は，子どもや家庭の状況によって，柔軟に変更・修正していくことも必要である。指導計画に実際にした保育の記録を書き込みつつ，次への計画に生かすなど，現実的で実行しやすい指導計画の立て方を工夫したい。

5. 評価と改善

　評価と改善については，2009（平成21）年度の旧保育指針では，第4章「保育の計画及び評価」の「2　保育の内容等の自己評価」に載せてあったが，2017（平成29）年の改定では，「幼保連携型認定こども園教育・保育要領」に合わせ，保育指針の総則に移行され，第1章総則の「3　保育の計画及び評価」の「（4）保育内容等の評価」「（5）評価を踏まえた計画の改善」のなかで，下記のように記載された。

（4）保育内容等の評価
ア　保育士等の自己評価
　（ア）保育士等は，保育の計画や保育の記録を通して，自らの保育実践を振り返り，自己評価することを通して，その専門性の向上や保育実践の改善に努めなければならない。
　（イ）保育士等による自己評価に当たっては，子どもの活動内容やその結果だけでなく，子どもの心の育ちや意欲，取り組む過程などにも十分配慮するよう留意すること。
　（ウ）保育士等は，自己評価における自らの保育実践の振り返りや職員相互の話し合い等を通じて，専門性の向上及び保育の質の向上のための課題を明確にするとともに，保育所全体の保育の内容に関する認識を深めること。
イ　保育所の自己評価
　（ア）保育所は，保育の質の向上を図るため，保育の計画の展開や保育士等の自己評価を踏まえ，当該保育所の保育の内容等について，自ら評価を行い，その結果を公表するよう努めなければならない。
　（イ）保育所が自己評価を行うに当たっては，地域の実情や保育所の実態に即して，適切に評価の観点や項目等を設定し，全職員による共通理解をもって取り組むよう留意すること。
　（ウ）設備運営基準第36条の趣旨を踏まえ，保育の内容等の評価に関し，保護者及び地域住民等の意見を聴くことが望ましいこと。

9章　保育所における保育の全体的な計画と指導計画

> **（5）評価を踏まえた計画の改善**
> ア　保育所は，評価の結果を踏まえ，当該保育所の保育の内容等の改善を図ること。
> イ　保育の計画に基づく保育，保育の内容の評価及びこれに基づく改善という一連の取組により，保育の質の向上が図られるよう，全職員が共通理解をもって取り組むことに留意すること。

　評価には，大きく分けて，「保育士等の評価」と「保育所の評価」がある。

1 保育士等の評価

　保育士等の評価は，保育者自らが保育の計画や記録を通して，子どもの活動や内容など見えている結果だけでなく，内面や過程にも目を向けて保育実践を振り返ることや，職員相互の話し合いや研修を通して保育実践を振り返ることで，自分の保育だけでなく保育の計画も反省し，より子どもの生活に沿った保育を目指すように評価することである。

　「保育の記録を残すことは大切」との認識はあっても，日々の保育に追われて，なかなか時間を費やせない。しかし，保育の記録は大切な子どもとの心のキャッチボールの記録であり，そこから見えてくるものを分析・整理することを通して，保育のねらいや内容と照らし合わせた見直しができたり，子どもの育ちや集団としての育ちを確認したりできる。それと同時に，保護者と保育所での子どものようすを話し合うときの手がかりともなり，家庭との連携をスムーズにする。また保育要録（p.180に記載）を記入するうえでも大切な資料となる。

　職員相互の話し合いや研修は，ベテランの保育者が新人の保育者の保育をチェックする場ではなく，職員同士の協働性を高め，実り多い学び合いの場であってほしい。子どもの実態把握・内面理解（子ども理解）・保育者の関わり方・環境の構成を総合的に見ながら，担当した保育者自身が，保育への自己評価や反省を話すことを中心に展開することが望ましい。そして，さらに保育全体の把握やそれぞれの子どものようす，保育者の関わり方の報告や感想など，参加者が意見を述べ合い，当事者・第三者の立場から保育を検討し，そのなかから保育の内容を改善する方向性や，より的確な関わりができるアドバイスが得られる研修の機会にしたいものである。若手の指導等にあたるリーダー的な職員も保育に携わる職員も，このような話し合いや研修を通して，保育理念を共有し，各人が保育の内容に関する認識を深めるとともに，実践の改善を行うことで，保育の質の向上・自身の専門性を向上させることができる。

　保育所としての組織的な対応や，さまざまな課題に応じた専門性が一層求められているなか，保育者等の評価の意義は大きく，それは，職員の資質の向上につ

ながっていく。保育指針では，第5章に「職員の資質向上」を記載し，保育所では質の高い保育を展開するために，職員が資質向上をはかるよう努め，社会的な役割や責任を果たすことができるように示唆している。

❷ 保育所の評価

　保育所は，保育所職員が一丸となって，保育の計画の展開や自己の保育の評価に基づき，保育所の保育内容と運営などについて組織的に，また継続的に評価し，改善を図りながら保育の質の向上を目指すことが求められている。具体的には，編成した全体的な計画と指導計画，その他の保育の計画等が子どもたちにとって適切なものか，職員が相互に話し合いを重ねながら，地域の実情や保護者のニーズ，保育所の実態に即した評価の観点や項目を設定する。それを基に保育や保育の計画を評価・改善していく。また評価の観点や項目は，さまざまな情報を収集するなどして常に見直すことも大切である。

　2008（平成20）年の改定から，保育所の社会的責任（保護者や地域社会への保育所の説明責任など）が示され，2017（平成29）年の改定でも引き続き示されている。保育所が保護者や地域社会との連携，交流だけでなく，保護者および地域の住民等の意見を聴きながら，保育の内容などについて積極的に第三者評価[*]を取り入れ，風通しのよい運営を心がけることが望まれているのである。職員各人が自ら評価することの意味を意識して自己評価を行うとともに，第三者評価などを受けることによって，保育所が客観的かつ公正に評価される。そして，その結果を公表することは，保育所の組織性や職員の意識を高め，協働性を発揮して保育の質を向上させると同時に，保護者との協働体制を構築していっしょに子どもを育てる意識も高まる。評価の結果をふまえ，保育の内容等の改善を図ることによって，日々の保育は改善され，保育所に通う子どものより望ましい保育が確保されるはずである。

【参考文献】
　厚生労働省「保育所保育指針」（告示）2017
　厚生労働省「保育所におけるアレルギー対応ガイドライン」2011
　厚生労働省「保育所における食事の提供ガイドライン」2012

----
*第三者評価：第三者評価は，2002（平成14）年にスタートした。根拠となる法律は，2000（平成12）年，社会福祉法の第78条で，そのなかで「福祉サービスの質の向上のための措置等」として「社会福祉事業の経営者は，自らその提供する福祉サービスの質の評価を行うことその他の措置を講ずることにより，常に福祉サービスを受ける者の立場に立って良質かつ適切な福祉サービスを提供するように努めなければならない」と規定している。

第10章 認定こども園における全体的な計画と指導計画

〈学習のポイント〉　① 認定こども園の概要を理解しよう。
　　　　　　　　　② 認定こども園の全体的な計画について理解しよう。
　　　　　　　　　③ 認定こども園の長期の指導計画と短期の指導計画について理解しよう。
　　　　　　　　　④ 指導計画の作成と実践の振り返りの重要性について理解しよう。

1. 認定こども園の概要

1 認定こども園の機能

　急激な社会の変化に対応するための認定こども園は，2006（平成18）年10月にスタートした。認定こども園は，教育と保育を一体的に行う施設で，いわば幼稚園と保育所の両方のよさをあわせもつという特徴がある。都道府県などから認定を受けるためには，図10－1のような機能を備えていることが条件となる。

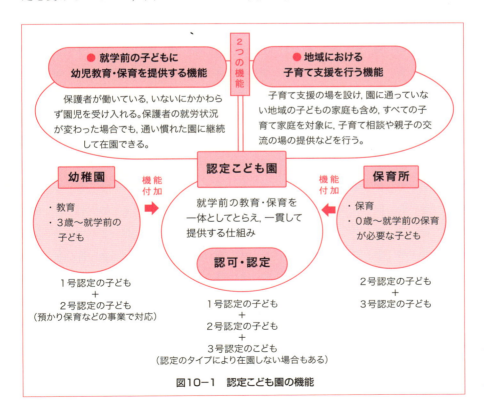

図10－1　認定こども園の機能

＊1号・2号・3号認定については，p.204を参照。

2 認定こども園のタイプ

認定こども園は，地域の実情や保護者のニーズに応じて設置され，図10－2のような4つのタイプがある。

> ◆ **幼保連携型**[*]
> 幼稚園的機能と保育所的機能の両方の機能をあわせもつ単一の施設として，認定こども園としての機能を果たすタイプ。
>
> ◆ **幼稚園型**
> 認可幼稚園が，保育が必要な子どものための保育時間を確保するなど，保育所的な機能を備えて認定こども園としての機能を果たすタイプ
>
> ◆ **保育所型**
> 認可保育所が，保育が必要な子ども以外の子どもも受け入れるなど，幼稚園的な機能を備えることで認定こども園としての機能を果たすタイプ
>
> ◆ **地方裁量型**
> 幼稚園・保育所いずれの認可もない地域の教育・保育施設が，認定こども園として必要な機能を果たすタイプ

図10-2　認定こども園のタイプ

*詳細は第5章に掲載。

3 認定こども園の主な基準

認定こども園の認定基準は，内閣総理大臣，文部科学大臣，厚生労働大臣が定める基準に従い，それを参考にして地域の状況に応じて各都道府県などが条例で定めている。

主な基準等は，以下の通りである。

> ○職員資格・学級編制等
>
> 職員資格
>
> ＜幼保連携型認定こども園＞
> ・保育教諭を配置。保育教諭は，幼稚園教諭の免許状と保育士資格を併有。
>   ただし，施行（2015年）から5年間は，一定の経過措置あり。
> ＜その他の認定こども園＞
> ・満3歳以上：幼稚園教諭と保育士資格の両免許・資格の併有が望ましい。
> ・満3歳未満：保育士資格が必要
>
> 学級編制
>
> ・満3歳以上の教育時間相当利用時および教育および保育時間相当利用時の共通の4時間程度については学級を編制
>
> ○ほかにも，職員配置，園長等の資格，園舎・保育室の面積，食事の提供などの基準が定められている。

◎ 調べよう！
地元の都道府県などの認定基準の詳細や行政担当の部署がどこかを調べてみよう。

4 認定こども園の教育および保育の内容

認定こども園では,「認定こども園法」「教育基本法」「児童福祉法」「学校教育法」「学校保健安全法」などの法律のほか,関連する政令や省令,そして「幼保連携型認定こども園教育・保育要領」によってきまりがあり,これらに従って,教育・保育をしなければならない。

幼保連携型,その他の認定こども園においては,「幼保連携型認定こども園教育・保育要領をふまえて教育・保育を実施すること」とされており,幼稚園型においては「幼稚園教育要領」,保育所型においては「保育所保育指針」に基づいて教育・保育をすることが前提とされている。

2. 認定こども園における全体的な計画

1 全体的な計画とは

認定こども園では,教育と保育を一体的に提供するため,創意工夫を生かし,園児の心身の発達と家庭および地域の実態に即応した適切な教育および保育の内容ならびに子育て支援等に関する「全体的な計画」を作成しなければならない。

「全体的な計画」は,従来作成している幼稚園の教育課程,保育所の保育の計画(保育課程＋指導計画)などと関連しており,2017(平成29)年3月の改訂・改定において幼稚園,保育所,認定こども園ともに,「全体的な計画を作成する」というように文言の整合性が図られた。これは園児の入園から修了までの在園期間の全体にわたった計画であり,園の目的や目標に向かってどのような道筋をたどって教育および保育を進めていくかを明らかにし,園児の充実した生活を展開できるようにするために作成されるという趣旨においては,従来の計画と変わりはない。

全体的な計画の実施にあたっては,環境を通して行う教育および保育に基づいて,園児の発達や生活の実情などに応じた指導計画を作成して保育を行う必要があり,全体的な計画は指導計画を立案する際の骨格となるものである。

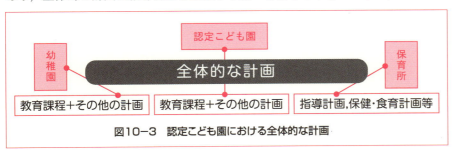

図10-3 認定こども園における全体的な計画

2 全体的な計画を作成するにあたって

(1) 全体的な計画と指導計画・保育実践

全体的な計画の作成にあたっては，教育および保育を一体的に提供するための創意工夫を生かすことが大切である。そして，園児の心身の発達と家庭，および地域の実態に，素早く，適切に対応する計画となるようにしなければならない。

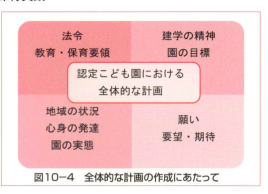

図10-4　全体的な計画の作成にあたって

◎調べよう！
　幼児期の教育・保育における関係法令には，どのようなものがあるか調べよう！

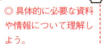
◎具体的に必要な資料や情報について理解しよう。
　全体的な計画を作成するにあたって基本的に共通理解しておくために必要な項目について理解しよう。

教育及び保育の内容並びに子育ての支援等に関する全体的な計画

- 各年齢，在園時間の長短に応じた教育・保育の指導内容に関する計画
- 安全計画，保健計画
- 食育の計画
- 地域や保護者の要請により，一時預かり事業として行う活動の計画
- 延長保育，夜間保育，休日保育も含めて園児の園生活全体をとらえた計画

　全体的な計画と長期・短期の指導計画，ならびに日々の保育実践は，次ページの図のように位置づけられ，園において実際の保育が展開し，日あるいは週ごとに振り返り，改善や修正が行われる。そのうえで新たにまた明日の保育につなぐという循環のなかで，質の高い保育が展開され，よりふさわしい計画に改善されることが望ましい。

10章　認定こども園における全体的な計画と指導計画

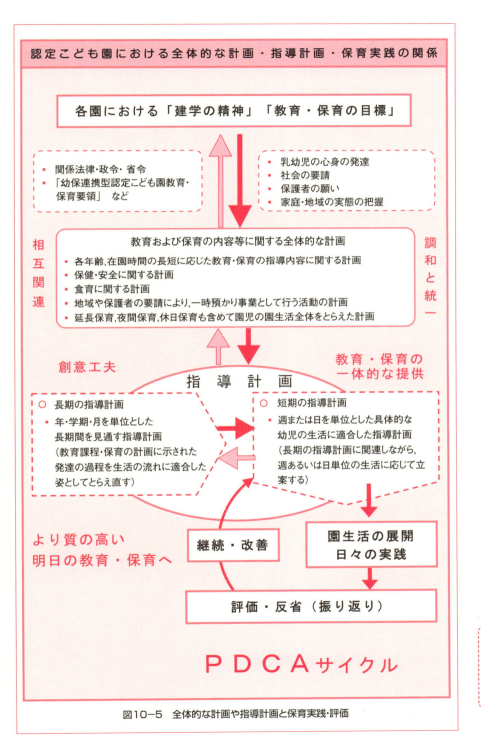

図10-5　全体的な計画や指導計画と保育実践・評価

◎話し合って確認しよう！
幼児教育におけるPDCAサイクルとはなにか、具体的に理解しよう。

（2）全体的な計画の作成における重要項目

1）基本姿勢

- 関係法令，教育要領などの定めに従い作成する。
- 園長が責任をもち，全職員が協力して作成する。

2）教育および保育を一体的に提供するための創意工夫

- 入園から就学前までの園児を対象とした，一貫した教育・保育の提供をする。
- 教育課程，指導計画，保健・安全に関する計画，食育に関する計画，標準的な教育時間終了後の保育（いわゆる預かり保育），延長保育，夜間保育，休日保育などに関する計画など，園において実施しているすべての教育・保育内容ならびに子育て支援等について，一人ひとりの園生活がよりよいものとなるように配慮して作成するよう創意工夫が求められる。

3）園児の心身の発達をとらえて

- 入園した時期により，集団生活の経験年数が異なる園児がいることに配慮する。
- 日々の教育・保育のなかでの園児の姿の記録から，どのような発達の道筋をたどるか，また発達が異なる園児同士が共に生活するなかで一人ひとりの発達にどのような影響をもたらすのかなどを把握し，入園から修了までの園児の生活や発達の見通しをもって過程をとらえていくことが必要である。

4）園の実態を生かして

- 園の規模，職員の状況，施設や設備の状況などの人的・物的条件の実態をふまえて，教育・保育の内容に反映させる。

5）家庭および地域の実態を把握して

- 保護者の就労状況や生活形態がさまざまであり，園に対する要望や期待も多様なため，適切に実態を把握することが求められる。
- 長時間を園で過ごす子どももいるので，家庭との連絡を丁寧に行い，子どもにとっては，生活が連続して営まれていることを重視して考えていく。
- 園の立地地域の特性（都市，農村，山村，漁村など），地域社会の実態を十分に把握して，計画を作成することが必要である。
- 保護者や地域住民に園の情報を積極的に提供し，支援・協力を得て地域に必要な愛される園となり，特色を生かした活動が円滑に行われるように計画を作成することが大切である。

> ◎調べよう！
> 「認定こども園法」で定められた具体的な条件と近隣の園とを照らし合わせて考え，具体的に示されている内容について把握しよう。

3 全体的な計画の「ねらい」と「内容」を組織する

- 教育・保育の内容に関する全体的な計画を作成する際には，園児の各時期に展開される生活に応じ，適切に具体化した「ねらい」と「内容」を設定することが必要である。

10章　認定こども園における全体的な計画と指導計画

- 具体的な「ねらい」と「内容」を組織するにあたり，園児の年齢，保護者の生活形態を反映した園における生活時間の違い，集団生活や教育・保育経験などによる心身の発達，季節などを考えて作成する。
- 発達の過程をとらえ，それぞれの時期にどのような体験をするのか，教育・保育の目標を達成できるようにするためにはどのような指導をするのか，各領域に示す事柄に基づいて明らかにしていく必要がある。
- 園生活のなかでは，各領域の「ねらい」や「内容」は互いに関連して総合的に行われることを考慮することが大切である。特に3歳未満の園児は，発達の特性から各領域を明確に区分することが難しいことや個人差が大きいことなどから，各園の実情に応じて工夫して表記することが求められる。

4　全体的な計画作成の具体的な手順について

（1）入園から修了に至るまでの長期的な視野をもつこと

- 発達の各時期にふさわしい具体的なねらいや内容は教育・保育要領の各領域に示された「ねらい」や「内容」のすべてを視野に入れ，園児の生活のなかでそれらが相互に関連しているかを考慮して設定していくようにすることが，大切である。
- 各年度の当初は，入園の時期や在園時間などが異なる園児が共に過ごすことへの配慮が，特に必要である。
- 園児一人ひとりの生活のしかたやリズムに配慮して，1日の流れを考える。
- 入園から修了に至るまでの発達の一例として，次のような特徴がある。
  - ①保育教諭などとの触れ合いを通して，安定していく時期
  - ②周囲の人やものへの興味が広がり，自分で生活や遊びを広げていく時期
  - ③新たな友だち（在園時間が異なる友だち）との出会いから，保育教諭などと共に新しい園生活をつくり直す時期
  - ④保育教諭などや友だちと共に過ごすなかで，園生活のしかたや決まりがわかり，友だちとイメージを伝え合い，共に生活する楽しさを知っていく時期
  - ⑤友だち関係を深めながら，自己の力を十分に発揮して生活に取り組む時期
  - ⑥友だち同士で目的をもって園生活を展開し，深めていく時期

（2）各園の実情にあった計画を作成する

- 実践を通して，各こども園の実情に合った全体的な計画を作成することが，必要である。
- 具体的な作成の手順について（参考として）
  - ① 作成に必要な基礎的事項について，全職員が理解する。
  - ② 各園における教育および保育の目標に関する共通理解をはかる。
  - ③ 園児の発達の過程を見通す。

203

④ 具体的な「ねらい」と「内容」を組織する。

⑤ 全体的な計画を実施した結果を反省，評価し，次の作成に生かす。

（3）教育週数・教育時間・保育時間などの基本について理解する

- 教育週数：満３歳以上の園児の教育課程にかかる教育週数は，特別な事情のある場合を除き，39週を下ってはならない。

- 教育時間：１日の教育課程にかかる教育時間は，４時間を標準とする。ただし，園児の心身の発達の程度や季節などに適切に配慮するものとする。

- 保育時間：保育を必要とする子どもに該当する園児に対する教育および保育の時間は，１日につき８時間を原則とし，園長がこれを定める。ただし，その地方における保護者の労働時間，その他家庭の状況等を考慮するものとする。

表10－1　A園の１週間の時程表（参考）

	時刻	月	火	水	木	金	土・日
園児の教育・保育の時程	8:00～	順次登園　早朝保育室での自由遊び　１号・２号認定の園児 （３号認定の園児はそれぞれの保育室へ）					順次登園
	9:00～ 11:30～	学級単位の生活　指導計画に基づいた指導 昼食					
	12:30～	指導計画に基づいた指導（※３歳未満児は午睡 13:00～15:00 目安）					休日保育
	14:00	1号認定*の園児：標準降園時刻（発達に応じて時刻の変更あり）					
	14:00～ 15:00～	1号認定の預かり保育＋2号認定**の園児のキッズルームでの生活 おやつ会食					
	16:00～ ～18:30 18時以降	1号認定の預かり保育＋2号認定の園児，3号認定***の園児 順次降園 延長保育の園児はプレイルームで自由遊びなど　順次降園					順次降園
職員の職務	16:15～	打ち合わせ（早朝・延長保育担当者へは伝達ノートを活用）					清掃
		清掃 教材準備・環境の構成 園児の記録・指導の評価 （毎日）	週案の打合せ （毎週） 行事の打合せ （随時）	職員会議 現職教育 研究会等 （各1回／月）	週の評価 次週の指導 計画の立案 （1回／週）		

◎イメージしよう！
　各園の実情に応じた教育・保育の充実を図るために工夫された時程表から，１日の生活をイメージしよう。

＊１号認定（教育標準時間認定）：満３歳以上の小学校就学前の子ども，学校教育のみを受ける子ども

＊＊２号認定（保育認定）：満３歳以上の小学校就学前の子ども，保育を必要とする子ども

＊＊＊３号認定（保育認定）：乳児および満１歳～満３歳未満の保育を必要とする子ども

（4）目安となる時期を区分する

- 乳幼児期には，自我が芽生え，自己を表出することが中心の生活から次第に他者の存在を意識し，他者を思いやったり，自己を抑制したりする気持ちが生まれ，同年代での集団生活を円滑に営むことができるようになる時期へ移行していく。作成にあたり，発達の特性を十分にふまえることが大切である。

- ０歳から５歳児（就学前）までの発達の特徴を見通し，一貫したカリキュラムを編成する。ここでは，発達の特徴をとらえて就学前までを22期の時期に分け，キーワードにより区分したB園の例を引用し紹介する。

表10-2 B園の発達の目安となる時期

年齢	キーワード	期	発達の特徴
0歳のころ	愛着と人見知りの時期	1期	・いつも世話をしてくれる保育教諭と情緒的つながりを形成していく時期
		2期	・特定の保育教諭との結びつきを強め、見知らぬ人には不安を示す時期
		3期	・保育教諭との信頼関係のなかで、身近な人やものへの好奇心が芽生える時期
1歳のころ	発語と探索の時期	4期	・保育教諭に見守られるなかで身近なものへの好奇心が芽生える時期
		5期	・保育教諭に見守られるなかで、身近な人やものに興味を示し、指差しをしたり、ことばを発したりして関わろうとする時期
		6期	・歩行が安定し、行動範囲が広がり、好奇心が旺盛になる時期
2歳のころ	自我の芽生えと模倣の時期	7期	・保育教諭やほかの子のしていることをまねしたり、覚えたことばを使ったりして楽しむ時期
		8期	・自我が芽生え、自己主張が強くなるが、依存的な気持ちもある時期
		9期	・保育教諭や周りの子のしていることに興味をもち、まねをしたり見立てたりする時期
		10期	・保育教諭や周りにいる子と同じことをしたり、いっしょにいることの心地よさを感じたりする時期
3歳のころ	自己主張と自立への意欲が見られる時期	11期	・保育教諭や新しい環境に親しみ、安定して過ごす時期
		12期	・安心できる保育教諭のもとで、周りの友だちに関心をもつように楽しむ時期
		13期	・安心できる場で、気の合う友だちと触れ合って遊ぶことを楽しむ時期
4歳のころ	自己表出し、相手の思いを知る時期	14期	・保育教諭に親しみをもち、安定して過ごす時期
		15期	・保育教諭を頼りにして、自分のしたい遊びをしたり、いっしょに遊びたい友だちと過ごしたりする時期
		16期	・自分の思いを出して、友だちと元気よく遊ぶ時期
		17期	・保育教諭や友だちと考えを出しながら遊ぶ時期
5歳のころ	目的をもち、力を出し合う時期	18期	・年長児としての喜びや自覚をもって生活する時期
		19期	・自分の思いや考えを出して、気の合った友だちと遊びを進める時期
		20期	・一人ひとりが自分の考えを出して、友だちのよさを互いに分かって生活する時期
		21期	・友だちと共通の目的をもち、試したり工夫したりして遊びを進める時期
		22期	・友だちと共通の目的をもち、力を出し合って生活する時期

（5）認定こども園ならではの特徴を生かす

- 入園年齢の違う園児が共に集団で生活するなか、特に新しく入園する4月当初は集団生活の経験年数の違いから、自分の気持ちをさまざまな形で保育教諭に表す。一人ひとりをしっかりと受け止めて、安定した園生活のなかで自分を出すことができるようになると、おおむね共通した発達の過程をたどる。
- 園児同士が影響し合って、家庭や地域では体験できない育ち合いや学び合う関係が形成される。
- 0歳から小学校就学前までの園児の発達の連続性を見通し、一人ひとりの状況に応じた柔軟で応答的な環境の構成や発達の課題に即した指導を行う。

（6）1日の生活の連続性およびリズムの多様性に配慮する

- 保護者の生活形態により、さまざまな在園時間の園児一人ひとりの状況に応じて、保育の内容やその展開について工夫する。

- 家庭との連携を密にし，園児一人ひとりの家庭での生活のしかたやリズムを把握して，一人ひとりの実情に合った生活や遊びの場など居場所をつくる。

◎話し合おう！
　認定こども園の教育・保育内容の特質から，具体的な配慮が必要になることがある。
　どのようなことが必要かを話し合い，課題があればそのことについて対応策を見つけよう。

Point

　長時間在園する園児については，短時間の園児が降園した後は，落ち着いた家庭的な雰囲気のなかでゆったりと過ごせるようにする。

　特に夕方以降，順に園児が降園していくなかにおいては，寂しさを感じる園児がいることをふまえ，園児にとって特に安定した生活を過ごすことができるように配慮する必要がある。

（7）環境を通して行う教育および保育における配慮と工夫
1）発達の特性をふまえた工夫
- 乳児期の園児（個別的な計画を作成する）

【特徴】
- 情緒的な絆が形成される
- 疾病への抵抗力が弱い
- 不慮の事故が起こりやすい

→ 生理的・心理的欲求を満たす
- 愛情：応答的に，豊かに
- 生活：清潔に，快適に，心地よく，連携を図って

- 満1歳以上満3歳未満の園児（個別的な計画を作成する）

【特徴】
- 感染症にかかりやすい
- 基本的な運動機能の発達が著しい
- 発生が明瞭になり発語が増える
- 自分でできることが増えてくる

→ 保健的対応と安全の確保を十分に図る
- 衛生：生活場面 ➡ 清潔に
- 安全：探索行動 ➡ 事故防止
- 情緒の安定：依存と自立のバランス

- 満3歳以上の園児

【特徴】
- 試行錯誤
- 新しい活動への挑戦
- 他の園児との関わり

→ 活動の充実を図る（環境の構成，再構成）
- 保育教諭の意図と園児の主体性，具体的な興味や関心，発達の実態

Point

◆ 保育教諭の役割 ◆

　園児一人ひとりの成育歴や発達の特性などの違いを理解し，温かく応答的に関わる保育教諭などは，園児の情緒の安定をもたらし，園児の主体的な環境との関わりを促進する最も重要な存在である。

　それぞれの遊びの状況に応じて，保育教諭などは園児とやり取りしながら遊びに応じた遊具を出したり，場の構成を行ったりすることで，遊びの充実の達成につなげる。園児の発達は一つの場面ごとにとらえるのではなく，それぞれの場面を総合的に関連づけることが大切である。

2）在園時間の違いなどによる配慮

- 乳児ならびに満1歳以上満3歳未満の園児

  【特徴】
  - 睡眠時間の個人差
  - 疲れやすさの違い
  - 心身の状況に応じる

  → 睡眠や休息をとる際の環境に配慮する
  - 睡眠時：部屋の明るさ，音，温度や湿度
  - 生活面：温かな雰囲気のなかで過ごす
  - 遊びは：一人ひとりが，好きな遊びを十分に楽しめる空間，遊具の種類

- 満3歳以上の園児

  【特徴】
  - 標準時間で帰宅する園児と長時間過ごす園児との遊びの継続や連続性に関する配慮

  →
  - 多様な材料，道具の用意
  - 友だちと活発に動ける広さの確保
  - 自分のペースで落ち着いて過ごす居場所
    （集中して遊ぶ場と家庭的な雰囲気のなかでくつろぐ場の調和）

Point

◆ 保育教諭の役割 ◆

園児一人ひとりの個人差に，柔軟かつ丁寧に対応することが大切であり，楽しいことやうれしいことを共有でき，不安なときや悲しいときに頼ることができる存在として，保育教諭などの役割は重要である。

3）異年齢交流

- 少子化により，家庭や地域で年齢の異なる子ども同士で関わる機会が減っている。異年齢の子ども同士の交流は，子どもの発達にとって重要である。異年齢で構成されるグループ等での指導にあたっては，園児一人ひとりの生活や経験，発達の課程などを把握し，適切な指導や環境の構成ができるように考慮する。

Point

◆年上の子どもにとっては，次のような機会が得られる。

相手に合わせて手助けをしたり，優しいことばをかけたりするなど，他者へのいたわりや思いやりの気持ちや態度を身につける。

◆年下の子どもにとっては，次のような機会が得られる。

憧れの気持ちを抱いたり，新たな活動への挑戦の意欲をもったり，自分より年下の子どもに優しく接することを学んだりする。

- 各学年，学級の活動時間や場所を工夫する
- 日常の園生活のなかで自然に異年齢の園児の姿を目にしたり，交流が生まれたりするようにする

→ 【具体例】
- 着替えの手伝い
- 栽培活動の協力
- 遊び方の伝達

4）長期的な休業中やその後の過ごし方等への配慮

● 満3歳以上の学級には，夏季休業や冬季休業等，長期休業期間のある園児と，毎日を園で過ごす園児がいる。この時期に，環境の整っている園で同年代の子どもと体験を重ねることも大事だが，家庭や地域でさまざまな人々と出会い，多様な体験を重ねることも必要である。それぞれの過ごし方をする園児の状況を把握し，休業後の再開を楽しみにできるようにしたり，園・クラスだより，ドキュメンテーション，ホームページなどで情報を共有できるようにしたりして，休業後の生活にその間の経験が生かし合えるようにすることが望ましい。

5 全体的な計画の具体例

　C園では，小学校就学前までの園児の発達過程を18の区分として考え，それぞれの時期に必要な教育および保育を一体的に提供するための道筋として示している。ここでは，2歳未満の乳幼児の発達の過程を示した区分で作成した具体例をみてみよう。

表10－3　C園の全体的な計画（一部抜粋）＜0～2歳未満の保育の計画より（具体例）＞

【区分】1期	2期	3期	4期
おおむね6か月未満	おおむね6か月〜1歳3か月未満	おおむね1歳3か月〜1歳7か月未満	おおむね1歳7か月〜2歳未満
【主な発達の姿】 ・首がすわり，手足の動きが活発になる。 ・特定の人の顔に愛着をもち，基本的な信頼感が育つ。	・お座りやハイハイ，つかまり立ちから伝い歩きを獲得する。 ・ものを介して人とのやり取りが始まる。	・歩行ができるようになり，生活空間が広がる。 ・自分なりの意味をもった音声を発し，欲求を表そうとする。	・おとなの言うことがわかるようになり，気が向けば聞かれたものを指差す。 ・体の動きが滑らかになり，多様な遊び方をする。
【ねらい】 ・保育教論に生理的欲求を満たしてもらい，安定した生活リズムのなかで，快適に機嫌よく過ごす。 ・寝返りや腹ばい等の動きを楽しむ。 ・聞く，見る，触れるなどの経験を通し，諸感覚のはたらきを豊かにする。	・保育教論に生理的欲求を満たしてもらい，安定した生活リズムのなかで，快適に機嫌よく過ごす。 ・はったり，つかまり立ちや伝い歩きをしたりして，体を動かすことを楽しむ。 ・自分の意志や欲求を身振りや喃語で表そうとする。 ・身のまわりのものに興味をもち，見たり聞いたり触ったりしようとする。	・保育教論に身のまわりのことをしてもらい，心地よさを感じる。 ・安定した生活リズムで過ごす。 ・安心して好きな遊びを楽しむ。	・保育教論に見守られながら自分でするうれしさを感じる。 ・興味をもったものや人に自分から関わる楽しさを感じる。 ・気に入った遊びを見つけ，繰り返し楽しむ。

10章　認定こども園における全体的な計画と指導計画

おおむね6か月未満	おおむね6か月 〜1歳3か月未満	おおむね1歳3か月 〜1歳7か月未満	おおむね1歳7か月 〜2歳未満
【内容】 ・特定の保育教諭に世話をしてもらい，機嫌よく過ごす。 ・ゆったりと抱かれて乳を飲む。 ・身のまわりを清潔にしてもらう心地よさを感じる。 ・安心して眠ったり気持ちよく目覚めたりする。 ・おむつを替えてもらったりマッサージをしてもらったりして心地よさを感じる。 ・穏やかな雰囲気のなかであやされたり抱かれたりして安心して過ごす。 ・安心できる保育教諭のそばで，腹ばい，寝返りをするなど十分に体を動かす。 ・親しい人の顔がわかるようになり，声を出したり笑ったりする。 ・特定の保育教諭の言葉かけや歌声を聞いて喜び，安心する。 ・安心して声を出し，機嫌のよいときは喃語を発する。 ・まわりのものに興味をもち，目で追ったりつかもうとしたり手にしたものをなめたりして遊ぶ。 ・音や声に反応して顔を向けたり，簡単な手遊びを見つめたりする。	【内容】 ・特定の保育教諭に世話をしてもらううれしさを感じる。 ・授乳，食事，排泄，清潔などの生理的欲求を満たしてもらい，機嫌よく過ごす。 ・さまざまな味や食感を経験し，喜んで食べる。 ・2回午睡から1回午睡になるなど，しだいに生活のリズムが整い安定して過ごす。 ・身のまわりにある興味をもったものに向かってハイハイをしたり伝い歩きをしたりして自由に移動する。 ・保育教諭に受け止めてもらい，安心していろいろな感情を自分の欲求を表す。 ・保育教諭との応答的なやり取りを喜び，喃語や片言で話したり，模倣したりして遊ぶ。 ・保育教諭の歌や手遊び，触れ合い遊び，リズム遊びなどを通して，体を動かしてもらうことを喜ぶ。 ・生活のなかでさまざまな音，色，手触りなどに興味をもち，聞いたり，見たり，触れたりする。	【内容】 ・保育教諭の言葉かけを心地よく感じながら，体の症状や不快感，不安感を察してもらい，生理的な欲求が満たされる心地よさを感じて機嫌よく過ごす。 ・保育教諭に食べさせてもらったり，手づかみで，またはスプーンをもって食べようとしたりする。 ・保育教諭につき添ってもらって安心して午睡をする。 ・したいことやしてほしいことを保育教諭に察してもらいながら，さまざまな遊びや物に興味や関心をもって手を伸ばしたり触れたり試したりして遊ぶ。 ・伝い歩き，ひとり歩きを十分にし，自分の行きたいところへ行く楽しさを感じる。 ・体を動かすことや手指を使うことを喜ぶ。 ・自分の名前を呼ばれていることがわかるようになり，動作や声で応えようとする。 ・心地よい音や音楽を聞いて喜んだり，全身を揺らして楽しんだりする。	【内容】 ・保育教諭に気持ちを受け止めてもらい，安心して自分の思いを表す。 ・簡単な身のまわりのことを保育教諭に手伝ってもらいながらいっしょにしようとする。 ・スプーンやコップ，ストローなどで飲食することに興味をもち，自分でやってみようとする。 ・身のまわりのさまざまなものに触れ，興味や関心を広げ，探索意欲をもって行動する。 ・自分の発見や喜びをしぐさや音声，単語で示そうとし，受け答えをしてもらって満足する。 ・身近な人の模倣をしたり，簡単な生活を再現して楽しんだりする。 ・一人でしたいことを見つけて遊んだり，おもちゃに触れて気の向くままに遊んだりする。 ・気に入ったことがあると何度も繰り返し，満足するまで行う。 ・全身を使った動きのできる場所で遊んだり，手指を使った比較的細やかな動きが必要な遊びを好んだりする。
【環境の構成】 ・清潔で居心地のよい生活ができる安全で安心で快適に過ごせる環境 ・まわりのものが目に留まり，体を動かしたり感覚を働かせたりする環境	【環境の構成】 ・落ち着いて過ごし，安心して遊ぶことができる環境 ・思いのままに体を使って遊べる環境 ・人との触れ合いや関わりが心地よくなる環境 ・手指を使った遊びを促す環境	【環境の構成】 ・一定の生活リズムで安定して過ごせる環境 ・伸び伸びと体を動かして安全に遊べる環境 ・手指を使った遊びが繰り返し楽しめる環境 ・自分からやりたくなるような気持ちや，物への興味関心を育てる環境	【環境の構成】 ・自分でやりたい気持ちを満足できる環境 ・興味や好奇心が満たされる環境 ・全身を使って遊ぶ楽しさが味わえる環境 ・模倣したり，応答したりすることが楽しめる環境 ・言葉に興味をもち，話したりまねをしたり，口ずさんだりできる環境

養護および教育・保育における重点配慮事項
- ことばで伝えられない年齢の乳幼児は特に健康状態の把握が重要である。家庭との連携を密にして，個々の園児にふさわしい園や家庭での過ごし方について話し合い，共通理解して保育する。保護者に協力してもらい，連絡ノートや伝言板など，特に日常と違う状況が生じたときは，情報の伝達が確実に行えるような工夫をする。
- 個々の生活リズムがまちまちなこの時期には，入園の時期や発達の状況に応じて中心に過ごす保育室を分け，できるだけそれぞれが快適に過ごすことができるような配慮を心がける。自我が芽生え，"ジブンデ"という意志を表すようになる時期なので，「自分でしたい」「自分のもの」という思いを満たし，着替えや遊びなどで必要な経験をしていくための環境を工夫する。

3. 認定こども園における指導計画

1 指導計画の「ねらい」および「内容」の考え方と領域

　従来の教育・保育要領で示されてきた「心情・意欲・態度を育てる」という文言について，小学校以降のねらいともつながりやすいよう示されることになった。今回の改訂で「ねらい」は，教育および保育において育みたい資質・能力を園児の生活する姿からとらえたものであり，「内容」はねらいを達成するために指導する事項であると定義された。

　また，教育・保育要領も「幼稚園教育要領」，「保育所保育指針」と同様に，3つの視点から幼児期に育みたい資質・能力が示され，その具体的な姿として幼児期の終わりまでに育ってほしい姿として10項目が示された。

　ねらいと内容については，乳児期には3つの視点から示され，満1歳以上満3歳未満の園児については，満3歳以上とは別の視点から5領域で「ねらい」と「内容」が示されている。なお，各領域に示す事項についてはいずれの要領・指針においても整合性が図られている。

【幼児期に育みたい資質・能力】

- 豊かな体験を通じて，感じたり，気付いたり，分かったり，できるようになったりする「知識及び技能の基礎」
- 気付いたことや，できるようになったことを使い，考えたり試したり，工夫したり，表現したりする「思考力，判断力，表現力等の基礎」
- 心情，意欲，態度が育つ中で，より良い生活を営もうとする「学びに向かう力，人間性等」

【5領域】

- 心身の健康に関する領域「健康」
- 人との関わりに関する領域「人間関係」
- 身近な環境との関わりに関する領域「環境」
- 言葉の獲得に関する領域「言葉」
- 感性と表現に関する領域「表現」

Point 👇

　領域は，それぞれが独立した授業として展開される小学校の教科などとは異なる。そのため，領域別に内容に関する全体的な計画を作成したり，特定の活動と結びつけて指導したりするなどの取り扱いをしないようにしなければならない。

なお，認定こども園教育・保育要領の第2章では，「特に必要な場合には，各視点や領域に示すねらいの趣旨に基づいて適切な，具体的な内容を工夫し，それを加えても差し支えない」としつつも，その場合には「教育及び保育の基本及び目標を逸脱しないように慎重に配慮する必要がある」としている。これは，各領域に示す「ねらい」の趣旨に基づいたうえで，地域や認定こども園の実態に応じて，教育・保育要領に示した内容に加えて，教育および保育の内容に関する全体的な計画を作成，実施できるようにしているものである。

ただし，実施にあたっては，乳幼児期の特性をふまえ，環境を通して行うことを基本とし，遊びを中心とした生活を通して発達に必要な体験をし，乳幼児期にふさわしい生活が展開されることが重要である。

2 長期の指導計画と短期の指導計画

質の高い教育・保育を実施するために，園児の主体性と保育教諭などの指導の計画性の調和のとれた組織的・発展的な指導計画を作成し，園児の活動に沿った柔軟な指導を行わなければならない。指導計画には，全体的な計画に基づいて，園児の発達の実情に照らし合わせながら作成する長期の指導計画と，日々の具体的な指導を行うにあたり必要な短期の指導計画がある。

指導計画の作成にあたっては，具体的な「ねらい」および「内容」を設定し，適切な環境が構成されるなかで，望ましい方向に向かって園児自ら活動できるように，保育教諭などが必要な援助をして展開していくようにしなければならない。

ここでは，指導計画の作成について具体的に示すため，A市の作成した長期の指導計画のなかから抜粋して例に挙げて示すことにする。

（1）長期の指導計画　➡【A市D園の各期の指導計画の具体例】

表10-4　D園の3歳児 第1期の指導計画の例

【園児の姿】
～新入園児・進級園児～
・新しい環境で過ごすなかで，うれしさや不安，緊張感など，さまざまな気持ちをいろいろな行動で表す。
・自分の欲求や気持ちの赴くままに行動する。
・担任でなくても，自分を受け止めてくれると感じたおとなに甘えたり，頼ったりする。
・家庭と園との場の違いや環境の変化により，不安や戸惑いが大きい。
・長時間保育の子どもは，年度当初の緊張と長時間在園することで，不安や疲れを表す。
～新入園児～
・進級児に刺激を受けたり，長時間の集団生活に戸惑ったりする。
～進級園児～
・大きくなったうれしさを表し，張り切って過ごす園児や，環境の違いや新入園児の存在が気になり，戸惑ったり緊張したりする園児がいる。

【ねらい】・・

～新入園児・進級園児～
●保育教諭に親しみをもち，安心して過ごす。

～新入園児～
●園のようすや生活の流れがわかり，安心する。
●園で遊ぶ楽しさを感じ，喜んで登園する。

～進級園児～
●新しい環境に慣れ，安心して過ごす。
●新しい担任の先生や友だちとの生活を楽しみ，喜んで登園する。

【内容】・・・

～新入園児・進級園児～
・保育教諭と手をつないだり，抱いてもらったりして，近くで過ごすことで安心する。
・保育教諭に名前を呼ばれたり，声をかけてもらったりすることで，うれしさを感じる。
・保育教諭の動かす指人形を見たり，対面姿勢やひざの上で絵本を読んでもらったりする。
・保育教諭の近くで遊具に触れたり，いっしょに動いたり，遊んだりする。
・保育教諭や周りにいる園児との触れ合いに慣れ，いっしょにいることを心地よいと感じる。
・自分の持ち物の始末や整頓，排泄などを保育教諭といっしょにして安心する。

～新入園児～
・人形やブロックなど，目についたものを手に取り，触ってみて安心する。
・保育教諭と土や砂をすくったり，詰めたり，掘ったりして遊ぶ。
・滑り台を滑ったり，ジャングルジムに触ってみたりするなど，園庭の遊具に慣れる。
・ウサギや小鳥などの小動物を見て，なごむ。
・気に入った玩具を見つけて自分のものとして扱ったり，興味をもって遊んだりする。
・園で好きなように遊ぶ楽しさに気づき，自分から進んで動き始める。
・園で昼食やおやつを食べることを楽しみにし，気に入った友だちの近くに座って，うれしい気持ちで食事をする。

～進級園児～
・新しいクラスの遊具に興味をもち，好きな友だちといっしょに気に入った場を見つけ，それらを使って遊ぶ。
・新入園児の名前を知り，呼びかけていっしょに遊ぶ。
・新入園児の戸惑いに親切に応え，自分の知っている生活のしかたを伝えようとする。

【環境の構成のポイント】・・・・・・・・・・・・

●安心感をもち，園が楽しいと感じる環境
・保育室内の見通しをよくして，いろいろな遊具がよく見え，手に取りやすいように並べたり収納したりする。
・遊具や遊ぶ場は，温かい雰囲気で親しみやすく感じられるようにし，思わず手に取って遊びたくなるような配置をしておく。
・各家庭での雰囲気と同じような遊具を多数用意し，新入園児が，ほしいときにすぐに使えるように準備する。
・園内のあちらこちらに興味を引きそうなものがあり，保育教諭といっしょに見つけたり，触れたりできるようにする。（砂の山，草花，ウサギのゲージ，メダカやカメ，ダンゴムシのいる湿った場所，こいのぼり，バギーカー　など）
・収集した小石や木の実，花びら，ダンゴムシなどを“自分のもの”として大切に扱えるよう，牛乳パックなどで個々の名前を書いた（シールやマークで示した）持ち運び用の入れ物を用意する。
・長時間保育園児と預かり保育の園児は，畳敷きの部屋へ移動して，くつろいで過ごすようにする。

【援助のポイント】・・・・・・・・・・・・・・・

●保育教諭に安心して頼るようにする。
・朝の受け入れでは，親子と出会う瞬間を大切にして，温かく迎え入れ，親しみを込めて挨拶したり，にこやかに話を聞いたりして，子どもを不安にさせないようにする。
・保護者との離れ際が負担にならないように，気に入りそうな遊具や遊びの場を靴箱の近くに用意したり，補助の保育教諭の手を借りて1対1で対応したりできるようにする。
・排泄や食事の際は，準備や身支度を手伝い，楽しくなるように言葉をかけながら手を添え，できないところは手伝いながら自立を促していく。
・どんな些細なことでもうんとほめたり，喜んだりして，うれしい気持ちが膨らむように関わる。

●一人ひとりの好みや生活のペースを把握し，個々に応じた生活をつくっていく。
・遊びたい時間や遊びのパターンがさまざまな幼児のペースを把握する。どの幼児の遊びにも目が行き届くように，ゆったりとした雰囲気をかもし出しながらも，機敏に動きつつそれぞれのしている遊びに活気を与えていく。

【保健・安全】・・・・・・・・・・・・・・・・・・

・基本的生活習慣の確立については，個人差が大きい時期なので，個々の状況を把握し，無理のないように進める。
・新しい環境での生活となるので，生活を進めていくうえでの導線や備品や遊具の配置が安全かを確認し，必要に応じて改善していく。

【家庭との連携】・・・・・・・・・・・・・・・・

・朝の受け入れの際には，健康面や睡眠・食事・排便のようすなど，短時間で保護者に必要な事項を確認して，個々の状況を把握する。
・個々の持ち物が，丁寧に整っている状態になるように，衣類の補充や持ち物の記名を依頼する。

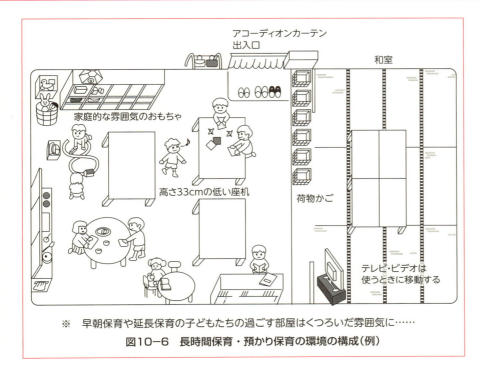

図10-6　長時間保育・預かり保育の環境の構成（例）

（2）短期の指導計画 ➡【A市D園の各学級の週案の具体例】

　短期の指導計画には，週単位で作成する週案と，1日単位で作成する日案とがある。週案は，前の週の幼児の実態をふまえて，今週の幼児の遊びを中心とした1週間の園生活の流れを見通して環境の構成をし，保育教諭の関わりがどのようにあるとよいかを考え，計画を作成する。

　日案は，前の日の幼児の姿から，今日育てたいことを教育・保育のねらいとして定め，具体的な活動を通した経験する内容をイメージして，環境の構成・保育教諭の援助のポイントを考えて作成する。いずれの場合も，目の前にいる幼児の姿と，長期の指導計画に照らし合わせた発達や指導の見通しのなかで，自分なりの実践をするための具体的な指導計画を作成することが大切である。

　ここでは，1～4期に区切られた4歳児の第3期の後半，11月の週案を例に示した。各指導計画の枠組みに決まりはないので，実践する際には，使いやすいように工夫し，自分のための計画を作成してほしい。

表10−5　D園の4歳児　第3期27週（11月）　週案の例

	4歳児●●組第27週（案）11月17日（月）〜11月22日（土）
期のねらい	自分のしたい遊びを楽しみながら，先生や友だちと気持ちが触れ合ううれしさを感じる。
前週の幼児の姿	【前週の姿から今週の願いを考える】 ・自分なりに思いついたことやイメージしたことを友だちに伝えながら遊ぶことを楽しんでいた。自分の思いや考えを伝え，「わぁ，すごいね」「どうやってやったの？」と，友だちに受け入れられることがとてもうれしい。自分の思いやイメージでさまざまに遊んでいる幼児の姿を認めていくようにし，受け入れられながら友だちといっしょに遊ぶ楽しさを感じられるようにしたい。また，思いが違ったときにも自分なりに考えて思いを伝えようとする姿も見られるようになってきた。保育教諭が間に入りながら思いの伝え方を知らせたり，時には見守ったりして，自分なりのことばで伝えられるように支えていきたい。 ・遊びに必要な物をイメージして，自分なりに考えてつくることが楽しくなってきた。つくったものが友だちに受け入れられることがうれしく，友だちといっしょにつくることを楽しむ姿も見られた。保育教諭が幼児のイメージを聞き，いっしょに考えながら，幼児なりに多様な素材を選んだり，組み合わせたりしてつくる楽しさを味わえるようにしたい。そのなかで，その子なりに考えたことを認め，まわりの友だちにも伝わるようにすることで，友だちと関わって遊ぶ楽しさを味わえるようにしたい。 ・鬼ごっこを自分たちで誘い合って遊んでいた。保育教諭もいっしょになって，楽しい雰囲気で遊ぶことで，より多くの幼児も参加して楽しめるようにしていきたい。鉄棒や登り棒，うんていなどの固定遊具やアスレチックコースなどにも，自分から取り組むようになってきた。やってみようという意欲を大切にしながら，できた喜びを感じられるように，一人ひとりに応じた援助をしていきたい。
ねらい	・気の合う友だちに自分の気持ちやイメージ，思いつきをことばや行動で表現する楽しさを味わう。 ・身近な材料や秋の自然素材を使って，考えたり，扱ったりするなかで，物の性質やしくみなどに気づき，発見を楽しんだり，遊びに取り入れようとしたりする。
内容	・室内でも戸外でも友だちと関わりながら，元気いっぱいに動いて遊ぶ楽しさを味わい，自分なりの考えやイメージを遠慮なく表そうとする。 ・遊びに必要なものを自分なりに工夫してつくり，できあがったものに愛着をもって大切に使って遊ぶ。 ・先生や友だちといっしょに試したり，繰り返したりしながら，遊びの拠点（場やコース）をつくり上げる。 ・困っている友だちの悲しい気持ちやうれしい気持ちに共感し，解決方法を先生といっしょに考える。
予想される活動と環境の構成	○ 予想される活動　　★ 環境の構成 <生活習慣> ○水が冷たくなってきたが，感染症予防のために，丁寧に手洗いうがいをする。 ○かばんの蓋をあけて中身を出したら，きちんと閉めてから，次のことをする。 <歌やリズム遊び> ♪もりのくまさん（歌） ♪おいもごろごろ（歌） ♪やきいもグーチーパー ♪アブラハムの子（踊り） <絵本> ・14ひきのあきまつり ・くんちゃんはおおいそがし  【砂場】 ○泥だんごや川，海，などを友だちとつくって遊ぶ。 <植物を育てる> ★先週，さまざまな植物の球根（チューリップ，クロッカス，ヒヤシンス）や苗（タマネギ）を植えたので，室内にも水栽培のコーナーを設ける。 ★戸外のプランターの近くに，バケツとじょうろを用意し，自分たちで水やりができるようにする。 ★必要な素材（ロール芯・ペットボトル・牛乳パックなど）をすぐに取って使って好きにつくれるように，隣に製作の場を設けておく。 【園庭】鬼ごっこやアスレチックコース遊び ★さまざまな動きを楽しめるように，固定遊具に加えて平均台（渡る），ゴム（跳ぶ），タイヤ（バランスをとる），スポーツジムなどを子どもといっしょにコースをつくる。

10章　認定こども園における全体的な計画と指導計画

環境の構成のポイント	・どんぐりを転がすコースになるような素材（ロール芯・ペットボトル・牛乳パック）は，豊富に用意し，ほかの廃材同様，使いやすいように置く。 ・年長児の遊園地ごっこへの誘いに応じて，刺激を受けてきた幼児の気持ちを受け止め，自分なりにアレンジして再現できるような材料を提案していく。 ・踊りの好きな幼児には，舞台をつくって，なりきった表現を見せる楽しさも味わえるようにする。	・ブランコやスクーターは，風が気持ちのよい季節なので，朝から出しておくが，年少児の遊びのようすに応じて，安全配慮を第一としてコースや順番を待つ場所の設定を臨機応変に行う。 ・午後は，鬼ごっこや固定遊具での遊びに誘い，どの幼児も戸外で体を思い切り動かして，運動できる機会がもてるようにする。
保育教諭の援助	・場や材料にふさわしい接着材の使用方法や，つくりおきのできる場などについて，子どもたちに相談しながら進めていく。 ・したいことが定まらない幼児には，いっしょにいろいろな場へお客さんとしてともない，保育教諭が仲介となってやり取りを促して，楽しめるようにしていく。 ・遊びの場が散乱してきたら，整頓しながら遊ぶように手を添え，気持ちよく継続できるようにする。 ・思いの行き違いで遊びが停滞したら，保育教諭が必要なことばを補ったり，相手の気持ちを考えられるように伝えたりして，互いの思いに気づくようにし，納得して再び遊び出せるようにする。 ・自分なりに伝えようとしているときには，そばで見守りながら，「仲直りできたね」「○○ちゃんが，～してくれてよかったね」など，相手に自分で思いを伝えられたうれしさを感じられるようにする。	・戸外では，大きな声を出して，開放的な気分で遊びを楽しめるよう保育教諭が率先して雰囲気をつくる。 ・「ろうそく鬼」「氷鬼」「だるまさんがころんだ」など，さまざまな鬼ごっこを取り入れて，誰もが楽しく参加できるように「次は○○の鬼ごっこもしようよ」と保育教諭が率先して提案していく。 ・「友だちが助けてくれる」「友だちといっしょに逃げられた」といううれしい気持ちを受け止めて，つながりを感じられるようにする。 ・食事に時間がかかる幼児には，できるだけ午前中に体をたくさん動かすことが経験できるよう，積極的に働きかける。 ・感染症の予防のため，排泄後や食前の手洗いがしっかりできるように声をかけ，できていることを認め，ほめることで意識化していく。
長時間保育	・休息と運動量のバランスを考えて，1日の活動を計画する。短時間児が帰宅した後は，異年齢児との遊びのなかで，目新しい材料を提供していく。アクアビーズを使ったデザイン遊びやお絵かきペンを使ったおやつのクッキーづくりなど，年長児といっしょに手伝い合いながら進められる活動を楽しめるようにする。 ・少人数だからこそできる家庭的な雰囲気の活動において，年長児に対する憧れの気持ちや，自分より年の小さい子の気持ちを察して，優しく行動できるうれしさを味わえるようにする。	
家庭との連携	・寒くなってくるので，睡眠時間をしっかり確保して，規則正しく就寝や起床ができるように生活のリズムを整えてもらうようにお願いする。 ・感染症の予防に備え，流行の気配のみえる疾病についての情報を提供する。（インフルエンザ，感染性胃腸炎など） ・冬に備えて，園に置く着替えの点検を今週中に行い，各自のチェック表の欄への記入を依頼する。	
評価の観点	（1）自分の思いや発見したこと，思いついたイメージなどを伝えながら，気に入った友だちと関わって遊ぶうれしさを味わっていたか。 （2）したい遊びに必要なものをイメージしながら，自分なりにつくることを楽しみ，自らさまざまな素材に関わろうとしていたか。 （3）保育教諭や友だちと鬼ごっこをしたり，いろいろに体を動かしたりして遊ぶ楽しさを味わっていたか。	
反省 ※週末に記入※	（1）について 　　保育教諭の受け止めや確認は必要だが，ほとんどの子どもが穏やかな気持ちで友だちに自分の思いを伝えて遊ぼうとしている。荒々しいことばで主張を重ねていたA児が，少しずつ変容してきているのがうれしい。 （2）について 　　素材の使い方は，随分慣れてきて，それらしく，ふさわしいものを選ぶし，接着方法も協力してうまくできるようになった。 （3）について 　　鬼ごっこの基地に固定遊具を使う発想。他クラスとの調整が必要になる。週案の打ち合せで提案する。 （4）その他 　　感染症は，兄や姉が小学校にいる幼児に伝染しはじめている。要注意。うがい手洗いの励行が必要。	

215

（3）指導計画の作成にあたって配慮すべき事項

指導計画の作成にあたっては，次の事項に配慮し，設備，人的環境，地域の要望など，各園の実情に応じた独自の工夫をすることが必要である。

● **一般的に配慮すべき事項**
① 入園から修了までの生活を見通して作成する。
② 多様な体験を取り入れ，それぞれが関連して展開できるようにする。
③ 長期の指導計画から短期の指導計画を作成し，保育を具体化する。
④ 乳児および満３歳未満の園児については個別的な指導計画を作成する。
⑤ ねらいの達成に向かうよう，指導を工夫する。
⑥ 保育教諭などの役割を認識し，ふさわしい援助をする。
⑦ 小学校以降の生活や学習の基盤となる力を育む。

● **特に配慮すべき事項**
① 発達の過程に応じた教育および保育
② 発達の連続性を考慮した教育および保育
③ １日の生活リズムへの配慮
④ 午睡
⑤ 長時間にわたる保育
⑥ 障がいのある園児の教育および保育
⑦ 障がいのある園児と共に活動する機会
⑧ 特別に配慮を要する園児への対応
⑨ 教育的および保育的価値をふまえた行事
⑩ 小学校教育との円滑な接続
⑪ 保護者支援ならびに家庭や地域社会との連携

3 振り返りの重要性

１日あるいは１週が終わってみると，計画通りには実践できないことや幼児の言動から，新たな課題がみえてくる。例年，幼児の発達の過程は，おおむね同じような道筋をたどるが，個性豊かな子どもたちにふさわしい指導計画は日々，変幻自在に形を変えていくことが要求される。

幼児期の教育の基本となる主体性を大切にすることや，環境を通した教育という共通の理念のもとで，育ってほしいと願う「明日のねらい」を具体的に考え，さらにふさわしい教育・保育の実践を求めて自分の保育を振り返ることは，とても大切なことである。

振り返りの記録には，１日を振り返り，「保育のねらい」との関連したポイン

トを定めて，子どもの姿と自分の言動・振る舞い・思いなどを書く。記録は継続することが必要だが，忙しさから「毎日はできない」という悩みを聞くことも多い。一人ひとりの成長の証を記すことは，保育教諭としての責務であると考え，各自でできる方法を見つけてほしい。

Point 👇

○意図的・計画的な教育・保育を実践するために発達の見通しをもつ

・長期の指導計画で，育ちの見通しをもつ

・短期の計画で，自分の保育をデザインする

・幼児期にふさわしい生活を創り出すために，実践を振り返り，明日の改善を意識して指導計画を作成する

→自分なりの工夫をしてカリキュラムに息吹を与えていく

（1）記録のまとめ方（参考）

① エピソードのようにまとめる記録

② 活動の時系列でまとめる記録

③ 研究項目の要点に絞ってまとめる記録

④ 指導要録・保育要録として個人の1年間の成長の記録（発達上記録したい内容）を記す際の資料としての記録

【①〜③の記録の記入のポイント】

・活動の羅列のみにならないよう注意する。

・子どもの姿を保育教諭の対応や思いも含めて具体的に記入する。

・子どもの表情や言動から内面の変化をとらえる。

【④の個人記録の記入項目】

・在園期間

・生活と健康に関するもの

・情緒面も含む人間関係

・ことば，理解力，運動，表現，感性

・家庭との相談，伝達事項など

・特別に配慮が必要な乳幼児に関するもの

【④の記録の記入のポイント】

・項目にそって，子どもの姿を具体的に書く。

・子どものよさをとらえる視点で書く。

・箇条書きにするなど読みやすさに配慮する。

（2）記録の方法

　子どもの姿から「面白いことをしている」「いつもと違う」など，気づくことは多くある。そのときは印象深く，心を動かされた出来事だが，忙しく過ごすうちに忘れてしまう場合もある。特に子どものきらりと光ることばは，宝物のように思うが，正確に記憶することが難しい。ポケットに付箋紙を携帯して，さっとメモに残しておくと，思い出す手がかりとなる。

　メモしたことや記憶している出来事などからエピソードを選び，情報を整理する。それに自分の思いや言葉かけ，その意図などを書き加えれば，わかりやすい記録になる。

> **Point**
> 転園する場合や小学校に入学する時期に，個人の記録を申し送る。指導が途切れないように伝えることは，大切である。

> **Point**
> 読む人の身になって分かりやすく，読まれる人の気持ちになって温かいことばで書くことが大切。

　また，文章がなかなか浮かばないとき，整理した情報を文章化するのに役立つ方法として，ひな形（テンプレート）にあてはめて表現することもできる。

　たとえば，下の例のA〜Dのような文の空欄に伝えたい出来事をあてはめてみると，人に伝わりやすい文章ができあがる。苦手意識から，記録を書くことから敬遠しがちな人は，書き慣れるまで，説明不足のところを補っていく一助としてもよい。

● ひな形（テンプレート）を活用して文章をつくるという方法も…
　A「…のとき…ちゃんは…ちゃんと…のように…遊んでいた」
　B「…と言って…なようすだったため，…ではないかと考え…した」
　C「…が必要と思われたので…のように…した」
　D「…ちゃんの母親から…という相談（報告）を受け…と回答したところ
　　…というようすだった」

> ◎続けることが大切！
> 記録は自分自身を映す鏡。
> 読み返し，振り返ることで自分の資質を向上させよう。

　A〜Dのいずれも，記録内容が骨子だけにならないようにすることが大切である。具体的に自分が行った援助や環境の再構成などの行動，聞いた言葉の表現や，とらえた表情，そのときに感じた心象，そのときの雰囲気などもメモで残しておく習慣をもつとよい。

> ◎「幼児期の終わりまでに育ってほしい姿」も意識しながら…
> 発達のプロセスをとらえながら，要領や指針に示された10項目の姿を意識して記録をすることも大切。

10章　認定こども園における全体的な計画と指導計画

column

◆認定こども園の課題・展望◆

　今の日本の子どもを取り巻く状況をよりよいものにしようと，認定こども園の普及を目指して「子ども・子育て関連3法*」が成立した。さまざまな立場の関係者が，国や各県・市町村における「子ども・子育て会議」において話し合い，地域にとって有効な施策の実現のため，努力を重ねている。

　当初，認定こども園は，幼稚園型，保育所型，幼保連携型，地域裁量型という4つのタイプで始まったが，内閣府を中心に文部科学省・厚生労働省ともしだいに幼保連携型へと移行を推進する動きがある。ただ，幼保連携型認定こども園の開設には，かなり質の高い諸条件が定められており，既存の施設がそのまま移行することが難しい場合がある。移行が進みつつある現在の段階では，それぞれの地域における実情に応じたタイプで設置・運営されている。

　幼児教育関係の人々から，よく聞く声がある。「子どもにとって最善の利益を…といっても具体的には，働く保護者にとって利用しやすい施設であることが，最優先されているように思われる」と。

　理想は，やはりどの施設においても，子どもにとって最善の教育がなされ，将来の日本をけん引する人を育てる幼児期の教育をしっかりと考え，推進されることだと思う。利用する人のニーズに応えるためにそれぞれの教育・保育現場の開所，開園の時間が長くなったとしても，幼児期の教育・保育の専門家が，正しい知識や熱意をもち続け，研修を重ね，たしかな教育・保育力を備えて，子どもたちとの豊かな生活を営めるようにしたい。

　主体的な子どもを育て，まわりの環境にはたらきかけながらアクティブに学ぶ子どもを育てることが，将来の日本を支えていく。子どもたちの豊かな未来に向けて，さらに前向きに考えを出し合い，十分とはいえない日本の乳幼児期の教育・保育における，今ある課題を克服していくことを強く望んでいる。

*p.50参照。「子ども・子育て関連3法」に基づいて「子ども・子育て支援新制度」が2015（平成27）年4月より施行された。

【参考文献】

内閣府・文部科学省・厚生労働省『幼保連携型認定こども園教育・保育要領』フレーベル館，2017

第11章 一人ひとりの幼児にとっての保育

〈学習のポイント〉　①子どもにとって保育者の役割とは何かを理解しよう。
　　　　　　　　　②個々の子ども理解の大切さを保育のしくみを通して確認しよう。
　　　　　　　　　③子どもへの具体的援助について学ぼう。
　　　　　　　　　④カウンセリング・マインドをもつことの必要性と難しさについて認識
　　　　　　　　　　しよう。

1. 保育者の役割

① 保育者の仕事の本質：関わること

　保育者とは，どのような人を指すのだろうか。保育ということばの意味は，文字通り「保護し，育てる」という意味であり，保育者とは，広義には子どもの保護者も含めて，子どもを保護，育成する人を指す。しかし一般には，子どもが就学するまでの家庭での子育てを「育児」というのに対し，家庭外で，第三者が関わる子育てを「保育」と呼んでいる。したがって，この家庭外での「保育」に関わる人を「保育者」と呼ぶ場合が多い。本章では，幼稚園・保育所・認定こども園などの，就学前の教育・保育施設で子どもの保育に携わる者を「保育者」と呼ぶこととする。

　「保育者」を概念的に定義することは困難だが，実際に保育の場で保育者が行っていることから，保育者とは何をする人なのかということを考えてみると，キーワードとして「関わる」ということばが浮かんでくる。この「関わり」には，直接的な働きかけだけでなく，間接的な援助も含まれている。また，保育者の関わりの対象は，子どもだけでなく，子どもの保護者やその他，幼稚園・保育所が存在する地域の人々も含まれる。しかし，その関わりの基本は，一人ひとりの子どもと保育者との関係である。保育者とは，子どもと共にあって「関わる」人であり，「子どもとの関わり」が保育者という仕事の本質ということができる。

　それでは，この子どもとの関わりにおいて，保育者はどのような役割を果たしたらよいのだろう。また，保育者にはどのような役割が期待されているのだろうか。

② 心の安全基地

　子どもにとって幼稚園・保育所などは，家庭から離れて初めて出会う「社会」である。子どもは，家庭での養育者との愛着や，その他の家族との関係を基盤と

して，幼稚園・保育所などで，まず保育者との信頼関係を築き，その関係を基にして仲間との関係を広げていく。したがって，一人ひとりの子どもが，園生活での「心の安全基地」と感じることができるような信頼関係を，保育者は子どもとの関わりを通して築いていく必要がある。この「安全基地」のあり方は，子どもが園生活に慣れるにしたがって変化していくが，子どもがその子らしくのびのびと心身ともに健康で充実した園生活を送ることができるよう，子どもの心のより所となるような，理解者，共同生活者としての役割が保育者に求められている。

3 社会化と個性化への援助

　幼稚園・保育所などでの集団生活を通して，子どもは社会性を身につけていく。社会性とは，一般に，社会の規範や慣習に適合した行動がとれるようになることを意味している。社会性は，他者との関係の中で培われるが，特に対人関係を築いて，それを広げ，深めていくことはその基盤となる。前述のように，子どもは保育者との信頼関係を基にして，仲間との関わりをもつようになる。したがって，保育者は，子どもが自分との関係を基に主体的に仲間との関係をつくったり，仲間と協同する経験を重ねながらその関係を広げ，深めていったり，また，集団生活に必要なルールを身につけたりできるように，人的・物理的環境に配慮し，子どもがその環境に主体的にかかわることができるよう援助する役割がある。

　社会性は自己の発達によって支えられている。したがって，保育者は集団生活における子どもの社会性の育ちを援助するとともに，一人ひとりの子どもの自己の育ちと子どもの個性に目を向け，そののびやかな育ちへの援助をする役割がある。つまり，保育者には，一人ひとりの子どもがヒトやモノとの相互作用を通して独自の個性，すなわち，集団生活の中でその子らしさを発揮できるよう，個性化への援助をする役割が求められる。この時，保育者は一人ひとりの子どもの発達特性や個人差を充分理解し，集団のもつ教育力を生かしながら，それぞれの子どもに応じたかかわりをする必要がある。

4 モデル

　保育者は，自らがその人的環境であることを忘れてはならない。すなわち，保育者は，子どもの社会化と個性化のモデルとしての役割があるといえるだろう。「自分は，一社会人として充分社会性を身につけているだろうか」「一個人として，人間らしく，自分らしく生き生きと生活できているだろうか」と，保育者は日々自分に問いかけてみることが大切である。このことは，職場での生活と個人の生活の両方について考えてみる必要がある。保育の場では，保育者の考え方，ふるまいなど，何気ない日常の言動や保育者の存在そのものがかもしだす雰囲気が，

222

11章　一人ひとりの幼児にとっての保育

一人ひとりの子どもの育ちに大きな影響を与える。保育者の生活する姿，生きる姿勢が，子どもの心の琴線に触れるとき，子どもは，「おとなっていいなあ」「素敵だなあ」「あんなふうになりたい」と憧れの気持ちを抱くだろう。その思いが，子どもの興味や関心につながり，自主的，主体的な人的・物理的環境への働きかけとなって表れることがある。このことこそが，保育者のモデルとしての役割が果たすべき目的であるといえるだろう。

5 子どもの人権擁護

　一人ひとりの子どもが，生活の中で，身のまわりの環境に主体的に働きかけ，さまざまな体験を通して，豊かな人間性を培っていくためには，心身の健康と安全が守られていなければならない。保育者は，子どもが関わる人的・物理的環境を配慮し，構成する前提として，一人ひとりの子どもが一人の人間として，自己肯定感をそこなわれることなく，のびやかに生きる権利を保障する役割がある。つまり，保育者と子ども，子ども同士，保育者と保護者の関係において，子どもの最善の利益を保障する関わりを心がけることが，保育者に求められる。一人ひとりの子どもとの関わりの中で，何気ない保育者の言動が子どもの心を傷つけていることがあるという現実を厳しく受け止め，自らの関わりを常に省察すること，また，一人ひとりの子どもが仲間との集団生活の中で，お互いを尊重し合う生活ができるよう援助すること，さらに園での保育の背景に，子どもの家庭生活があることを心に止め，保護者との関わりを通して，家庭の中で子どもの人権が守られるよう配慮することが大切である。

　日々，子どもと生活を共にしている保育者は，子どもの生活の中での小さな異変に気づきやすい存在である。保育者は，その専門的な感性を生かして，ほんのわずかな異変でも敏感に察知し，子どもとその家族を意識的に見守り，支える必要がある。このとき大切なことは，担任の保育者が，子どものことで気づいたことや気がかりなことを同僚に相談し，問題を分かち合って，園全体でその対処法を検討していくことである。特に保護者とどのように関わっていくかという問題は，園だけで解決しようとせず，他機関や地域の人的資源の活用など，園のもつネットワークの中で考えていく必要があるだろう。虐待など，子どもの人権侵害を予防する意味で，保育者の果たす役割は大きい。

2. 保育のしくみと幼児理解

1 主体としての子どもと保育者

　保育は，いうまでもなく，子どものためを思ってなされる営みである。しかし，保育という営みの主体は，いったい誰なのだろうか。多くの人は，この問いかけに対して「一人ひとりの子どもだ」と答えるかもしれない。しかし，保育は子どもだけのものではない。保育の場では，保育者もまた，保育の主体である。この主体と主体がぶつかり合い，子どもの生きる力の育成と最善の利益を保障するために，子どもと保育者，各々の思いや願いを摺り合わせていくこと，すなわち，子どもの主体的な環境への働きかけと保育者の意図との葛藤と調整，それが保育という営みの姿である。

　したがって，子どもの思いや主体性のみが保育の中心になるということは，ありえない。なぜなら，幼稚園や保育所などは，意図的な教育・保育の場であるからである。しかし，保育者の意図に子どもを従わせるだけの保育では，子ども一人ひとりの興味や関心が置き去りになり，画一的な関わりになってしまう。このような保育では，個々の子どもの個性や可能性が生かされる機会はほとんどない。そこで保育者は，子ども理解と活動の予測に基づいて，子どもが自ら興味・関心をもって働きかけることができるような環境を準備し，そしてその環境に対する子どもたちの反応を受け止める。この反応は，子どもの主体性に基づいているため，多種多様であるだろう。これらを受け止めつつ，保育者は，子どもの中に何が育っているのかを見守る必要がある。保育者は，子どもの活動に「子どもの自主的な選択の自由があるか」「心がのびやかであるか」「集中しているか」など，どれほど子どもが主体的に時間を過ごしているかということや，保育者の意図したこととかけ離れた生活になっていないかということを図りながら，環境を調整して，個々の子どもに関わるのである。このとき，子どもの育ちにとってふさわしくないと考えられる行為や活動に関しては，子どもに注意したり，止めるように言ったりすることは，当然考えられる。保育者としての意図や願いが，このときの判断基準となる。その後，保育者はその日の保育を省察する。この省察によって，保育者は，一人ひとりの子どもの育ちと，集団としての育ちを顧み，明日の保育の課題を見いだすことになる。

　以上のような保育のしくみと流れから，保育の主体は，子どもと保育者の両者であることが理解できるだろう。

2 子どもの姿をとらえる

　保育は，一人ひとりの子どもの育ちを充分理解するところから始まる。保育

者は，子どもの心身の健やかな発達のために，幼稚園や保育所などで子どもたちに体験してほしい内容，身につけてほしいと願う事柄について考えるが，その内容が，現実の子どもの姿とかけ離れていては，保育は本来の目的を失ってしまうことになる。そこで，保育者は目の前の子どもの姿をとらえることが必要になる。子どもの姿といっても，それは目に見えるものだけではない。目に見えない子どもの心の状態や育ち，興味や関心をも，子どもとの関わりを通して，保育者は充分理解することが大切である。そのためには，一人ひとりの子どもを細やかにみる観察力と，心の声を聴き取る感性が求められる。また，個々の子ども理解には，家庭での子どものようすを知ることも大切である。たとえば，園で，ある時から急に落ち着きをなくしたり，乱暴になったり，できていたことができないと言って助けを求めたりする子どもがいるが，家庭でのようすを尋ねてみると，下に兄弟姉妹ができて，いわゆる「退行現象（赤ちゃん返り）」であるとわかることがある。このように子ども理解には，家庭との連携が大切な要素となる。

３ 子どもの姿と子どもへの願い

保育者は，目の前の子どもの姿を正確にとらえ，理解した上で，子どもの心身の発達の現状と課題，興味や関心を把握することができる。このことに基づいて，保育者は子どもたちに経験してほしいことや，体験を通して身につけてほしいと願っていることを，子どもの心情，意欲，態度の面から保育の「ねらい」として考える。目の前の子どもの姿からの発想ではない保育のねらいは，保育者主導の保育を行うことに繋がるだろう。逆に，保育者の意図や願いがまったくない，「ねらい」のない保育は，子どもの思いのみが先行し，子どものみが主体となった放任保育へと姿を変えていく。

保育の「ねらい」はクラス全体のものとして考えられるが，その「ねらい」が，それぞれの子どもにとってどのような意味をもつのか，一人ひとりの子どもにとっての「ねらい」の意味を保育者は考える必要がある。

４ 子どもへの願いと環境構成

乳幼児期の子どもは，各々の興味や欲求に基づいた直接的な体験を通して，人間形成に必要な心情，意欲，態度を身につけていく。したがって，保育者は，子どもたちが実際の生活や遊びにおける体験を通して，保育の「ねらい」を自分のものとするよう，子どもたちが自ら働きかけることができるような人的・物理的環境を準備しなければならない。しかし，子ども一人ひとりの興味や欲求，心身の発達段階には個人差があるため，この環境はすべての子どもに一律で，不変な

ものではなく，一人ひとりの子どもの反応に合わせて，調整したり，変化させたりする必要がある。保育者は，時には子どもといっしょに，その環境構成を変化させることもあるだろう。

環境をどのように設定するかということは，保育において重要ではあるが，その重要性の意味は，環境がいわゆる「資源」として多様な意図のもとに多様に活用できるようになっているかどうかというところにある（佐伯, 2001）*。したがって，特定の保育意図に基づいて環境を構成してしまうより，さまざまな活動を行う時に，多様に利用可能なモノをうまく用意し，配備しておくことの方が望ましい。だからこそ，子どもは環境に働きかけることによって，その環境を変えていくことができるのである。環境構成とは，保育の実践の中で，子どもと共に再構成していくものであるといえる。

*佐伯眸『幼児教育へのいざない』東京大学出版会, 2001 参照。

5 子どもの思いと保育者の意図の摺り合わせ

保育において，子どもの思い，すなわち，一人ひとりの子どもの欲求や興味・関心を大切にすることは重要である。しかし，それのみを優先すると，保育はただの「子守り」になってしまう。「子どもの興味・関心を大切にする」ということは，子どものやりたい放題にさせるということではない。したがって，一方では，保育者の意図した保育の「ねらい」を常に意識しつつ，他方では，環境に対する一人ひとりの子どもの反応や何が育っているかということを受け止め，そこから生みだされる活動を支えながら，子どもの思いと保育者の意図とを摺り合わせていくことが必要になる。このような関わりの中で，子どもの思いと保育者の意図がずれたり，ぶつかり合ったりすることは日常茶飯事となる。保育者は，子どもがその活動や経験を通してどのように育ってほしいのかという願いに基づいて，環境に対する一人ひとりの子どもの反応を受け止め，関わりを調整し続けなければならない。そして，その調整において，子どもの思いが保育者との関わりの中で抑圧されたり，束縛されたりしていないかということを確認し続ける必要がある。

6 子どもの姿と省察

より適切な関わりをするために，保育の省察は必須である。1日の保育が終わった後で，保育者は一人ひとりの子どもに対する関わりについて振り返り，反省したり，そこから新しい課題を見いだしたりする。このような作業は，保育者の子ども理解をより確かなものとすることにつながる。また，幼稚園・保育所などといった保育の場での子どもの姿と家庭でのようすは異なっているため，より深い子ども理解のために，保育者は子どものようすについて保護者と情報交換を行っ

たり，保護者に家庭での子どもへの関わりについて協力を求めたりすることが必要となるだろう。こうして，保育者は子ども理解をより深く確かなものとし，それに基づいて，子どもへの願い，すなわち，保育の「ねらい」を再びもつことになるのである。

3. 具体的な援助

1 ともにある：見守る・待つ

「援助」ということばから，多くの人は直接的な援助行動をまず思い浮かべるだろう。一方，子どもとともにその場にいるということ，いいかえるなら，保育における人的・物理的環境に対して，子どもがどのように関わるのかを見守ったり，待ったりすることは，一見すると「援助」には見えない。しかし，それが意識的に行われている限り，これは間接的で積極的な援助だといえる。

たとえば，ある子どもが，保育室の床にうっかり水をこぼしたとしよう。保育者がすぐに雑巾をもって来て，子どもといっしょに床を拭くなら，それは直接的援助である。しかし，「あら，水がこぼれたわね。どうしたらいい？」と問いかけ，子どもがどうしたらよいかを考えて，自ら雑巾を取ってきて床を拭きはじめるまで待ってからいっしょに床を拭くとしたら，この時，保育者が見守ったり，待ったりした行為は間接的で積極的援助となる。なぜなら，保育者は子どもが自分でどうしたらよいかを判断し，行動に移すことができると期待し，そのように育ってほしいという願いとともに見守り，待ったからである。保育者と子どもの間に信頼関係が築かれている時には，保育者の温かいまなざしや，保育者がともにいて待っているという状況は，子どもにとって多くの言葉かけよりも数倍もの励ましになるだろう。

▲「トマト，どうなった？」

2 ともに行う

子どもといっしょに活動に加わり，ともに喜びや悲しみ，楽しさやつらさなど，さまざまな思いを分

▲「こんなに伸びてる！」

かち合い，遊びや生活にともなう感情をともにすることは，大切な保育者の援助である。ともに物事を行うことを通して，保育者は生き生きとした子どもの心の動きや，個々の子どもの発達の様相をつぶさにとらえることができ，子どもは，このような経験を通して保育者をより身近な存在として感じ，親しみをもつようになる。このような関係は，子どもの心の中にあるモデルとしての保育者の存在を強めることにつながる。

　保育者は，子どもとともに活動することによって，その過程で子どもの考えを引きだしたり，新しい課題に挑戦するよう促したり，できなかったことや，失敗したことについて励ましたり，結果について賞賛したりするだろう。このことは，子どもたちの心情，意欲，態度に大きな影響を与える。

③ つなぐ

　保育者と子どもとの１対１の関係は，「あなた」と「わたし」の関係である。この関係を基本として，子どもは，仲間との関係，そしてその仲間を取り巻く人々との関係へと関わりの範囲を広げていく。保育者は，子どもが，「あなた」と「わたし」の関係から仲間との関係へとかかわりを広げていく時，最初はその関係をつなぐ役割がある。たとえば，仲間との関わりの中でいざこざが起きた時，子どもが自分の思いを言語化できない場合，保育者はそれぞれの思いを受け止め，各々の思いを代弁していざこざの仲介をする必要があるだろう。また，自分から仲間との遊びに積極的に入っていけない子どもの手を引いて「入れて」といっしょに遊びに参加したり，遊んでいる他の子どもに「誘ってあげて」と促したりすることもある。このように，子ども同士をつないでいくことは直接的援助の一つである。

④ 提供する（教える）

　保育者は子どもとの関わりの中で，一人ひとりの子どもの問いに答えたり，子どもに遊びのアイディアを示したり，遊び場や遊具，教材を保育の中で提供するという直接的援助を行う。「提供する」ということばは，「教える」ということばに置き換えることもできる。特に園生活の上での約束事や，遊びのルール，道具の使い方などを教えたり，子どもたち自身でそれらを考えだすことができるようアイデアを提供したりすることは，子どもがより自由でのびのびとした楽しい園生活を送るために必要な援助であろう。

⑤ 聴く

　聴くことは，直接的援助でもあり，間接的援助でもある。一人ひとりの子どもが発することばに耳を傾けることは，子どもとの関わりの中で非常に重要な援助

11章　一人ひとりの幼児にとっての保育

である。このことを通して，保育者は子どもの考えていることや感じていること，興味や欲求を知ることができる。また，子どものことばによる表現から，個々の子どもの成長をとらえることもできる。

　このように，聴くという援助は，子どもの思いを受け止め，そのことによってさらに適切な関わりを行うために必要な援助である。一方，子どものことばにならない思いや欲求を聴く，すなわち，子どもの心の声に耳を傾けるということも，ことばを聴くのと同じように重要な援助である。これは子どもに直接的に関わることではないが，子ども理解につながる重要で間接的な援助といえるだろう。

4. カウンセリング・マインドと保育

1 カウンセリング・マインドとは

　保育者には「カウンセリング・マインド」が必要といわれるが，実際，どのようなことを指すのだろうか。

　『学校カウンセリング辞典』（金子書房）には，カウンセリング・マインドとは，「教師が教育指導に当たる際に必要とされる相談的な考え方や態度，またはカウンセリングで大切にしている基本的な指導理念，態度，姿勢を示す和製英語」とある。これを保育の場にあてはめて考えてみると，保育者に求められているのは，カウンセラーになることではなく，カウンセリングの上で大切にしているマインド，すなわち，「心がけ」のようなものを子どもと関わる際に忘れないようにすることだといえる。

2 カウンセリングの基本理念とその態度・姿勢

　カウンセリングの基本理念を簡単に説明することは，困難である。しかし，以下に示すロジャーズ（C.R.Rogers,1961）*のことばに，カウンセリングの理念が的確に表わされている。

*畠瀬稔編訳『人間関係論』（ロジャーズ全集第6巻），岩崎学術出版社，1967 参照。

　　もし，私が次のような関係を作り出すことができれば，すなわち，自分が真の感情そのものであるような，純粋性・透明性をもち，相手を独立した個人として暖かく受容し，相手とその世界を相手の立場に立って見る感受性を備えているならば，その関係の中で，相手は次のようになるであろう。
　　これまで抑えつけていた自分の一面を経験を通じて理解し，自分がより統合され効果的に機能できる人間になっていくことに気づき，こうありたいと思うような人により近づき，自分で目標を定め，自信をもつようになり，他

229

> 者をよく理解し，受容し，人生の問題によりうまく，容易に対処できるように
> なる。

　この理念は，ある意味では保育の営みそのものを理想的に表しているともいえる。しかし，よく考えてみると，子どもとの関わりの中で，上記の理念を実践することは非常に難しい。

　たとえば，保育者は本当に自分の真の感情そのものであるような純粋性・透明性をもって子どもと関わることができるだろうか。すべての人間関係において，自分の心にうそをつかない関わりをするなら，私たちは多くの人を傷つけることになる。たとえば，保育者は，いわゆる「扱いにくい子ども」と出会うことがある。その時，保育者はその子どもがいなければ，もっと楽なのにと思うこともあるだろう。しかし保育者として，そのような気持ちに純粋に従うことはできないし，その気持ちをあらわにすることもしないはずである。したがって，「自分が真の感情そのものであるような，純粋性・透明性をもつ」ことは，保育の上でそう簡単なことではないといえる。保育者は，一人ひとりの子どもとの関わりにおいて，自己の真の感情と対峙し，葛藤しなければならない。

　また，「受容」ということばは，言うに易いが，実行するには非常に困難な態度・姿勢である。相手にそれほど関心がなければ，私たちは条件をつけずに相手の言うことや思いを受け入れることができるかもしれない。しかし，相手のことを真剣に思い，積極的な関心を払えば払うほど，「こうした方がよい」とか「こうあってほしい」などという思いを表してしまうのではないだろうか。したがって，子どもに積極的関心を払っている親や保育者にとって，「相手を独立した個人として暖かく受容する」という態度・姿勢は，特に難しいといえる。保育者に求められるのは，ただ，無条件に子どもを受け入れるということではなく，一人ひとりの子どもと関わるとき，自分の思いを子どもに押しつけずに，まず，子どもの思いを受け止めようとする態度・姿勢だといえるだろう。

　「相手とその世界を相手の立場に立って見る感受性」に関しては，どうだろうか。これは，「共感」ということばに置き換えることができる。「共感」は，カウンセリングにおける援助の基本的要素である。共感についてメイヤロフ（M. Mayeroff,1971）[*]は，ケアという観点から，「他者をケアするためには，相手とその世界を，手にとるように理解していなければならない。その人にとって，世界はどのようなものか，自分自身をどう見ているかを，いわば相手の目で，見ることができなくてはならない」と述べている。保育者にとって保育という営みはケアの範疇に入るが，メイヤロフのことばのうち，「ケア」を「保育」に置き換えて考えると，保育における共感の意味が，より理解しやすいのではないだろうか。すなわち，保育者は，子どもの視点から物事をみたり，感じたりすることがで

[*]田村真・向野宣之訳『ケアの本質』ゆみる出版，1998 参照。

きることが大切である。このことは，子どもを自分とは異なったものとして同情するのではなく，あたかもその人であるかのように物事を知覚し，それを相手に伝えることのできる能力だということができるだろう。

以上に述べたように，カウンセリング・マインドをもって保育にたずさわることは，保育の基本ではあるが，容易なことではないのである。このことを保育者は心にとめておく必要がある。したがって，常に自省し，カウンセリング・マインドの視点から子どもとの関わりを省察することが求められる。また，カウンセリング・マインドは一朝一夕に身につけられるものではないので，保育の専門家としてカウンセリング・マインドに関して学んだり，研修を積極的に受けたりしながら，保育者としての専門性を高める努力が必要である。カウンセリング・マインドは，保育における子どもとのかかわりのみでなく，保護者とのかかわりにも求められる保育者の専門性である。

③ カウンセリングの心がけと保育

カウンセリング・マインドの定義はさまざまである。

杉溪（1990）[*]は，①一人ひとりを大切にする心，②他人の痛みを感じる心，③待つ心，④可能性を開く心，⑤柔らかい心，⑥思いやる心，⑦向き合う心，⑧葛藤を生きる心，⑨学ぶ心，⑩学び続ける心，の 10 項目を挙げて，カウンセリング・マインドを説明している。これらのカウンセリングの「心がけ」を参考にしながら，それぞれの項目と保育との関連を考えてみたい。

（1）一人ひとりを大切にする心

一人ひとりの違いを受け入れ，個々の子どもの心と身体の発達を理解し，それぞれの子どもが，その子らしく生き生きと園生活を送れるよう援助する。

（2）他人の痛みを感じる心

子どもの自己肯定感を傷つけるような言動をしていないか，常に自省しながら，子どもの心に寄り添う関わりをする。

（3）待つ心

子どもに対して，すぐに直接的援助を行うのではなく，一人ひとりのようすを見守りながら，子どもの反応を意識的に待つ。

（4）可能性を開く心

子どもの長所のみでなく，短所も含めて子どもの存在を受け入れ，一人ひとりの可能性を信じて関わる。

（5）柔らかい心

決まりきった，画一的な関わりではなく，一人ひとりの子どもの状況をとらえて柔軟に対応する。

---

[*]杉溪一言『カウンセラーの悩みと生きがい』川島書店，1990 参照。

（6）思いやる心

子どもの気持ちを自分の気持ちのように感じる感受性をもち，子どもとの生活の中で，子どもの視点で物事をとらえる。

（7）向き合う心

必要な時には，子どもを厳しく注意するなど，子どもと対峙することから逃げない。また，自分自身をも直視して課題に対決する。

（8）葛藤を生きる心

子どもとの関わりにおける葛藤，すなわち，子どもの思いと保育者の意図とのずれやぶつかり合いから逃げず，それを直視し，積極的に調整する。

（9）学ぶ心

子どもや保護者との関わりを通して，学ぼうとする姿勢をもつ。

（10）学び続ける心

子どもとともに保育者として成長していきたいという信念をもつ。

以上のように，保育における子どもとの関わりをカウンセリング・マインドの10項目を通して見てみると，異なった視点から同じことを述べているにすぎないことに気づくだろう。すなわち，カウンセリング・マインドをもって子どもと関わることは，子ども一人ひとりを一面的にとらえるのではなく，さまざまな側面からとらえて援助すると同時に，保育者自らの内面を見つめ直すことでもあるといえる。

5. 特別な配慮を必要とする幼児への指導

1 障害のある幼児への指導

（1）障害のある幼児の理解と保育の展開

障害のある幼児には，視覚障害，聴覚障害，知的障害，肢体不自由，病弱・身体虚弱，言語障害，情緒障害，自閉症，ADHD（注意欠陥多動性障害）などのほか，行動面などにおいて困難のある幼児で発達障害の可能性のある幼児も含まれる。

幼稚園・保育所・こども園等において障害のある幼児を指導する場合には，さまざまな障害について正しい理解と認識を深めるとともに，各園の教育機能を生かして，その幼児の全体的な発達を促していくことが求められる。

受け入れにあたっては，まず，その幼児が育ってきた過程や心身の状態を把握することが重要で，保護者との面談を重ねて情報を得ておくことが大切である。成育歴や既往歴，他の支援機関に通っている場合は，そこでの支援方針等につい

て情報を得るとともに，家庭とは異なる集団生活の中で考えられる困難さや，その困難に応じた手立てを考え合っておくことも大切である。

保育においては，全教職員で指導内容や指導方法，配慮点等を共通理解し，連携を図りながら，個に応じた関わりに努めるとともに，集団の中の一員として他児との関わりも育てるようにしていく。保育者のその幼児に対する理解のあり方や指導の姿勢が周囲の幼児に大きな影響を与えることから，保育者は，障害のある幼児をありのままに受け入れ，学級においては温かな人間関係づくりに努めることが重要である。

（2）個別の教育支援計画，個別の指導計画の作成・活用

障害のある幼児は，家庭や地域での生活を含めて，長期的な視点で幼児期から学校卒業後までの一貫した支援が行われなければならない。そのためには，幼稚園・保育所・こども園等や学校は，家庭と，また医療，福祉などの関係機関と連携していくことになるが，それぞれの側面からの支援の取り組みを示した個別の教育支援計画を作成し活用することが求められている。

個別の指導計画は，個々の幼児の実態に応じて，きめ細やかで適切な指導を行うために幼稚園・保育所・こども園等や学校で作成されるものである。作成にあたっては，教育課程や全体的な計画を具体化し，障害のある幼児一人ひとりの指導目標，指導内容，指導方法を明確にしていく。

幼稚園・保育所・こども園等においては，個別の教育支援計画と個別の指導計画それぞれの目的や作成方法に違いがあることに留意し，二つの計画の位置づけや作成の方法などを整理し，共通理解を図ることが必要である。そして，それぞれの計画は支援や指導の評価，改善を図っていくことが肝要である。

2 海外から帰国した幼児への指導

幼稚園・保育所・こども園等においては，海外から帰国した幼児や国際結婚により外国につながる幼児が在籍している。こうした幼児一人ひとりが育ってきた背景には，それぞれに日本とは異なる文化の下での生活経験や言語，習慣や行動様式等があり，保育者は，こうした育ちを丁寧に把握して，指導に当たることが必要である。

受け入れにあたっては，まず，家庭との連携を図り，保護者からの情報を得ながらその幼児の育ちを的確に把握し，海外での生活経験を含めてありのままを受け入れ，その幼児が安心感をもって園生活を送れるようにすることが大切である。さらに，その幼児の興味や関心，良さや特性を認め，自己発揮できるようにしていくことが重要である。

3 外国籍の幼児への指導

　国際化に伴い，外国籍の幼児が在籍する幼稚園・保育所・こども園等が増えている。外国籍の幼児の指導においては，海外から帰国した幼児と同様，まず，その幼児の母国の文化や言語，生活習慣等を理解して受け入れることが求められる。また，家庭の教育方針や宗教等も細やかに把握しながら，園の方針や生活，家庭に協力してもらわなければならないことなどを丁寧に伝え，理解を図ることが大切である。

　日本語の習得がなされていない幼児の場合は，保育者がその幼児の母語で簡単な挨拶や言葉かけをしたり，スキンシップをとりながら安心感がもてるような関わり方をしたりして信頼関係を築いていくことが重要である。そして外国籍の幼児が，困ったことを人に伝えようとしたり，素直に気持ちを表したりすることが出来るようにしていくことが大事である。

　また，外国籍の幼児が好きな遊びや友だちとの関わりを楽しめる遊びを取り入れて，他の幼児との触れ合いがもてるようにしたり，自然に簡単な日本語を修得できるようにしたりすることも必要である。たとえばある外国籍の幼児は，他の幼児が楽しんでいた遊戯“あぶくたった”を，初めはじっと見ていたが，「ごはんを食べる」「お風呂に入る」などの言葉に合わせて動きが加わるところに興味をもって面白がり，遊びに参加するようになったという事例もある。

　外国籍の幼児が在籍することは，他の幼児にとっては，日本とは異なる文化や習慣，生活様式などに触れ，その違いや多様性を受けとめる貴重な経験となる。言葉や外見が異なることによって幼児が偏見をもつことがないように，保育者は，一人ひとりの幼児を温かく受け入れて認め，かけがえのない存在であることを率先して示していくことが重要である。

　外国籍の幼児の保護者もまた，日本での生活や子育てに不安を抱えている場合がある。他の保護者とのつながりがもてるようにするなど，園全体で，不安をもつ保護者を支える協力体制をつくっていくことも必要である。

6. チーム保育の考え方

1 個性的存在としての子ども

　子どもは一人ひとり，心身の発達の様相も速度も違っており，興味や関心も異なっている。1人の保育者が，これら個々の子どもの違いに配慮しながら一度に多くの幼児の保育を行うことは，非常に困難である。わが国の保育者1人に対する子どもの人数は，欧米諸国と比較するとかなり多い。

11章　一人ひとりの幼児にとっての保育

　幼稚園設置基準では，1クラスの幼児数は35人以下が原則となっている。したがって，保育者1人に対して幼児の数が35人というクラスは，存在していることになる。幼児教育は，環境を通して行われるものであるが，ある環境の中に置かれた時，幼児は一人ひとりまちまちの反応を示すだろう。先にも述べたように，保育者はその反応を受け止めつつ，子どもたちとともに保育環境の再構成を行っていかなければならない。しかし，子どもの人数が多い場合，1人の保育者が一人ひとりの子どもにどれほど細やかな配慮や関わりができるだろうか。保育者1人に対する子どもの人数が多い場合，結果的に保育は保育者主導型にならざるを得なくなる。そして，子どもたちは，環境に対する反応は異なっていても，同じペースで活動を行うことを強いられる機会が多くなるだろう。

　一方，保育所に関しては，児童福祉施設最低基準に，乳児おおむね3人につき保育者1人以上，満1歳以上満3歳に満たない幼児おおむね6人につき1人以上，満3歳以上満4歳に満たない幼児おおむね20人につき1人以上，満4歳以上の幼児おおむね30人につき1人以上とされている。このように，子どもの年齢に合わせて，保育者1人あたりの子どもの数を変えているのは，年齢が幼ければ幼いほど，子どもの発達の個人差が大きく，個別的な配慮が必要だからだと思われる。しかし，乳児期のみならず，幼児期になっても，子どもの発達の個人差はかなりあり，子どもが1日中生活する保育所という場では，子ども一人ひとりに対する細やかな配慮が求められる。したがって，保育所では，3歳以上のクラスでも複数担任制で保育を行っているケースが多い。

　個性的な存在として個々の子どもを充分理解しながら，その発達に適した関わりをするためには，保育者1人に対する子どもの人数を少なくする必要がある。この場合，1クラスの子どもの人数を減らすという方法と，複数の保育者が1クラスを担当するという方法が考えられるだろう。後者の考え方はチーム保育の一つの要因となっている。

2 個性的存在としての保育者

　今日では，保育者も子どもも多様性をもった存在であること，個性ある存在であることが認識されつつある。特に子どもに個人差があり，また，さまざまな面で多様性に富んでいることは明らかであり，人々に受け入れられやすい。しかし，保育者に関しては，各々が異なった個性をもっていることをお互いが認めていたとしても，長い間，保育者は，職場での同質性を求められてきた。

　いうまでもなく，人間は各々が個性的存在である。したがって，保育者にもそれぞれの得意な領域，不得手な事柄があるはずである。たとえば，発達が比較的ゆっくりしている子どもを担当した経験のある保育者もいれば，まったくそのよ

235

うな経験がない人もいるし，音楽が得意な人もいれば，教材や壁面の製作ならまかせてほしいと思う保育者もいるだろう。人の個性は，人と人との関係性の中でより明確になる。したがって，保育者がチームを組んで保育にあたれば，保育者は各々の個性を発揮できるし，子どもへの関わりも多様性を増し，結果的に子どもの活動が豊かになる。また，子どもは各々の興味や関心，発達の段階に合わせて，種類やペースの異なった活動に取り組むことができるようになる。

❸ チーム保育の課題

　従来，特に大部分の幼稚園では，1人の担任がクラスのすべての責任をもって保育を行ってきた。縦割り保育やクラス合同の活動以外は，子どもたちも保育者も他のクラスの人々と触れ合う機会はめったになく，時には，運動会や生活発表会など園行事での「でき栄え」に関して，同学年のクラス担任同士が保護者を意識した対抗意識をもつことすら見受けられた。

　保育の場で子どもが主体的に環境に働きかける時，その反応，活動は個性的で多様なものとなる。したがって，保育者には個別的で多様な関わりが求められる。第一に個別的で細やかな関わりのため，第二に多様な援助のために，一人ひとりの子どもや保育者の違いに注目し，保育者組織を再編成することが求められている。

　チーム保育は，園全体の職員が「みんなで子どもを育てている」という意識を高めるだろう。保育者には，これまで，閉鎖的だったクラス単位の発想を打ち破り，クラスの壁を超えて協力し合ったり，保育の省察や研究をともに行う保育カンファレンスに参加したりすることを通して，お互いに専門職業人として成長していくことが求められる。

【参考文献】

　ミルトン・メイヤロフ著　田村真・向野宣之訳『ケアの本質』ゆみる出版，1998

　佐伯胖『幼児教育へのいざない』東京大学出版会，2001

　文部科学省「幼稚園教育要領解説」2018

第**12**章

教育課程外の教育活動

〈学習のポイント〉　①教育課程外の教育活動の意義・目的を理解しよう。
　　　　　　　　　②教育課程に基づく教育活動と，教育課程外の教育活動との連続性について
　　　　　　　　　　学び，その内容や方法のあり方を考えよう。
　　　　　　　　　③保護者の願いと園生活とのつながりを理解し，そのなかでの幼児の「望ま
　　　　　　　　　　しい生活」について学ぼう。
　　　　　　　　　④幼稚園の地域におけるセンター的な役割について調べてみよう。

　幼稚園では，教育課程に基づいた1日の保育が終了したら，保護者の迎えや園バスを利用して帰宅するという生活が多くの子どもたちの日課である。しかし，その一方で，そのまま園内に残って，引き続き保育を受ける子どもたちもいる。それは，「教育課程に係る教育時間の終了後等に行う教育活動」を受けている幼児であり，「幼稚園教育要領」のなかに位置づけられた保育である。

　本章では，その保育の必要性と，望ましいあり方について考えてみたい。

1.「教育課程に係る教育時間の終了後等に行う教育活動」の必要性

　教育課程に係る教育時間外の教育活動は，「通常の教育時間の前後や長期休業期間中などに，地域の実態や保護者の要請に応じて，幼稚園が，当該幼稚園の園児のうち希望者を対象に行う教育活動である」（「幼稚園教育要領解説」第3章の1より）と示されているように，幼稚園が，通常の教育時間が終了した後などの時間に行う教育活動である。

　つまり，

　　　○通常の教育課程内の教育の時間外であること

　　　○地域の実態や保護者の要請に応じて行うものであること

　　　○当該幼稚園の園児のうち希望者が対象であること

という条件に応え，なによりも子どもたちにとって好ましい生活の場が提供されることが必要であると考えられる。

　では，具体的には，子どもたちはどのような状況下におかれており，保護者などには，どのような要請や希望があるのだろうか。

237

1 教育時間終了後の子どもたちの生活

　教育課程に基づく教育を受けた子どもたちは，通常，午後１時過ぎから２時くらいには降園時刻を迎え，帰宅する。

　つまり，「幼稚園教育要領」に「幼稚園の１日の教育課程に係る教育時間は，４時間を標準とする（以下略）」（「幼稚園教育要領」第１章　第３の３－（３）より）と示されていることを受け，各幼稚園では，登園時刻を勘案しながら，おおむね午後１時から２時ごろに降園時刻を設定しており，子どもたちは，保育者や友だちと別れて，帰宅することになる。

　しかし，帰宅をした子どもたちの生活には，いろいろな状況がある。

　保護者と共に帰宅し，その後はゆったりとした家庭での生活，家族との生活ができる子どももももちろん大勢いるが，たとえば，次のような状況におかれる子どもも多い。

　○通常の勤務やパートなど，保護者が就労している子ども
　○保護者が，家族の介護や自身の健康上の理由をもっており，帰宅しても十分に関わってもらえない子ども
　○きょうだいが少なかったり，学校へ行っているきょうだいたちとは生活時間がずれていたりするため，帰宅すると，ほとんど一人遊びで過ごす子ども
　○共同住宅や高層マンションなどでの生活が増え，戸外遊びがしたくてもできず，家の中で過ごすことが多い子ども
　○近くの友だちと戸外遊びをしたいという希望があっても，地域社会の状況の不安定さから，近隣の空き地や公園での自由な遊びが不可能な子ども
　○習いごとや塾に行くこと，ゲームなどをして一人で過ごすことなどが当たり前になっている子ども

　このように，子どもたちのおかれている環境は，社会の状況と切り離すことのできない複雑さをもっている。その結果，子どもたちの１日の生活時間は，子ど

▲お兄さんたちといっしょに鬼遊び

12章 教育課程外の教育活動

も自身が本来もっている，あるいは子ども時代にはぜひ必要であるはずの，安定した生活リズムを重要視したものとは，必ずしもいえない状況である。

そうなると，そのような子どもたちの気持ちに応えられる環境を整えることが必要となる。子どもたちが，きっと願っているであろうこと，つまり，「もっと，友だちと遊びたい」「家の近くに安全な遊び場がないので，そこで遊べる幼稚園にいられるのはうれしい」「お母さんが不在なので，家にいるより幼稚園にいる方が楽しい」というような気持ちに応じることは，園の役割としてぜひ必要なことであるといってよい。

2 地域の実態や保護者の願い

1で述べた状況は，保護者のなかにあるさまざまな願いとも呼応する。

たとえば，次のような保護者の声である。

○保護者が就労をしているため，子どもには幼稚園生活を継続させながら自分の仕事も続けたいと考えたとき，少しでも長く，安全で安心できる幼稚園内で生活をさせてもらえたらありがたい。

○わが家は一人っ子なので，降園時刻後も，同世代の子どもたちのなかで少しでも長く，いろいろな仲間と交わる場がほしい。

○交通事情や地域社会の治安など，社会の不安状況を考えると，自宅の近隣で自由に戸外遊びをさせられる条件が整っていないため，幼稚園のような環境のなかで，より多くの時間を過ごさせたい。

○保護者自身は自宅にいるが，日々，家族の介護をしているので，できることならば幼稚園にいる時間がもう少し長いと助かる。

○保護者自身が自分の子育てに不安があるので，専門の保育者のいる幼稚園で，少しでも長く子どもを過ごさせたい。それだけでなく，自分もそこから子育てにつながるなにかを得たい。

○保護者自身が，わが子の降園時刻後の時間を，もう少し自分で使用したいので，その間，安心して子どもを預けられる場がほしい。

このような保護者の思いが，時間を延長して幼稚園でわが子をみていてほしいというような要望につながってくる。つまり，幼稚園という場が，教育課程に係る教育時間の終了後も利用できたなら，子どもの生活環境として好ましい場の確保ができる，と考えられているわけである。

さらに，子どもの生活を基盤として支えているはずの地域社会も，必ずしも子どもにとってふさわしい状況ばかりがあるわけではない。特に近年，交通事情や治安の問題は，子どもたちの安全を守るために多くの地域が手を携えて努力をしているにもかかわらず，十分対応しきれているとはいえない。そのような現状か

239

ら，地域としても幼稚園という場に期待をしているのである。

　子どもたちは，日々，社会からのさまざまな影響をまともに受けた生活をしている。そのなかで，一人ひとりの子どもたちが，充実した幼稚園生活を送るためには，まず幼稚園そのものが居心地のよい場であることが大切である。そしてさらに，その場が必要に応じて幅広く活用できる場であってほしいと，保護者や地域も願っているといえよう。

　以上の**❶❷**から，この「教育課程に係る教育時間の終了後等に行う教育活動」（以下「教育課程外の教育活動」と表記）の必要性があると考えられる。

　なお，この教育課程外の教育活動については，「預かり保育」とも呼称される。ここでは，上述したように「教育課程外の教育活動」と表記していくが，「預かり保育」と読み替えてもよい。ただし，「預かり保育」という用語は，「預ける（保護者）」「預かる（保育者）」という，おとなの側の都合から利用する保育と考えられやすい。一人ひとりの子どもにとって大切な時間を，おとなの都合でただ漠然と過ごさせるものではないことを理解しておく必要がある。

> ◎調べよう！
> 「預かり保育」とは，どのような背景から生まれ，どのように進められてきているのか調べてみよう。

2. 子どもの生活の連続性と教育活動の内容

❶ 子どもの居場所づくり

　教育課程に基づく教育時間が終了した後，幼稚園に残って，教育課程外の教育活動のなかで過ごす子どもたちにとっては，まずなによりも，その時間とその場所が，「楽しくて居心地のよい場所」であることが必要である。

　本来なら保護者の迎えなどにより，帰宅するはずの時間に，ほかの子どもたちが帰るのを見送った後，園内に残って過ごすのであるから，子どもが「さびしい時間」「おいて行かれたような時間」と感じてしまったのでは，問題である。「ちょっとさびしいこともあるけれど，ここも居心地のよい場だな」と思える環境のもとで，ゆったりとした時間をもてるようにすることが，この教育活動の大前提である。

　「この活動に当たって，まず配慮しなければならないのは，幼児の健康と安全についてであり，これらが確保されるような環境をつくることが必要である」「〜幼児一人一人の実情に合った居場所づくりを行うことが重要〜」（以上，『幼稚園教育要領解説』第3章の1より）と示されているように，なによりも「子ども自身の安心と安全」を保証する場としての居場所づくりが大切であるといえる。

12章 教育課程外の教育活動

▲お姉さんといっしょ！

2 子どもの生活の連続性

　子どもにとって好ましい居場所をつくるということで重要なのは、「子どもの生活の連続性」ということである。

　誰についてもいえることだが、人の生活は、ごく当たり前に「連続している」ものである。あることの次に▲▲があり、その次に○○があるというように、つながった時間のなかで、次々にその人にとって必要な事柄が生活の中身として取り込まれてくる。

　そのことは、子どもの生活についても同様である。子どもたちは、教育課程内の教育時間での保育を受け、やがて、降園時刻になってクラスの友だちと「さようなら」の挨拶をしたら、今度は教育課程外の教育活動に入る。そこには、時間の区切りはあっても、空白の時間や場はない。「さようなら」をしたら、「○○の部屋に移動して次の活動……」という子ども自身の意識と結びついたところに、その「時間」とその「活動」がある。つまり、子どもの生活は連続しているのである。

　この連続している生活を重視して、教育課程外の時間の生活をつくり出すことが必要になる。朝からの子どもの生活のあり様をふまえ、さらに子どもが最終的に帰宅する家庭での生活とのつながりを考えて、この教育活動を用意しなければならない。

　活動の内容として「教育課程内の時間ではなにをしてきたか」「ここではなにを準備するか」ということはもちろん、「疲労の状態はどうか」「身体的にも心の面でも健康上の問題はないか」「この後、どのような時刻にどのように保護者のもとに戻れるのか」など、いろいろなことを考慮しながら、連続している子どもの生活の一部に関わっていることを常に念頭におかなければならないのが、この教育活動であるといえる。

241

3 教育活動の内容

　子どもにとっての好ましい居場所，子どもにとっての自然な生活の流れを成立させていくためには，その教育活動の内容が，重要になってくる。

　つまり，「～幼児一人一人の生活のリズムや生活のしかたが異なることに十分配慮して，心身の負担が少なく，無理なく過ごせるように，１日の流れや環境を工夫することが大切～」（『幼稚園教育要領解説』第３章の１より）とあるように，子どもにとって楽しい充実した時間が用意されることが大切である。

　家庭でのようすやその日の教育課程内の生活がどのようなものであったのかを考慮しつつ，次のことを考えていく必要がある。

　○教育課程内での活動の中心が，その子どもにとってなにであったのか
　○室内での活動が必要か，戸外での活動の方がよいか
　○疲労の具合なども含め健康状態はどうか
　○一人になる時間が必要か，大勢の仲間との生活の方がよいか
　○季節による影響や，活動の時間量などはどうか
　○子どもにとっての負担感はどうか
　○保護者が迎えに来て以降の家庭生活は，どのようなものが待っているのか
　○その日は，何時に保護者の迎えがあるのか　　　など

いろいろな事柄について多角的に考えた教育活動の準備が必要になる。

3. 教育活動の計画とふさわしい指導のあり方

　前項までに述べてきたことをふまえたとき，当然のこととして，教育課程外の教育活動についての計画をもつ必要性が出てくる。「都合で預けた」「要請があったから預かった」「安全に配慮しつつ迎えが来るまで待った」というような感覚での取り組みでは，不十分であるといわざるを得ない。

　さまざまなことを配慮し，なお，積極的な形でのこの時間の生活が，子どもにとってよい時間になるようにするためには，見通しをもった計画と，その実践が重要である。もちろん，教育課程に基づく指導計画を足場として進められる教育課程内の活動とは異なるため，「指導計画」ではない。つまり，より家庭生活に寄り添うような時間や雰囲気，少人数でゆっくり過ごす時間や空間，日によって状況によって書き替えながら進める活動であることを考えて，柔軟な「計画」を考えて準備することが大切である。

　そこで，具体的には，どのような教育活動の計画と，それに基づく環境の構成が求められているのかについて，考えてみたい。

12章　教育課程外の教育活動

1 教育課程に基づく教育活動を考慮した計画

「教育課程に係る教育時間の終了後等の教育活動を行うに当たっては，教育課程に係る教育時間中の活動を考慮する必要がある」（「幼稚園教育要領解説」第3章1の（1）より）と示されているように，教育課程内と教育課程外との密接な関係が，なによりも重視されなければならない。

それは，なによりも子ども自身の生活が連続しているからである。教育課程に基づく教育を受けた後に，同じ園内で次の活動に入るのは子どもであり，その子どもたちが不自然さを感じたり，もう参加したくないと考えたりするような状況では，好ましい教育課程外の活動にならない。そこで，活動の計画を関係する教職員間で十分検討して作成し，共有したうえで教育活動を展開することが重要である。

A幼稚園では，教育課程外の教育活動を担当している教職員だけではなく，教育課程に基づく教育活動の担当をしている教職員も含めて，毎月1回，話し合いの時間をもっている。終了近くなっている月の振り返りをするとともに，次の月の計画を練り，共有するためである。これは，教育課程外の活動をどうするかだけではなく，教育課程内の教育活動が次の月はどのように進められるのかを共有することにもなる。

次の事例は，11月の下旬に，12月の計画を話し合った際，話題になった事柄である。

事例12－1　12月の計画について話し合う

この園では，教育課程外の教育活動を行う部屋を「ことりのへや」と呼んでおり，普段から子どもたちも教職員も「きょうはことりさんに行く」と言ったり「ことりのへやでなにしたの？」と言ったりしている。

※まず毎月の例にならい，一人ひとりの子どもの状況が話題にされ，教職員は相互に質問をしあって理解を深める。
　⇒自分がどこで，どの子どもに出会って関わるかわからないので，常に心がけて子ども理解を深めよう。
※教育課程に基づく教育活動の時間に，12月は生活発表会があり，そろそろ練習なども始まっているクラスがあるから，その影響がことりのへやにも出てくることが予想される。ことりのへやで練習はしないが，子どもたちがそれぞれにもち込んでくる情報は大切にし，教職員はしっかり聞き役になることと激励をすることを確認する。
　⇒2学期末近くに毎年実施し，最後にサンタさんの来場もある楽しい会なので，その当日が子どもにとって最高によい時間になるよう，ことりのへやでも心して対応しよう。

243

※上記のこととも関連して，いつもと異なる雰囲気が，12月に入ると園全体に増えてくるので，楽しみな気持ちを大事にしつつも，興奮してしまう子どもや，どことなく落ち着かない子どもへの配慮を忘れないようにする。
　⇒午前中の保育のなかでの経験が，気持ちのなかで揺れ動き，ことりのへやで落ち着かなくなる例などがあったこともあるので，そういう子どもにはむしろ，ほかの話題で関わる，外遊びで発散させるなどの工夫をしよう。
※事後にはまた多くの話題が生まれるだろうから，その一つひとつを大切にする。
　⇒聞き役を果たしたり，ことりのへやで再現したりしたいときには，それに大いに関心をもって接していこう。お迎えの家族にたくさん伝えたいと考える子どもたちと同じ思いの表出が，ここでできるように心がけよう。
※寒くなってきたこともあり，ことりのへやではそろそろまたこたつの設置をしようかと考えたいがどうかという提案があり，帰宅が最後になる子どもなどのためにも用意した方がよいということになる。
　⇒室内の一角に畳敷きで少し高くなっているコーナーがあり，毎年そこに，時期を見計らってこたつの設置をしている。
※冬休みに入る月になるので，ことりのへやでも片づけることやきれいにすることの体験を増やしたり，お正月を楽しみにしたりする気持ちを大事にする。同時に教育課程内での同様の意図での教育活動との無意味な重複を避けるとともに，各家庭での落ち着いた年末年始の生活になるように家庭との連絡も密に行う。
　⇒保育期間中はことりのへやで過ごすことの多い子どもほど，この後の家庭で過ごせる限られた機会を，楽しみに思えるような話題の提供に心がけよう。

▲子どものようすを出し合いながら話し合い

　この事例にみられるようにA幼稚園では，年度初めにはもちろん作成してあったおよその教育課程外の教育活動の計画であるが，時期が近づき，全教職員で話し合うことにより，相互の教育活動の内容や状況が共有される。ここでより詳細に12月の計画として準備されることになる。教育課程外の教育活動のなかにいる子どもたちには，この後それぞれどのような生活発表会が待っているのかが現実のものとしてみえてきたとき，そこにいる子どもたちの行動や内面の予測が立つことになる。その結果，一人ひとりの子どもにとって，無理のない生活リズムが保てる環境が用意される。そこにことりのへやの12月の生活が生まれることになる。全教職員が全部の子どものことを知っている，知ろうと努力している場づくりが常に行われている。
　このA幼稚園の取り組みのなかからいくつかのポイントがみえてくる。

①子どもが自分の，あるいは自分たちの生活の流れを大事にしてもらえているということを感じることができる教育課程外の教育活動の場である。

②その結果，安心して過ごせる場である。午前中のことも，家庭のことも，明日のことも受け入れてもらえる教育課程外の教育活動の場である。

③季節や行事などが大事にされ，そのなかでの子どもの思いや経験の意味が十分考えられている教育課程外の教育活動の場である。

④一人ひとりの体力や心身の健康状態などが，全教職員で共有されているという安心感のもてる教育課程外の教育活動の場である。

前述のように，子どもの生活は連続しているものである。１日のなかでの連続，家庭生活と幼稚園生活との連続，今日から明日への連続，この前と今度，というような連続など，さまざまなつながりのなかで子どもたちは生活をしている。

教育課程外の教育活動の計画は，まず，そのことをふまえ，教育課程に基づく教育時間の指導計画と，しっかり連続することが必要なのである。

2 教育課程外の教育活動の独自の計画

教育課程に基づく教育活動との連続性が重要であることは述べてきたが，一方，教育課程外の教育活動としての独自な計画がまったくないかというと，もちろんそうではない。

特に，多くの幼稚園が，この教育課程外の活動時間は，各年齢児混合で活動している。そのことにより，自然な異年齢交流が行われることが多い。教育課程内の教育活動でも，率先して異年齢交流を組み入れている幼稚園も多くある。しかし，この教育課程外の教育活動における異年齢交流は，多くの友だちが降園した後に園に残って過ごす子どもたち同士の間に生まれる異年齢の関係であり，まさにこの教育活動の独自性といえる。この機会に出会う自分よりも年齢が下の子どもに，きょうだいのような感覚で積極的に関わり，そのつながりが，さらに後日の教育課程内の教育活動の場面に反映されて，人間関係が広がったという例もある。

また，降園時刻後の教育活動であるため，少人数編成になることが多い。その結果，その場が自然に家庭的な雰囲気をもつことになり，少ない人数でかるたをしたり，絵を描いたり，おしゃべりをしたりもする。保護者の迎えが来るまでの所要時間によっては休養やおやつ，低年齢児には午睡などの時間を保障したりすることもある。つまり，教育課程外の教育活動としての独自の家庭的な内容が必要になってくるわけである。このような家庭的な雰囲気は，降園時刻で帰宅した子どもたちは，当たり前に得ているものでもあるから，それを補う意味でも大切

にしたい独自性である。

　このように，教育課程外の教育活動は，それ自体が独自な計画をもつことも重要なのである。

3 環境の構成

　さまざまな教育的な意図をもって行われる教育課程に基づく教育活動では，その意図の実現のために，「環境を通しての教育」を進めている。教育課程外の教育活動においても，その基本は変わらない。

　降園時刻を過ぎて，クラスの友だちと「さようなら」をし，この活動の部屋に移動してきた子どもたちは，気分を変えて新たな活動に入る。活動の部屋は，その幼稚園の中の特定の部屋であったり，園に隣接した場所であったりはするが，そこに「みんなのへや」とかクラス名とは別の名前で「〇〇ぐみ」あるいは「◇◇ようちえんのなかま」などと，固有の名称をつけることにより，さらに子どもたちにとって「特別な自分の居場所」となる。前述のA幼稚園では，「ことりのへや」が利用するすべての子どもにとって「行きたい場所」「心地よい場所」になるよう，常に心がけている。

　こうして集まってきた子どもたちは，「こんにちは」「おかえりなさい」「つかれてない？」「今日はなにをしてきたの？」などと優しく迎え入れてくれる保育者と出会う。ホッとする時間と空間を用意していてくれる保育者の存在は大きい。ほとんど毎日利用する子ども，ときどき利用する子ども，たまに利用する子どもと，いろいろな利用の形態はあるが，クラスから降園して移動してきた子どもたちを迎える部屋と，そこにいる保育者は，まず最初の重要な環境である。

　さらに，室内に用意された「なにかを始めたくなる」環境のいろいろは，子どもたちにとって「ここだけ」の魅力である。

　教育課程に基づく教育活動で使っていたものと同じような遊具や素材であっても，この部屋で出会うと，子どもにとっては，また新たな一つとなる。たとえば「ことりのへや」と小さなネームのラベルが貼られた遊具を見かけると，午前中も同じようなもので遊んでいたとしても，別の魅力をもったものとして手にしたくなる。

　そのようなことを考えると，教育課程外の教育活動での環境の構成としては，なにを考慮して進めたらよいかが

▲みんなでいっしょに絵本を楽しむ

みえてくる。

- 教育課程に基づく教育活動では，なにを意図して，なにをどのように取り入れているのかを知り，同じものがよいのか，異なるものがよいのかを吟味して，環境に取り入れる。これを実践化していくためには，A幼稚園のような全教職員での話し合いの場の意味がいっそう大きいといえる。
- 家庭的な雰囲気をかもし出したり，一人でゆっくりする空間や寝転がって過ごせる場があったりするなど，必要に応じて柔軟に環境を構成する。
- ほかでは使用していない遊具や素材を，意図的に取り入れる。
- 異年齢児が共に過ごし相互に関わることや，その日の子どもの参加人数，年齢構成，全体の時間量などを考慮して構成をする。
- 室内と戸外とが有効に使えるよう，工夫をした環境に配慮する。

　保育者は，これらを十分考えて環境を構成するとともに，自分自身がどのような位置にいて，どのような雰囲気をもちながら関わっていったらよいかをよく考え，工夫しながら，子どもたちを迎え入れることに努める。

4 適切な指導体制づくり

　1～3のことを具体化していくためには，教育課程外の教育活動のための適切な指導体制をつくることが求められる。それは言い換えるなら，園全体として，教育課程に基づく教育活動も，教育課程外の教育活動も抱え込んだ指導の体制が必要であるということでもある。

① 教育課程外の教育活動を担当する者は，子どものことをよく知って保育にあたること。

→これは，教育課程に基づく教育が，子ども理解を深め，子どもを一番よく知っている保育者によって進められるのと同じように，教育課程外の教育活動の保育者もまた，そこに来る子どもの最良の理解者でなければならない。そういう保育者によって，必要な環境の構成が行われ，意味のある援助がなされたなら，子どもにとって意味の深い生活が生み出されていくといえる。

② 見通しをもった計画に基づいて進められる教育活動であること

→これは，日や曜日，時期によって利用する子どもの顔触れや人数が異なったり，利用時間がまちまちであったりするだけに，見通しをもった計画の存在が重要であるということである。それは計画に縛られるという意味ではなく，実際はきわめて柔軟に展開されていく活動の一つひとつではあるが，その基盤としての計画は，丁寧に用意されていなければなら

ない。しかもその計画は，朝からの教育課程に基づく教育活動との関連
性が考慮されたり，一人ひとりの家庭生活や地域での生活との関係が大
切にされたりしたうえで，整えられたものであることが必要である。

③幅の広い柔軟な教育活動を生み出せる指導体制が組織されていること

　→これは，教育課程外の教育活動にあたる保育者はもちろん，園全体の教
職員が，1日のすべての教育活動を共通に認識し合い，そこに生活する
子どもの状況を把握しながら，幅のある，柔軟な指導体制をつくり出せ
るようにすることである。

　園内のさまざまな業務は，当然教職員の間で分担して行われているが，
そのことをふまえつつ，すべての教職員が教育課程外の教育活動の一端
を担っているという自覚が，全員に求められているといえよう。

④園長の責任の下で行われるのが教育課程外の教育活動であるということ

　→これは以上の①～③をふまえたとき，当然のことである。自園の園経営
のなかに位置づけられた教育課程外の教育活動として進められるこの活
動に支えられ，一人ひとりの子どもたちは，守られ，大切にされながら，
それぞれに今おかれている状況のなかで，それぞれの育ちを続けていく
のだといえる。

4. 家庭・地域との連携

■1 家庭との連携

　教育課程外の教育活動は，それを必要としている保護者との連携が基盤になっ
て，初めて好ましい活動が行える。子どもを育てている保護者と，それをしっか
り支援していこうと考えている幼稚園とが手を結ぶことができなければ，十分な
形での実現は不可能といってよいだろう。

　「家庭との緊密な連携を図るようにすること。その際，情報交換の機会を設け
たりするなど，保護者が，幼稚園と共に幼児を育てるという意識が高まるように
すること」（「幼稚園教育要領」第3章の1（3）より）と示されているように，
保護者と幼稚園とが「共に幼児を育てる」ということが，教育課程外の教育活動
の中心である。

　教育課程に基づく教育活動を担っている保育者と，教育課程外の教育活動を
担っている保育者とが，前述のように連携をする必要性があるのと同様に，保護
者との連携も欠くことのできないものである。なかでも双方の「共に育てる」と
いう姿勢が，基本となる。

子どもは保護者と保育者の真ん中にいて，両者から多くの支援を受けながら，それを糧として育っていく。このことは，教育課程内であるか教育課程外であるかによらず，一貫していえることである。

そのことを実現するためには，まずは保護者と緊密な情報交換をすることが必要である。特に，降園時刻で保護者のもとへ帰った子どもに比べて在園時間は長いし，保護者や自分の生活の場である家と出会えないで長時間になっているわけだから，園側からは，子どもたちの活動のようすはもちろん，そのなかでの表情や体調，会話のようすなども具体的に伝えることが大切である。さらに次の日には，前日の帰宅後のようすを聞くなどして，子どもの生活リズムが安定するように努めなければならない。「子どもを預けたからよい」「預かって約束の時間内は見ていたからよい」というような安易な時間ではなく，この時間が子どもの発達にとって価値のあるものになるためには，両者間の意思の疎通が欠かせない。教育課程外の教育活動を担っている保育者が，その時間のようすを写真入りの通信にして家庭に配布したり，迎えに来た保護者に「10分間参観」といって室内のようすを見てもらったりするなどの取り組みをしている園もある。

保護者が，子どもと共に過ごす時間が少ない分，いっしょに過ごす時間を大切にしたいと思えるように連携の中身を工夫し，家庭の教育力の向上を支援していくことが重要である。

教育課程内の時間のことも，教育課程外の時間のことも，同じように子どもの思いのなかに入り，それぞれの家庭にもち帰らせることが大切である。その結果として各家庭でも，園での長い生活時間の中身が楽しく話題になるならば，なによりも子ども自身の生活の充実につながる基盤がつくられていくことになるといえるだろう。

② 地域との連携

子どもを取り巻く地域は，子どもの発達に直接・間接につながりをもったり，影響を与えたりする。特に身近な地域に高齢者施設があったり，赤ちゃんのいる家庭があったり，異文化をもつさまざまな国や地域の人々が生活していたりするなどの状況は，まさに子どもたちにとって多くの体験の場である。

また，地域にある施設や有形・無形の文化財，自然や伝統行事などは，子どもたちが直接触れて，知ったり体験したりしてほしいことである。

教育課程に基づく教育活動でも，これらのことは多く取り入れられているが，教育課程外の教育活動でも，積極的に取り入れていきたい事柄である。

5. 子育ての支援

　幼稚園での教育課程外の教育活動が，家庭や地域との連携を大切にしながら進められていく一方で，園そのものが地域の中で果たす役割として「子育ての支援」がある。

　「幼稚園教育要領」の第3章の2「子育ての支援」には，次のような趣旨の内容が盛り込まれている。

＊子育ての支援のために保護者や地域の人々に機能や施設を開放する
＊幼児期の教育に関する相談に応じる
＊情報を提供する
＊幼児と保護者との登園を受け入れる
＊保護者同士の交流の機会を提供する
などの取り組みを幼稚園と家庭が一体となって進めることにより，地域における幼児期の教育のセンターとしての役割を果たすよう努める。

　これらのことは，地域の子育てネットワークの構築を目指すものであり，その要のところに幼稚園が位置づくことの重要性が示されているといえる。

　それぞれの幼稚園がもつ機能の，なにを地域に対して開くことで，その地域の子育ての支援ができるかを考えながら，幅広くサービスをつくり出していくことが求められているといえる。

6. 全体的な計画の必要性

　「幼稚園教育要領」第1章第3の6に，「全体的な計画の作成」が示されている。幼稚園教育は，学校教育の一環であり，常に教育の質の向上を目指しながら展開されているものである。その教育活動を土台で支えるものとして，教育課程があり，その教育課程に基づく指導計画，前述の教育課程外の教育活動のための計画，そして，保健管理に必要な学校保健計画，安全管理に必要な学校安全計画等の計画の策定が，それぞれの園に求められている。

　これらの計画は，これまでもそれぞれ各園で作成され，教育活動を維持し推進していくために活用されてきていたが，それらが今回の改訂で「全体的な計画」として関連づけられ，あらためてその重要性が浮き彫りにされた。

　それは，教育課程に基づいて進められる教育活動が，その園の子どもたちのための中核であるならば，教育課程外の教育活動の計画，学校保健計画，学校安全

計画は，その周囲を固め，よりよく教育活動が展開されるように関連し合っていくものといえる。つまりそれぞれの計画がつくられ，相互に関連し合い，一体的に教育活動が展開されることが期待されているということである。そこでこれらの計画を関連させながらもつことの重要性をふまえて，「全体的な計画」という文言で，「幼稚園教育要領」のなかに位置づけられたと考えられる。

　これまでも各園で作成されていたこれらの計画が，同じ子どもたちの生活基盤を下支えするものであるとあらためて考え，計画間相互の関連性を検討しながら，調整や共通理解を図り，有効に機能していくように作成していくことが必要である。

【参考文献】

　文部科学省「幼稚園教育要領」（告示）2017

　文部科学省「幼稚園教育要領解説」2018

Index

索引

─ あ 行 ─

愛情　14，18，63，66，69，84，104，184，186

愛着　9，14，221

赤沢鐘美　46

預かり保育　56，202，213，240

遊び　12，15，21，33，34，36〜38，59，79，88，113〜118，122，124，127〜138，174，186，206，228，234

遊びにおける学び　117

遊びの援助者　153

遊びの内容　130

遊びの氷山モデル　115

遊びの教育・保育的意義　115

遊びを育てる　79

遊びを中心とした生活　4，51，118，174，211

遊びを創る　79

遊びを通した総合的な指導　44，52，59，175

遊びを通しての指導　100，117，128

アタッチメント　14

後追い　14

アプローチカリキュラム　78，79

亜米利加婦人教授所　46

安心感　64，113，114，118，172，234

安全への配慮　102，168，183

安定感　87，102，172

家なき幼稚園　43，44

生きる力　19，20，61，62，66，175

1号認定　204

一貫性　37，171

一貫性のある保育　187

異年齢交流　207，245

異年齢児　247

今津地区幼保小アプローチカリキュラム構想　78，79

意欲　2，12，19〜21，28，62，65，70，72，75，88，113，114，118，120，141，174，184

インクルーシブによる保育　178

梅根悟　46

衛生管理　102，185

円滑な接続　1，62，78，142，146，216

援助　22，69〜72，85，87，122〜125，149，168〜171，222，227〜232

園生活　2，14，16，20，64〜69，128〜137

延長保育　166，189〜191，193

園内研修　154，187

円満な接続　98

応答的な環境・関わり　119，184，206

大場牧夫　51

音楽リズム　37，46

恩物　33，42，43，47

恩物中心の保育　42，43，47

─ か 行 ─

絵画製作　37

外国籍の子ども　234

改善　105，154，170，194〜196

カウンセリング・マインド　229〜232

香川師範学校附属幼稚園　45，46

核家族化　111，165，181

学制　32

学童保育　173

価値観　109，126，132，172，189

学校教育　31，32，48，50，51，145，250

「学校教育法」　36，50，52，56，57，64，76，140

「学校教育法施行規則」　154

「学校保健安全法」　199

葛藤　67，76，117，232

活動の理解者　153

家庭環境　34，60，65

家庭・地域との連携　248

家庭との緊密な連携　171，248

家庭との連携　144，168〜170，185，191，195，248

家庭の教育力　249

カリキュラム　31，38，45，46，53，78，79，204

カリキュラム・マネジメント　105，140，142

簡易幼稚園　46

環境　15，101，107〜115，118〜126，149，168，169，225，226，246，247

環境（の）構成　64，100，118〜126，149，168〜170，174，209，212〜214，225，246

環境図　149，163

環境作り　4，15，119

環境との関わり　107〜109，111〜113，206

環境との相互作用　114，169

環境の構成　101，113，118〜124，149，169，170，174，246

環境の再構成　120，170，218

環境の変化　111

環境を通して行う教育・保育　3，4，101，107〜126，199，206

関係法令　141，167

観察　35，44〜46

観察模倣学習　3

感情　58，62，66，67，229

感情の整理・コントロール　66，67，76

感性　71

間接経験　27

感染防止　182

関連性　12，151

危機管理　145, 183

基礎技能　25

基礎的事項　39

基礎的な学力の低下　46

北原白秋　44

城戸幡太郎　48

規範意識　8, 63, 89

基本的生活習慣　48, 59, 65

基本方針　98

きまりを守る必要性　7, 63, 67, 89, 104

義務教育　32, 45, 57, 140, 141

虐待　102, 183, 184, 186, 223

虐待が疑われる場合の対応　102, 184

休日保育　166, 191, 200, 202

教育　1, 6, 11, 25, 32, 34, 55, 82 ～85, 90～94, 127, 153, 171～179

教育活動　62, 140, 142

教育活動の計画　242～245

教育課程　25, 57, 139～148, 199, 202

教育課程外の教育活動　237～251

教育課程に係る教育時間の終了後等に行う教育活動　237, 240

教育課程の編成　146

教育課程に基づく教育活動　243, 245 ～249

「教育基本法」　6, 55～57, 140

教育原理　25, 26

教育支援計画　178, 233

教育内容の現代化　38

教育の基礎　52, 57, 99, 140, 141

教育のねらい　57, 90

教育の目的　55, 173, 177

「教育・保育施設等における事故防止及び事故発生時の対応のためのガイドライン」　183

教育・保育の目標　203

教科　25～27, 38, 51

教科内容　25～27, 38

共感　63, 66, 67, 70, 89, 92, 104, 230

共通理解　142, 145, 167, 185, 194, 203

協働　57, 77, 196

共同作業者　153

協働性　195, 196

共同遊嬉　32, 33

興味　8, 18, 36, 57, 68, 69, 71, 84, 89, 90, 94, 105, 118, 123, 140, 174, 226

協力体制　113, 145, 150, 153, 167

具体例　208, 211, 213

久保田浩　51

倉橋惣三　35, 43

グローバル化・国際化　1, 39, 234

経験　3, 6, 15, 17, 20～22, 27, 45, 64～71

経験主義　37, 45

建学の精神　142, 200

健康　36, 51, 55, 57, 84, 87, 90～ 93, 98, 101～103, 172, 181～189

健康習慣　184

健康状態　36, 185, 242, 245

健康な心と体　7, 18, 62, 64, 90, 103

言語　151

言語能力　59

コア・カリキュラム　46

誤飲事故　183

行為の主体者　21

郊外保育　43

好奇心　7, 18, 63, 68, 104

公共性　67

厚生労働省　81, 97, 187

交通安全　65

交通安全指導　65

行動目標　28

戸外遊び　238, 239

戸外保育　43, 47

告示　6, 38, 51, 82

心の安定　192

心の発達　186

個人差　16, 92, 148, 168, 203, 207, 225, 235

個性　27, 34, 116, 171, 176, 222, 234 ～236

子育ての孤立　81, 83, 165, 191

子育て支援　49, 56, 97, 102, 165, 173, 191, 192, 197, 199

子育ての不安　97, 186

固定遊具　2, 4

言葉　4～6, 12, 18, 24, 27, 57, 62, 63, 66, 70, 98, 102, 104, 105, 141, 151

言葉遊び　24

言葉による伝え合い　8, 63, 105

言葉の理解力　27

子ども観　1, 23, 26, 126

子ども・子育て会議　219

「子ども・子育て関連3法」　50, 97, 219

「子ども・子育て支援新制度」　81, 97

子ども自身の安心と安全　240

子どもの遊び　21, 44, 115～117, 120, 122, 126, 135

子どもの居場所づくり　135, 240～242

子どもの意欲　137

子どもの活動　21, 116, 120～125, 195, 224, 236

子どもの最善の利益　112, 165, 171, 173, 184, 223

子どもの主体性　111, 112, 118, 119, 122, 127, 128, 132, 134, 138, 168, 169, 224

子どもの主体的な活動　23, 120, 121, 126

子どもの人権　223

子どもの姿　169, 170, 217, 224～226

子どもの生活　44, 117, 118, 122, 124, 125, 168～171, 188, 223, 239, 245, 249

子どもの生活の連続性　174, 191, 240, 241

子どもの育ち　2, 5, 28, 119, 136, 179, 195, 223, 224

子どもの能動性　119

子どもの発達　2, 4, 16, 78, 91, 111, 116, 122, 124, 135, 207, 249

子どもの発達過程　26, 89, 94, 166, 167, 178

子ども理解　25, 195, 224～227, 229

子どもを取り巻く環境の変化　111

小林宗作　44

コミュニケーション　4, 59, 77

コミュニケーション能力　67, 70, 75

子守学校　46

5領域　17, 39, 40, 64～72, 90～93

253

── さ 行 ──

在園時間 99, 101, 200, 203, 207
災害避難時 65
挫折 117, 123
3号認定 197, 204
支援計画 178, 179, 233
子宮外胎児期 14
思考力の芽生え 7, 57, 63, 84, 104, 141
思考力, 判断力, 表現力等の基礎 11, 12, 62, 88, 175, 210
自己中心的 8, 76
自己の存在感 118
自己の能動性 107
自己評価 44, 132, 194～196
自己表現 72, 115
自己表出 115, 120, 205
事故防止 102, 183, 206
資質 6～8, 11, 12, 17, 19, 55, 61, 64, 66, 70, 88, 89, 94, 95, 103, 111, 112, 114, 210
自主性 56, 111～113, 118, 169, 184
自主的 112, 115, 117, 126, 169, 223, 224
自信 7, 13, 62, 66, 76, 104, 229
自制心 76
自然 7, 8, 18, 29, 35～37, 43, 56, 57, 63, 68, 69, 71, 94, 104, 125, 132
自然環境 109, 110, 113, 114, 124, 131
自然との関わり 94, 131
自然との関わり・生命尊重 7, 63, 104
質の高い教育・保育 211
質の高い保育 196, 200
指導計画 135, 147～151, 153, 166 ～171, 176～179, 187, 193, 194, 196, 199～202, 210, 211, 213, 217, 250
指導計画の作成 134, 211, 216, 233
児童中心主義 33, 34, 43, 48
指導のねらい 123
児童福祉施設 50, 81～83, 85, 171, 174

「児童福祉施設最低基準」 36, 235
「児童福祉法」 35, 50, 167, 171, 199
自発性 37, 111～113, 115, 118, 172, 174, 184
自発的な活動としての遊び 22, 100, 116, 117, 128
社会 1, 14, 53, 57, 221, 222
社会性 117, 118, 222
社会生活の場 58
社会生活との関わり 7, 9, 63, 104
社会生活への関心 69
社会性の育ち 3, 222
社会的環境 109
社会的経験 15
社会的な役割 109, 196
社会的発達 39, 40, 90, 91, 181
社会の変化 1, 31, 40, 72, 197
週案 167, 193, 213, 214
就学前の保育 78
充実感 7, 18, 19, 62, 64～67, 103, 104, 117, 118, 120, 121
集団生活 36, 57, 67, 141, 181, 202 ～205, 222, 223, 233
集団としての育ち 195, 224
集団の教育 176
柔軟な心 71
柔軟な対応 23
12項目 37
自由保育 48
自由遊戯 43
授業評価 27
守孤扶独幼稚児保護会 46
主体性 100, 111～113, 118, 119, 122, 127, 128, 132, 138, 168, 169, 172, 174, 184, 192, 211, 216, 224
主体的な活動 100, 118～121, 128, 145
小1プロブレム 52, 78
情緒的な絆 168
情緒の安定 83, 84, 87, 189, 206
唱歌 32～35, 42, 44, 47
障がいのある子どもの保育 178
障害のある幼児の保育 232, 233
小学校教育 8, 26, 27, 52, 59, 145
小学校との連携 52, 62, 78, 94, 179
少子化 48, 97, 111, 165, 207
情報化 39

情報の伝達 192, 209
食育 65, 72, 73, 184～186
食育指導 73, 75
食育の推進 185
食生活のみだれ 72
嘱託医 182
食中毒 185
食物アレルギー 72, 185
白梅学園大学付属白梅幼稚園 51
自立 65, 84, 99, 206
自立心 7, 18, 56, 62, 65, 103
自律性 118
人格形成 189
人格形成の基礎 56, 107, 108, 111, 140
心情・意欲・態度 11, 12, 18～21, 28, 62, 78, 79, 88, 102, 103, 127, 169, 171, 175
心身の健康 14, 17, 84, 114, 223
心情の育ち 19
心身の発達 36, 57, 82, 83, 174, 199, 204
心身の発達段階 27, 225
身体的自立 59, 65
身体的な発達 186
人的環境 109～111, 125, 149
信頼感 9, 18, 57, 65, 66, 84, 99, 114, 118, 141
信頼関係 14, 15, 118, 186
随意遊嬉 32, 33
数量や図形, 標識や文字などへの関心・感覚 8, 9, 63, 105
スキンシップ 68, 234
スタートカリキュラム 78, 79
生育歴 136, 168, 187
省察 136～138, 167, 224, 226
生活科 52
生活観 23
生活環境 21
生活訓練 48
生活経験 46, 100, 144
生活形態 99, 202, 203, 205
生活習慣 36, 48, 59, 65, 76, 234
生活(の)リズム 65, 144, 184, 188, 242
生活の連続性 99, 240, 241

整合性　93
整合性の確保　98，173
精神的自律　65
精神的な欲求　172
生命の安全　14
生命のサイクル　15，29
生命の保持　84，86，87，90
生理的周期　187
生理的生活リズム　184
生理的欲求　87，101，172，177
積極性　113，172
摂食　185
設定保育　77
善悪の判断　67
善悪の判断基準　77
戦後新教育　37，46
全体的な計画　135，140，143，166，167
　～170，182，199～204，208，211，
　250
全体的な計画の作成　100，146，175，
　200，202，250
専門性の向上　82，83，194
創意工夫　81，82，140，200，202
総合的な学習の時間　52
総合的（な）指導　21，59，60，64
相互作用　109，114，169，222
創造性　19，55，71，84，117，118，174
組織化　38，130
組織性　196
存在感　118，135，172

—— た 行 ——

第三者評価　196
大正自由教育　34，43
態度　18，36，55～57
体力　27，75，184
達成感　7，62，66，104，117
楽しい幼児の経験　35，37，38
楽しく体を動かす　75
多様性　99，151，190，205，235
多様な動き　75
多様な感情体験　67
単一の施設　50
短期の指導計画　147，150，200，211，
　213

探究心　7，18，63，68，104，
単元保育　53
談話　32～35，44，47
地域との関連性　169
地域（社会）との連携　56，177，196，
　248～250
地域の特色　27
地域の特性　202
チーム保育　153，234～236
知識及び技能の基礎　11，12，88，175，
　210
知識科　42
知的な活動　15
知的な発達　174，186
地方裁量型　49，97，198
長期的な視野　203
長期の指導計画　147，150，211
長時間保育　188～191，193，194，213
直接経験　27～29
直接体験　52
通知　155
デイリープログラム　167，187，188
適応性　174
東京女子師範学校附属幼稚園　31～33，
　42
東京都中央区立有馬幼稚園・小学校
　53
到達目標　27，28
道徳教育　76
道徳性　84，174
道徳性・規範意識の芽生え　7～9，63，
　89，104
桐朋幼稚園　51
童謡　44
独自な計画　245，246
特色のある保育　82
特別支援学校　56，178
特別な配慮を必要とする幼児　232
戸越保育所　48
都市化　111
都市集中化　181
共働き家庭　97

—— な 行 ——

内閣府　98

中山晋平　44
新潟静修学校　46，47
2号認定　197，204
日案　147，162，192，193，213
乳児保育　90，91，177
乳児保育のニーズ　187
乳児保育へのニーズ　181
乳幼児突然死症候群（SIDS）　183
乳幼児理解　26
人間関係　3，15，58，60，98
人間関係の希薄化　111
認定基準　198
認定こども園　1～3，11，48～50，97
　～105，107～110，113，197～219
認定こども園ならではの特徴　205
認定こども園の増加　97
認定こども園のタイプ　49，97，198
「認定こども園法」　48，50，97，108
ねらい　18～23，28，225～227
ねらいと（および）内容　17，64～72，
　86，87，90～94，102，168～170，
　177，181，202～204，210～212
野口幽香　47
望ましい経験　38

—— は 行 ——

配慮すべき事項　98，101，170，216
橋詰せみ郎　43
発達観　20
発達心理学　25
発達段階　27，58，70，77，225
発達（の）課題　58，60，61，72，100
発達（の）過程　100，143，167，203，
　208，216
発達の特性　101，206
発達の特性に応じた遊び　75
発達の特性に応じた指導　58，60
発達の道筋　135
発達の連続性　1，11，98，216
PDCA　105，201
人見知り　14，205
一人ひとりの発達の特性に応じた指導
　58，60
避難訓練　145，183
評価　149，154，194～196

255

表現活動　72, 115
兵庫師範学校附属明石幼稚園　45
病児・病後児保育事業　182
美麗科　42
複数担任制　187, 188, 235
二葉幼稚園　47
物的環境　109〜111, 113, 123
物品科　42
フレーベル　32, 42, 43
フレーベル会　32〜34
プロジェクト型実践　53
プロジェクト・メソード　44
ふろしき単元　46
保育課程　165, 170
保育観　1
保育環境　109, 119, 178
保育カンファレンス　236
保育教諭　97, 99, 100, 103, 108, 110,
　113, 198
保育教諭の役割　206, 207
保育の記録　194, 195
保育形態　186
保育現場　35, 38, 52, 178, 193
保育構造論　51, 53
保育指針　38
保育士の援助　85
保育士の専門性　85
保育者の意図　4, 5, 10, 226, 232
保育者（等）の援助　170, 228
保育者の計画　137
保育者の資質　61, 133
保育者の主体性　138
保育者の省察過程　136
保育者の存在感　135
「保育所運営要領」　38
保育所型　49, 97, 198, 199, 219
「保育所児童保育要録」　95, 179, 180
保育所の社会的責任　196
保育所の特性　84, 85
保育所の役割　82, 90, 171, 186
保育所保育　48, 81〜83, 85, 87, 92,
　94, 95, 107, 110, 113, 114, 165,
　167, 173
「保育所保育指針」　38〜41, 51, 52, 81
　〜95, 98, 109, 110, 165, 167
「保育所保育指針解説」　110, 113〜115

保育対策等促進事業　187
保育内容総論　25, 26
保育内容等の評価　194, 195
保育ニーズの多様性　101
保育に欠ける児童（子ども）　35, 49,
　82, 173
保育の記録　194, 195
保育の計画　132, 134, 135, 165, 166,
　170, 193〜195, 199
保育原理　25
保育（の）実践　195, 200, 201, 226
保育（の）内容　2〜29, 36, 39, 81, 82,
　86, 88, 90, 91, 100, 101, 177,
　199〜202
保育の質の向上　194〜196
保育のねらい　98
保育の方向性　28, 170
保育の方法　16, 109
保育の目的　83, 86
保育の連続性　127, 194
保育方針　166, 170
保育目標　84, 170
保育問題研究会　48
「保育要領－幼児教育の手びき－」　37
保育4項目　33, 47
保健衛生　14, 36
保護　2, 14, 172, 192, 221
保護者（への）支援　81〜83, 178, 216
保護者に対する子育て支援　102
保護者のニーズ　196, 198
保護者をサポートする役割　192
母子手帳　182

―― ま 行 ――

待つ　227, 231
学びに向かう力，人間性等　11, 12,
　62, 89, 175, 210
学びの芽生え　78, 79
学びの連続性　6〜12, 52, 174
満足感　21, 113, 114, 117, 118, 120,
　121, 123, 124
見守る　5, 227
モジュール学習　78
モデル　3, 6, 66, 112, 113, 125, 153,
　193, 222, 223

模倣遊び　69
森島（のち斉藤姓）峰　47
モンテッソーリ　35
モンテッソーリ保育　35, 44
文部科学省　52, 75, 97, 155, 175

―― や 行 ――

夜間保育　189, 191
遊嬉　32, 33, 47
誘導保育　44
豊かな感性　71, 84, 138
豊かな感性と表現　8, 63, 105, 141
豊かな人間性　19, 110, 173, 223
ゆとり　186
養育　172
養護　50, 81〜88, 100, 171〜173
養護教諭　173
養護原理　25
養護と教育　85, 88, 90, 92〜94, 169,
　173, 176, 177
養護のねらい　87
「幼児期運動指針」　75
「幼児期運動指針ガイドブック」　75
幼児期に育みたい資質・能力　210
幼児期の終わりまでに育ってほしい姿
　6〜8, 11, 12, 62, 70, 89, 95,
　103, 140, 141, 146, 175, 176
幼児期の教育　6, 56〜58, 108, 140,
　174, 176, 216, 250
幼児期の特性　1, 99, 108
幼児教育　6, 52, 57, 173, 174
幼児教育（を行う）施設　6, 11, 12,
　93, 94, 175
幼児の遊び　116
幼児の活動　147
幼児の健康と安全　240
幼児の主体性　153
幼児の生活　64, 65, 143, 153
幼小連携　78
幼児理解　154, 224
幼稚園型　49, 97, 198
幼稚園教育　1, 7, 51, 55〜58, 61, 64,
　108, 127, 140, 145
「幼稚園教育要領」　6〜8, 37〜40, 51
　〜53, 55〜79, 108, 109, 127,

128, 140, 175, 237, 238, 248, 250

「幼稚園教育要領解説」 109, 116, 118〜120, 237, 240, 242, 243

幼稚園生活 58, 62, 65〜69, 76, 118, 143

「幼稚園保育及設備規程」 32, 33

「幼稚園幼児指導要録」 155

「幼稚園幼児指導要録」（最終学年の指導に関する記録） 156

「幼稚園令」 34, 35

「幼稚園令施行規則」 34, 35

幼保小連携 56, 79

幼保連携型 49, 97, 198, 219

幼保連携型認定こども園 50, 52, 97, 98, 100, 101, 108, 109, 144

「幼保連携型認定こども園教育・保育要領」 40, 97〜105, 108〜110, 134

「幼保連携型認定こども園教育・保育要領解説」 102

―― ら 行 ――

理解者 153, 222, 247

リトミック 44

領域 1, 210

領域「環境」 18, 68, 69, 94

領域「健康」 17, 19, 64, 65, 72

領域「言葉」 18, 70, 71

領域「人間関係」 18, 65〜68, 92

領域「表現」 18, 71, 72

連携プログラム 79

ローテーションによる保育 188

ローテーション勤務体制 187

6領域 37〜39

―― わ 行 ――

渡辺嘉重 46

保育・教育ネオシリーズ［4］

保育内容総論

2003 年 4 月 15 日　第一版第 1 刷発行
2009 年 4 月 30 日　第二版第 1 刷発行
2013 年 4 月 15 日　第二版第 5 刷発行
2016 年 3 月 31 日　第三版第 1 刷発行
2017 年 3 月 31 日　第三版第 2 刷発行
2019 年 3 月 15 日　第四版第 1 刷発行

編　者　塩 美佐枝
著　者　児嶋雅典・師岡 章
　　　　二見素雅子・岡田耕一
　　　　阿部真美子・湯川秀樹
　　　　守隨 香・入江礼子
　　　　松田好子・鈴木照美
　　　　日浦直美・林 友子
　　　　高梨珪子
発行者　宇野文博
発行所　株式会社　同文書院
　　　　〒 112-0002
　　　　東京都文京区小石川 5-24-3
　　　　TEL (03) 3812-7777
　　　　FAX (03) 3812-7792
　　　　振替　00100-4-1316
ＤＴＰ・印刷・製本　真生印刷株式会社

ⓒ Misae Shio et al.,2003
PrintedinJapanISBN978-4-8103-1469-4
●落丁・乱丁本はお取り替えいたします